国家林业和草原局职业教育"十四五"规划教材

导游实务

郁 琦 郭家秀 主编

中国林业出版社
China Forestry Publishing House

内 容 提 要

本教材按照工作过程和以学生为中心的要求进行内容的编排,一共分为 10 个项目 70 个任务。主要内容包括:地方导游服务、全程陪同导游服务、景区(点)导游服务、散客导游服务、海外领队服务、导游讲解语言运用、导游带团活动技巧、游客个别要求处理、常见问题和旅游事故预防及处理、应急救护服务。每个任务都涵盖 6 个部分内容(任务描述、任务目标、任务详解、任务小结、任务评价、案例分析),做到理论教学与实践教学融通、能力培养与工作岗位对接、实习实训与顶岗工作学做合一。

本教材可作为职业院校、成人教育学院等旅游类专业的教材和教学参考用书,也可作为旅行社工作人员的培训用书。

图书在版编目(CIP)数据

导游实务/郁琦,郭家秀主编.—北京:中国林业出版社,2024.6.—(国家林业和草原局职业教育"十四五"规划教材).—ISBN 978-7-5219-2739-9

Ⅰ.F590.63

中国国家版本馆 CIP 数据核字第 20246GC896 号

策划、责任编辑:曾琬淋
责任校对:苏 梅
封面设计:时代澄宇

出版发行:中国林业出版社
　　　　　(100009,北京市西城区刘海胡同 7 号,电话 010-83143630)
电子邮箱:cfphzbs@163.com
网　　址:www.cfph.net
印　　刷:北京中科印刷有限公司
版　　次:2024 年 6 月第 1 版
印　　次:2024 年 6 月第 1 次印刷
开　　本:787mm×1092mm　1/16
印　　张:18.25
字　　数:435 千字(含数字资源 14 千字)
定　　价:52.00 元

编写人员

主　　编　郁　琦　郭家秀
副 主 编　陈晓莉　王桂霞　梁　帅
编写人员（按姓名拼音排序）
　　　　　　陈晓莉（上海农林职业技术学院）
　　　　　　费莉雅（上海科技职业技术学院）
　　　　　　郭家秀（上海师范大学天华学院）
　　　　　　郭　弢［上海恒顺旅行（集团）有限公司］
　　　　　　李燕研（上海民航职业技术学院）
　　　　　　梁　帅（上海市材料工程学校）
　　　　　　林晓宁（上海师范大学天华学院）
　　　　　　王桂霞（上海农林职业技术学院）
　　　　　　郁　琦（上海农林职业技术学院）

前　言

随着人们生活水平的提高和旅游意愿的增强,越来越多的人选择旅游作为休闲方式。与此同时,旅游目的地日渐增多,旅游产品日益丰富,进一步促进了旅游行业的发展。随之,旅游行业对于从业人员的要求也越来越高。本教材根据旅游行业对高职高专人才的要求,并参照我国旅游行业标准和规范,还原了导游带团的真实工作过程,详细阐述了规程化的操作要求,着重对学生进行基本知识的传授和工作技能的培养。

本教材的特点如下:

(1)紧跟时代步伐,体现最新理念。本教材以"立德树人"为指导目标,编者认真学习党的二十大精神,以及《"十四五"旅游业发展规划》等关于旅游业发展的新思路,注重学生文化素养的培养,着力提升学生的文化内涵,为现代旅游业培养复合型文旅人才。

(2)内容与时俱进,缩短课堂与岗位的距离。本教材参考现有教材,结合企业人员的一线工作经验,融入最新的工作内容。如根据现代旅游业经常采用目的地集合的特点,增加了交通、餐饮推荐等工作内容。在案例选取方面,注重真实性和时效性,摒弃了不合时宜、落后陈旧的案例,选取了近几年的旅游活动相关案例,并且相当一部分案例来自编者的带团工作。

(3)任务引领,项目化教学,知行一体。本教材一共分为10个项目,即地方导游服务、全程陪同导游服务、景区(点)导游服务、散客导游服务、海外领队服务、导游讲解语言运用、导游带团活动技巧、游客个别要求处理、常见问题和旅游事故预防及处理、应急救护服务。本教材按照工作过程和以学生为中心的要求进行内容编排,每个任务都涵盖6个部分(任务描述、任务目标、任务详解、任务小结、任务评价、案例分析),做到理论教学与实践教学融通、能力培养与工作岗位对接。

(4)教材资源丰富。本教材配套了大量的微课和视频教学内容。

本教材是集体智慧的结晶,配套课程为上海市高等职业教育精品在线开放课程。本教材由郁琦负责拟定编写大纲并统稿。具体编写分工如下:郁琦负责项目1、项目5的编写;王桂霞负责项目2、项目6的编写;李燕研、费莉雅和林晓宁分别负责项目3、项目4、项目7和相应数字资源的编写;郭家秀负责项目8、项目9任务9.1至任务9.9的编写;陈晓莉负责项目9任务9.10、项目10和附录的编写;梁帅负责部分数字资源的制作和整理工作；郭弢负责案例收集工作。

本教材可作为高职高专院校、成人教育学院等旅游类专业的教材和教学参考用书，也可作为旅行社工作人员的培训用书。

本教材的出版，得到了许多领导、专家、老师和企业（尤其是上海农林职业技术学院教务处、上海农林职业技术学院数字经济与创意系以及黑眼睛人文旅行）的帮助，在此表示衷心的感谢！

由于编写时间仓促，且编者水平有限，书中还存在着一些不足之处，恳请读者批评指正。

编者
2024 年 3 月

目 录

前 言

项目 1　地方导游服务 ······················· 1
　任务 1.1　接待前的准备 ··················· 2
　任务 1.2　迎接服务 ························· 6
　任务 1.3　入住酒店服务 ··················· 10
　任务 1.4　核对、商定日程服务 ·········· 13
　任务 1.5　参观游览服务 ··················· 15
　任务 1.6　餐饮服务 ························· 20
　任务 1.7　购物服务 ························· 22
　任务 1.8　文娱活动服务 ··················· 25
　任务 1.9　送站服务 ························· 27
　任务 1.10　后续工作 ······················· 31

项目 2　全程陪同导游服务 ················ 35
　任务 2.1　服务准备 ························· 36
　任务 2.2　首站接团服务 ··················· 40
　任务 2.3　进驻酒店服务 ··················· 42
　任务 2.4　核对、商定旅游活动日程服务 ··· 45
　任务 2.5　各站服务 ························· 47
　任务 2.6　离站服务 ························· 50
　任务 2.7　途中服务 ························· 52
　任务 2.8　抵站服务 ························· 55
　任务 2.9　末站服务 ························· 57
　任务 2.10　后续工作 ······················· 60

项目 3　景区(点)导游服务 ················ 65
　任务 3.1　服务准备 ························· 66

任务 3.2　景区(点)游览时的服务 …………………………………………… 69
　　任务 3.3　送别时的服务 …………………………………………………… 75
　　任务 3.4　后续工作 ………………………………………………………… 79

项目 4　散客导游服务 …………………………………………………………… 85
　　任务 4.1　接站服务 ………………………………………………………… 86
　　任务 4.2　日常导游服务 …………………………………………………… 92
　　任务 4.3　送站服务 ………………………………………………………… 96

项目 5　海外领队服务 …………………………………………………………… 101
　　任务 5.1　出发前的准备工作 ……………………………………………… 101
　　任务 5.2　带团出境服务 …………………………………………………… 106
　　任务 5.3　带团入他国(地区)境服务 ……………………………………… 110
　　任务 5.4　入住酒店服务 …………………………………………………… 113
　　任务 5.5　参观游览服务 …………………………………………………… 115
　　任务 5.6　协同安排用餐服务 ……………………………………………… 118
　　任务 5.7　购物服务 ………………………………………………………… 121
　　任务 5.8　带团离开他国(地区)境服务 …………………………………… 123
　　任务 5.9　带团入中国大陆境服务 ………………………………………… 126
　　任务 5.10　回国后续工作 …………………………………………………… 128

项目 6　导游讲解语言运用 ……………………………………………………… 133
　　任务 6.1　口头语言运用 …………………………………………………… 134
　　任务 6.2　副语言运用 ……………………………………………………… 140
　　任务 6.3　态势语言运用 …………………………………………………… 143
　　任务 6.4　书面语言运用 …………………………………………………… 147
　　任务 6.5　劝服语言运用 …………………………………………………… 149
　　任务 6.6　回绝语言运用 …………………………………………………… 152
　　任务 6.7　道歉语言运用 …………………………………………………… 154

项目 7　导游带团活动技巧 ……………………………………………………… 158
　　任务 7.1　为游客提供心理服务 …………………………………………… 159
　　任务 7.2　引导游客审美 …………………………………………………… 163
　　任务 7.3　活跃团队氛围 …………………………………………………… 166
　　任务 7.4　各方协调 ………………………………………………………… 168
　　任务 7.5　不同类型游客接待 ……………………………………………… 172

项目 8　游客个别要求处理 ……………………………………………………… 177
　　任务 8.1　游客住宿个别要求处理 ………………………………………… 178
　　任务 8.2　游客餐饮个别要求处理 ………………………………………… 179
　　任务 8.3　游客购物个别要求处理 ………………………………………… 182

任务 8.4　游客游览个别要求处理 …………………………………………… 184
任务 8.5　游客交通个别要求处理 …………………………………………… 186
任务 8.6　游客娱乐个别要求处理 …………………………………………… 189
任务 8.7　游客自由活动个别要求处理 ……………………………………… 191
任务 8.8　游客中途退团个别要求处理 ……………………………………… 194
任务 8.9　游客延长旅游时间个别要求处理 ………………………………… 196
任务 8.10　游客亲友随团个别要求处理 ……………………………………… 197

项目 9　常见问题和旅游事故预防及处理 …………………………………… 202
任务 9.1　旅游行程变更处理 ………………………………………………… 202
任务 9.2　接送机(车、船)事故预防及处理 ………………………………… 205
任务 9.3　住宿事故预防及处理 ……………………………………………… 209
任务 9.4　餐饮事故预防及处理 ……………………………………………… 211
任务 9.5　游客遗失物品预防及处理 ………………………………………… 213
任务 9.6　游客走失预防及处理 ……………………………………………… 216
任务 9.7　游客患病预防及处理 ……………………………………………… 219
任务 9.8　交通问题和事故预防及处理 ……………………………………… 222
任务 9.9　治安事故预防及处理 ……………………………………………… 225
任务 9.10　灾害事故防范及处理 ……………………………………………… 227

项目 10　应急救护服务 …………………………………………………………… 234
任务 10.1　中暑和高热预防及处理 …………………………………………… 235
任务 10.2　动物咬伤预防及处理 ……………………………………………… 239
任务 10.3　晕动症和高原反应预防及处理 …………………………………… 243
任务 10.4　游客骨折预防及处理 ……………………………………………… 247
任务 10.5　游客溺水预防及处理 ……………………………………………… 250

参考文献 …………………………………………………………………………… 255

附　录
　　附录 1　航空、铁路、水路客运常识 ……………………………………… 256
　　附录 2　出入境证件常识 …………………………………………………… 262
　　附录 3　海关规定及注意事项 ……………………………………………… 274
　　附录 4　离境退税及离岛免税相关常识 …………………………………… 277
　　附录 5　货币及度量衡相关常识 …………………………………………… 279
　　附录 6　学生任务分配表 …………………………………………………… 282

项目 1

地方导游服务

项目描述

地方导游服务是指从地方导游员为旅行社下达的接待任务做准备开始,一直到送走旅游团完成后续工作为止的全过程。其工作流程可分为接待准备阶段、接站阶段、日常导游阶段、送团阶段和后续阶段。其中,日常导游阶段又可细分为沿途服务、住宿服务、餐饮服务、购物服务和文娱服务。本项目介绍了地方导游员按照国家和行业标准以及旅游合同约定的内容与标准,为游客提供规范化服务的过程。

学习目标

1. 熟练掌握地方导游服务的具体工作程序。
2. 基本达到地方导游服务所需的技能要求。
3. 能够将理论与实践有机结合,更好地理解和巩固学习的内容。

知识导入

1. 旅游团队

旅游团队指通过旅行社或旅游服务中介机构,以旅游过程中食、住、行、游和导游服务等综合包价或部分包价的方式,有组织地按预定行程计划进行旅游消费活动的游客群体。

2. 地方导游员

地方导游员又称地陪,是旅游计划在旅游目的地的具体执行者和旅游活动的组织者。主要职责为安排旅游活动、做好接待工作、导游讲解、保护游客安全和处理问题等。

3. 地方接待社

地方接待社又称地接社,是指在旅游目的地负责游客食、住、行、游、购、娱等活动接待和服务的旅行社。

任务1.1　接待前的准备

任务描述

接待前的准备是地陪带团前的准备工作环节。本任务主要是分组实施以下内容：作为地陪，在旅行社计调部领取旅游接待计划，然后认真、仔细阅读，熟悉旅游接待计划的内容，从而充分做好出团前的各种准备工作。

任务目标

1. 学会领取并熟悉旅游接待计划。
2. 能落实出行前的准备工作。
3. 培养服务意识和认真工作的态度。

任务详解

接待前的准备工作，按照工作流程可分成9个工作步骤，具体如下。

1. 领取旅游接待计划

旅游接待计划是指组团社按照与游客订立的旅游合同的内容做出的契约性安排，是地陪了解旅游团基本情况和安排活动日程的主要依据。地陪接到任务后，赴旅行社至计调部领取旅游接待计划。

2. 认真阅读旅游接待计划

认真阅读旅游接待计划，熟悉其中的每一项安排。

（1）熟悉旅游团基本情况

熟悉旅行社的名称、联络人姓名及电话号码，全陪姓名，游客国别（地区），旅游团人数（儿童人数），旅游团名称、等级，费用结算方式，以及全程路线、出入境地点等。

（2）熟悉旅游团成员情况

熟悉团员姓名、性别、年龄、职业、宗教信仰、有无特殊要求和禁忌等，特别要掌握是否有老弱病残等需要特别照顾的游客、其他个别重点人物情况和领队情况。

（3）熟悉旅游团行程安排

熟悉交通情况（抵离本地使用何种交通工具、抵离时间和地点、是否已购返程票），主要游览景点、住宿情况（酒店地理位置、等级、服务设施）和餐饮情况（餐厅地理位置、特色），以及是否有会见、宴请或其他特殊活动安排。

3. 落实旅游接待计划

（1）落实车辆

与车队或者旅游汽车公司联系，确认为本旅游团提供交通服务的车辆类型（车型是否与旅游团人数相符）、车牌号以及司机的姓名、联系方式。

(2) 落实住宿

熟悉本旅游团所住酒店的位置、设施和服务项目，核实本旅游团游客所住房间的数量、级别、是否含早餐等。

(3) 落实用餐

与就餐单位联系，确认本旅游团日程表上安排的每一次用餐情况、人数、团号、用餐标准、日程、特殊要求等。

(4) 落实运送行李

与旅行社有关人员联系，将运送行李的工作安排妥当。

(5) 落实特定活动安排事宜

同活动接待单位核实接待办法、出席人员以及是否准备礼品等事宜，并了解其他需要地陪配合的工作。

4. 了解旅游接待计划中不熟悉的景点的情况

对于旅游接待计划中新的旅游景点或不太熟悉的景点，要事先了解该景点的情况，如地理位置、开放时间、游览路线、卫生间位置。

5. 联系全陪

地陪应采用电话或者其他联系方式，提前向全陪了解该旅游团是否有变化、对当地的安排有何要求，以及相关注意事项。若接待的旅游团是入境旅游团，地陪应与全陪联系，约定见面时间和地点，一起赴交通港迎接旅游团。

6. 准备出团所需物品

(1) 领取必要的票证和表格

出发前，地陪应领取旅游团名单、餐饮结算单、景区门票结算单、游客意见反馈表以及旅游团费用结算单等。

(2) 准备工作物品

准备好导游证、导游旗、接站牌、扩音器、旅游车标志、宣传资料、行李牌、通讯录等工作物品。

(3) 准备个人物品

准备好手机和充电器，手机保持24小时开机。带好常用药品，但注意不可将自己的药品给游客服用。带好雨伞、防晒霜、遮阳帽等防护用品，以及记事本、工作包等其他个人物品。

7. 准备出团所需专业知识、时政要闻等

地陪要求知识面广，有扎实的语言功底，涉外导游最好掌握2~3门外语。另外，平时要关注史地文化、政策法规、政治经济等多方面的知识。出团前，要根据游客职业背景等准备好相关的专业词汇、专业知识，了解当前的热门话题、重大国内外新闻和其他游客可能感兴趣的话题。

8. 做好形象准备

(1) 仪容

地陪应保持面容整洁，女导游可化淡妆，但不能浓妆艳抹。地陪的头发要保持清洁，男导游头发长度适中，以短发为主，前发不覆额，后发不及领，不留大鬓角，女导游长发要束起。

（2）仪表

地陪穿着要简洁、整齐、大方、自然，佩戴首饰要适度，方便工作开展。若接待计划中安排有宴会、会见等活动，要准备合适的正装或民族服饰。

9. 做好出团前的心理准备

（1）要有把团带好的信心

信心来源于日常，导游应勤于提高自己的导游业务技能，出团前尤其要做好对目的地风土人情、社会文化等领域的了解。这样，导游在讲解时就会充满自信，而自信的导游才会得到游客的信赖和依靠。

（2）准备面临艰苦复杂的工作

地陪出团前不仅要考虑如何按照正确的规程给游客提供服务，还要有充分的思想准备去面临带团过程中可能发生的各种问题和事故，以及面临游客提出的一些个性化要求。

（3）准备承受抱怨和投诉

地陪在带团过程中难免会遇到某些游客挑剔、抱怨和指责甚至投诉的情况。这就要做好充分的思想准备，具有良好的心理素质，冷静、沉着应对。

任务小结

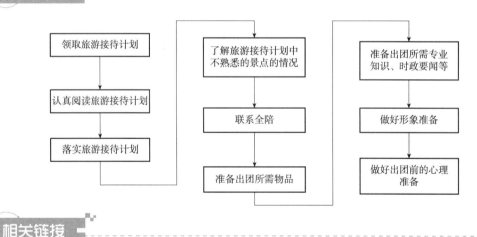

相关链接

地陪接团计划书

旅行社名称		（盖章）	电话	
团号		游客类别	□国际 □国内	游客人数	
导游姓名		专/兼职		导游证号	
目的地			团队限制	□地接　□出游	
任务时间	年　月　日至　年　月　日				天　　夜

(续)

住宿酒店				住宿天数	
乘坐交通工具情况	抵达	交通工具: 航班(车次、船次) 月 日 时			
	离开	交通工具: 航班(车次、船次) 月 日 时			
	接送站	接: 车型 座数 司机		送: 车型 座数 司机	
	城市间				
就餐地点					
购物地点					
其他安排					
计调部负责人			(签名)	计调部电话	

注意事项：

1. 餐饮：正餐标准为____元/人，风味餐标准为____元/人。12岁以下儿童半价。
2. 住宿：全程住宿____星级酒店，双床标间____间，大床标间____间(儿童随父母)，房费标准为____元/间。
3. 门票共计____元，每人____元。儿童____名，其中半票儿童____名，免票儿童____名。
4. 全程安排空调大巴。
5. 车队司机联系方式：_____。

组团社：_____
全陪：_____
接待社：_____
联系人：_____
_____(公章)

任务评价

根据任务完成情况，各小组相互进行考核评价(表1-1-1)。

表1-1-1 评价表

任务内容	完成情况			
	好	较好	一般	差
领取旅游接待计划				
阅读旅游接待计划				
落实旅游接待计划				
提前对旅游景点进行熟悉				
提前与全陪、领队联系				
准备出团所要携带的物品				
准备专业知识、时政要闻等				
形象准备				
心理准备				

案例分析

紧凑丰富的行程安排

某年5月,北京的导游小张接待一个15人的法国旅游团。该旅游团的日程安排得很紧凑:第一天晚上入境后,到酒店休息;第二天上午参观天安门、故宫,下午去颐和园、北京动物园,晚上吃风味餐、看京戏;第三天上午去八达岭长城,下午去定陵,晚上去王府井购物;第四天上午去天坛、雍和宫,午餐后乘下午的航班去西安。

第二天,游览过程中游客兴致很高,听导游小张的讲解也十分认真,只是景点的步行距离太长,团里大部分人是老年人,有些人感到很劳累。晚上吃烤鸭,气氛达到了高潮,因而京戏开演了30分钟他们才赶到剧场。回酒店的路上,大家对当天的旅游安排比较满意。第三天,一些人的疲态便显露出来了,登长城时许多人只登上一个城楼,照了几张相便返回旅游车休息。下午游定陵时,很多人在车上休息,不愿意下车。当天在送游客回酒店的路上,小张心里有一种说不出来的滋味。第四天上午,参观完天坛后,由于游客行动过于缓慢而时间不够,无法再去雍和宫参观,大家匆匆到指定的餐厅用餐后便赶去机场了。

本次旅游,游客反映刚开始时感觉不错,但越到后面越感到活动单调,并且有些劳累。

问题:地陪接待前,应认真研究旅游接待计划。针对这个团,小张要注意哪些方面?

任务1.2 迎接服务

任务描述

迎接服务是地陪在游客面前的首次亮相,留下好的第一印象,有助于后续工作的开展。本任务主要是分组实施以下内容:作为地陪,去机场、火车站、码头等交通港或者其他指定的地点迎接旅游团的到来。

任务目标

1. 能落实旅游团抵达前的相关准备工作。
2. 能落实旅游团抵达后迎接旅游团、认真核实、集中清点行李、集合等车的工作。
3. 能落实旅游团赴酒店途中的致欢迎辞、首次沿途介绍服务。
4. 培养活力四射、真诚待人的服务态度。

任务详解

迎接服务,按照工作流程可分成12个工作步骤,具体如下。

1. 确认旅游团抵达前的交通安排

接团当天,地陪应提前与旅游团的领队和全陪联系,了解旅游团的交通安排,尤其是天气恶劣情况下,应随时掌握旅游团的情况,了解抵达的时间。与机场(码头、车站)的问询处或交通信息台联系,问清旅游团所乘交通工具的准确到达时间。

2. 联系旅游车司机

地陪在弄清楚旅游团所乘交通工具的具体时间后,应当马上与旅游车司机联系,与其商定出发接团的详细时间和地点,保证提前30分钟抵达机场(码头、车站)。同时,在去往接站地点途中要告知司机该旅游团的活动日程和具体时间安排。到达接站地点后,与司机商量好停车的位置。

3. 联系行李员

若旅游团配备了专门的行李车,地陪还应该与为旅游团提供行李服务的行李员取得联系,告知其旅游团的名称、人数、抵达时间和行李运送的地点。

4. 再次核实旅游团抵达的准确时间

地陪到达机场(码头、车站)后,需要再次核实旅游团所乘交通工具抵达的准确时间,确保万无一失。可以通过APP、问讯处或航班(船次、车次)抵达显示牌来进行查询确认。如果发现航班(船次、车次)晚点,但推迟时间不长,可以留在接站点继续等候旅游团;如果推迟时间较长,应报告旅行社,听从安排。

5. 持接站牌迎候旅游团

旅游团到达本地后,地陪要在游客出站以前持接站牌在机场(码头、车站)出口处醒目位置热情迎接旅游团。一般情况下,接站牌要写清团名、团号、全陪或领队的名字,如果接的是小型旅游团或无全陪、领队的旅游团,要写上游客的名字。

6. 找认旅游团

在旅游团出站后,地陪要举起接站牌,以便全陪、领队或游客看到。地陪应尽快找到自己的旅游团,可以从游客的民族特征、组团社的徽标来找认。发现可能是自己的旅游团时,要主动上前委婉询问。如果旅游团有全陪或领队,可与其进行电话或短信联系。如果该团无全陪、领队,应与该团成员逐一核实团名、国别、团员姓名等,无任何出入才能确定是自己应接的旅游团。

7. 核实实到人数

接到旅游团后,立刻与全陪、领队或旅游团负责人核实实到人数。一旦发现有增加或减少游客的情况,要及时通知接待社,以便及时安排好餐饮和住宿,保证团队活动的顺利进行。

8. 集中清点行李

核实人数后,地陪应协助游客将行李集中放到比较僻静、安全的位置,提醒游客检查其行李是否完好无损。如果行李损坏，地陪应协助游客找机场(码头、车站)相关部门要求赔偿。若旅游团配备了专门的行李车，地陪应与全陪、领队、行李员共同清点行李，核实无误后移交行李员，全陪填写行李卡，与行李员一式两份，双方办好交接手续。

9. 组织游客集合登车

清点行李后，地陪要提醒游客检查自己随身携带的物品是否完好，然后引导游客前往乘车处。在游客上车时，地陪要恭候在车门旁，协助老弱病残游客上车。游客上车后，帮助游客将行李和随身携带物品摆放在行李架上，协助游客就座。游客坐稳后，再次检查游客的物品在行李架上是否放好、放稳，然后有礼貌地清点人数，确认游客到齐后请司机开车。

10. 致欢迎辞

地陪接到游客以后，要组织游客前往下榻的酒店，在前往酒店的途中要致欢迎辞。地陪应站在车厢前部靠近司机的位置，面向全团游客，两腿稍稍分开，上身自然挺直。进行途中讲解时，应提醒司机放慢车速。当汽车高速行驶时，禁止站立讲解。欢迎辞的内容应视旅游团的性质及其成员的文化水平、职业、年龄及居住地等情况有所不同，注意用词要恰当，给游客以亲切、热情和可信之感。一般情况下，欢迎辞应包括以下内容。

问候语：问候游客，如"各位来宾、各位朋友，大家好"。
欢迎语：代表所在旅行社、本人及司机欢迎游客光临本地。
介绍语：介绍自己的姓名及所属单位，介绍司机。
希望语：表达提供服务的真挚愿望。
预祝语：预祝旅途愉快顺利。

11. 提醒游客调整时间

如果所接的是入境旅游团，在致欢迎辞后，要向游客介绍两国(或两地)的时差，请游客将自己的表调成北京时间。

12. 首次沿途导游

首次沿途导游指的是旅游团从抵站到首次停留的活动目的地(酒店)途中地陪所提供的服务，这是彰显导游才能和知识的好机会，因此地陪要以精彩的讲解获得游客的信任。

(1) 本地概况介绍

主要对旅游目的地的地理位置、气候、面积、历史沿革、风俗习惯、特产文物等做简要介绍。

(2) 旅游日程介绍

介绍游客在当地的活动日程安排，包括活动项目以及下榻酒店的基本信息，如酒店位置、星级、规模、距离等。

(3) 沿途风光介绍

地陪应在行车途中对道路两旁的沿途风光做相关介绍。介绍时景物取舍要恰当，要见人说人、见物说物，与游客的观赏要同步。

(4) 注意事项介绍

告知旅游车号码、地陪联络方式，以及介绍本地旅游活动的禁忌等。

任务小结

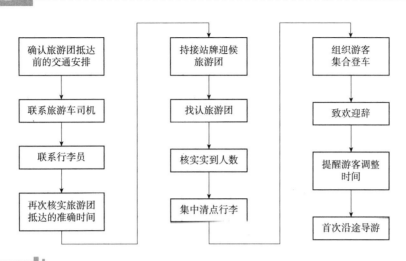

任务评价

根据任务完成情况，各小组相互进行考核评价（表1-2-1）。

表1-2-1 评价表

任务内容	完成情况			
	好	较好	一般	差
确认旅游团抵达前的交通安排				
与旅游车司机联系				
与行李员联系				
再次核实旅游团抵达的准确时间				
持接站牌迎候旅游团				
找认旅游团				
核实实到人数				
集中清点行李				
组织游客集合登车				
致欢迎辞				
提醒游客调整时间				
首次沿途导游				

案例分析

"十一"黄金周错接团队

"十一"黄金周，上海某旅行社导游小张按规定时间到上海虹桥火车站迎接来自北京的一个老年旅游团。由于黄金周客流较多,小张持接站牌在等候处看到游客后,与全陪简单核实了一下团队的来源、组团社的名称,就匆匆把游客接走,带至下榻酒店。到达酒店以后,为游客办理入住手续时,酒店工作人员却在计算机上查找不到游客的信息。这时,小张突然意识到有可能接错了团队,连忙与全陪核对团号,才发现真的接错了游客。小张感到万分抱歉,立马给游客赔礼道歉。游客舟车劳顿,本以为可以进房安顿,却无法休息,因此都比较生气。

问题1:小张在接站工作中犯了什么错误?造成错误的原因是什么?

问题2:小张接下来应该怎么做?

任务1.3 入住酒店服务

任务描述

入住酒店服务是地陪带领游客抵达酒店后提供的相关服务。本任务主要是分组实施以下内容:作为地陪协助领队或全陪为游客办理入住登记手续,并对游客介绍酒店的设施情况,宣布日程安排,照顾游客及行李进房,安排随后的用餐等。该环节是较为重要的,服务的好坏关系到整个团队的后续安排。

任务目标

1. 能落实好旅游团抵达酒店后的入住登记手续。
2. 能做好酒店设施介绍和活动安排介绍。
3. 能照顾好游客及游客行李的进房。
4. 能安排好第二天的叫醒服务。
5. 能协助处理游客抵达酒店后的各类问题和要求。
6. 培养细心、耐心的工作作风。

任务详解

入住酒店服务,按照工作流程可分成7个工作步骤,具体内容如下。

1. 协助领队和全陪办理入住登记手续

地陪带领游客抵达酒店后,要协助领队和全陪办理好入住登记手续。地陪应该先安排游客在大堂指定位置稍作休息。然后向酒店前台说明团队名称，请领队或全陪收齐游客证件，与游客名单表格一起交给前台工作人员，由其办理入住登记手续。地陪拿到房卡后，请领队或全陪分发房卡(旅游团无领队和全陪时，可由地陪为游客分发房卡)，并把分房情况迅速登记在分房名单表上，同时复印两份分房名单表，一份由酒店保存，另一份由地陪留存，以便掌握领队、全陪和游客的房间号码。

2. 介绍酒店设施

入住酒店后，地陪有义务向旅游团介绍酒店的主要设施(包括中西餐厅、娱乐设施、外币兑换处、商品部、公共卫生间、客房、安全通道等的位置和相关服务指南)，告知游客酒店的 Wi-Fi 连接密码，提醒游客把贵重物品交给前台保管，告知游客客房内收费项目(如小酒吧、长途电话等)，讲清住店的有关注意事项。

3. 向全团宣布当日及次日活动安排

在游客进入房间前，地陪应向全团宣布当天的活动安排，包括稍后集合的时间和地点、第一餐的用餐时间和地点，以及当天的行程。

4. 照顾行李进房

旅游团如果配备行李车，待行李送达酒店后，地陪应与行李员、全陪、领队一起核对行李，然后交给行李员，并督促行李员尽快将行李送至游客的房间。如果旅游团没有配备行李车，地陪要确保游客带好自己的行李进入房间。

5. 带领游客用好第一餐

待全团安放好行李稍作休息后，地陪应带领全团进入餐厅用餐，引领游客入座，告知游客用餐的有关规定，尤其是超出团费的内容和服务要事先介绍清楚，以免产生误会。用餐前，地陪还要核实餐厅是否根据该团的特殊要求和饮食禁忌安排团餐。

6. 协助处理住宿过程中发生的各类问题和游客提出的各种要求

游客进入酒店和房间后可能会遇到一些问题需要协助，如游客发现房间硬件设施损坏，又如游客因各种原因希望换房或者要求住单间等，地陪应协助游客进行妥善处理。

7. 落实第二天的叫醒服务

地陪在结束当天活动离开酒店之前，应与领队或全陪确定好第二天的叫醒时间，并将确定的叫醒时间通知酒店前台，由前台做好电话叫醒服务。

任务小结

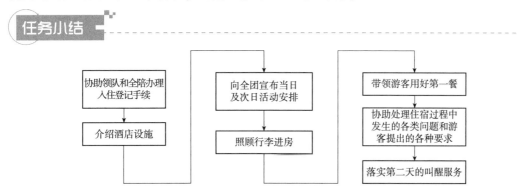

任务评价

根据任务完成情况，各小组相互进行考核评价（表1-3-1）。

表1-3-1 评价表

任务内容	完成情况			
	好	较好	一般	差
协助领队和全陪办理入住登记手续				
介绍酒店设施				
向全团宣布当日及次日活动安排				
照顾行李进房				
带领游客用好第一餐				
协助处理住宿过程中发生的各类问题和游客提出的各种要求				
落实第二天的叫醒服务				

案例分析

入住酒店分房

由Kate女士任领队的英国某旅游团与全陪、地陪一起于某日19:00抵达国内某酒店。地陪小张为游客办理了住店登记手续并分发了房卡，游客便陆续进入各自的房间。稍后，当地陪正准备离开酒店时，一名游客匆匆赶到大堂，请地陪为其在华的中国亲属办理随团活动手续。地陪思考片刻后说："今天时间晚了，有什么事明天再说吧！"

问题：根据地陪的工作规范，该团地陪小张哪些方面做得不妥？

_____

_____

地陪小梁主动分房

地陪小梁接待一个来自北京的20人的国内旅游团，将其带到了入住的酒店。在办理入住登记手续时，全陪小黄正好肚子疼，去了卫生间。小梁想着不能让游客等待太久，就赶紧把前台给他的10张房卡分发给了游客，并对游客说："都是标间，两人一间，大家自由组合吧。"于是游客很快把房卡拿走纷纷进入客房。小黄回来后，听说小梁已经把房卡分完了，问道："几间阴面房，几间阳面房？""5间阳面，5间阴面。"小梁说道。小黄嘟囔了一句："最好还是我来分房，希望没事。"果然，晚饭过后，有一对住在阴面的夫妻来找地陪小梁，想要换阳面的房间。小梁很清楚，当下是旺季，都是满房，肯定是调不出来了。最后，在全陪的调解下，此事才得以解决。事后，小梁还纳闷，怎么事先不早说？

问题：地陪小梁热心帮助分房，最后却导致游客不满，问题的关键在哪里？

_____
_____
_____

任务1.4　核对、商定日程服务

任务描述

核对、商定日程服务是地陪带领游客去酒店办理入住手续后，与游客核对、商定活动日程的环节，既体现了对游客的尊重和礼遇，也是地陪的职责。本任务主要是分组实施以下内容：旅游团抵达当地后，作为地陪与领队或全陪、游客针对旅游合同的日程安排再次进行核对和商定。如果游客提出一些修改意见，要视具体情况进行处理。

任务目标

1. 能落实旅游团抵达后的核对、商定活动日程。
2. 能辨别游客提出的变更要求的类别。
3. 能视不同情况妥善处理好游客提出的修改活动日程的要求。
4. 培养服务的主动意识和责任感。

任务详解

核对、商定日程服务，按照工作流程可分成3个工作步骤，具体如下。

1. 核对、商定日程

地陪一般可在办理酒店入住手续后核对、商定活动日程，地点宜在酒店的公共区域，如酒店大堂等。该项工作的具体内容就是查看双方的旅游合同上日程安排是否一致，同时游客也可现场提出一些调整和想法。若出现双方旅游合同不一致的情况，地陪要采取相应的措施，尊重领队、全陪的意见和建议。

2. 妥善处理游客提出的有关日程方面的要求

（1）游客提出较小的修改意见

若游客提出的要求合理且能满足，地陪在不违背旅游合同的前提下，应努力予以安排。如果游客提出希望增加合同上没有的游览项目，且活动需要收费，地陪应该向旅行社反映，并向领队和游客事先说明，经他们同意，签订书面合同，按规定收费。如果对于游客提出的要求确有困难而无法满足，地陪要耐心做好解释工作。

（2）游客提出的要求与原计划不符且涉及接待规格

对于这种情况，地陪一般应该婉言拒绝，并耐心解释。但如果确实有特殊缘由，地陪需要请示旅行社和领队，根据指示进行安排。

（3）领队或全陪手中的旅游接待计划与地陪的旅游接待计划有部分出入

地陪应该立即报告旅行社，查明原因，分清责任。如果是接待方的责任，地陪应向领队和全体游客说明情况，并致歉。如果责任不在接待方，地陪不应指责领队或全陪，必要时可请领队或全陪向游客做好解释工作。

3. 将商定结果通知全团游客

地陪与领队或全陪核对、商定活动日程以后，要将最终的商定结果通知全体游客。

任务小结

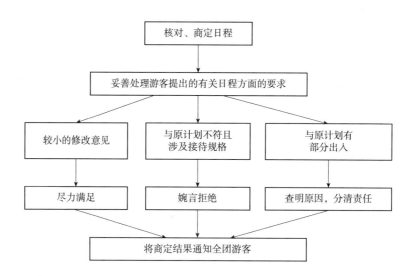

任务评价

根据任务完成情况，各小组相互进行考核评价（表1-4-1）。

表1-4-1 评价表

任务内容	完成情况			
	好	较好	一般	差
核对、商定日程				
处理游客提出的有关日程方面的要求				
将商定结果通知全团游客				

案例分析

日程不一致

上海某旅行社的地陪小张接待了一个来自日本的旅游团。旅游团抵达酒店后，小张就与领队核对并商谈日程安排。在商谈过程中，小张发现领队手中旅游接待计划单上的游览内容与自己的旅游接待任务书上的游览景区基本一致，因此双方没有过多讨论。第二天下午，小张按照旅游接待任务书将游客带到豫园旅游商城景区进行游览。领队提出要先参观豫园，再参观城隍庙。这时，小张才发现自己的旅游接待任务书上并没有游览豫园的安排，但是领队坚持他的任务书上有该游览内容，并且游客兴致都十分高昂，催促着想要入园。因此，小张赶紧购买了门票带领游客参观。游览非常顺利，小张得到了游客的一致好评。但是，回到旅行社后，小张受到了经理的严厉批评，说对方任务书有误，本次行程并无游览豫园的安排，并要求小张自己承担入园的费用。

问题：为什么经理对小张进行了严厉的批评，并要求其承担入园的费用？

任务1.5　参观游览服务

任务描述

参观游览是旅游活动的核心，参观游览服务是地陪导游服务工作的中心环节。本任务主要是分组实施以下内容：在游客参观游览过程中，通过规范的服务程序、专业的知识讲解和热情的服务态度来确保旅游团参观游览过程安全、顺利，使游客能够详细了解参观游览对象的特色、历史背景及其他感兴趣的内容。

任务目标

1. 能落实好出发前的准备工作。
2. 能做好参观游览当天的去程服务。
3. 能做好景区(点)讲解。
4. 能做好参观游览当天的回程服务。
5. 培养服务的主动意识和责任感。

任务详解

参观游览服务，按照工作流程可分为16个工作步骤，具体如下。

1. 做好出发前的准备

出发前，地陪应准备好导游旗、电子导游证、导游身份标识和必要的票证。与旅游车司机联系，督促其做好出车的各项准备工作。核实旅游团午、晚餐的落实情况。

2. 提前到达出发地点

地陪应该保证至少提前10分钟到达集合地点。提前抵达集合地点，是工作细心和有责任心的表现，地陪会有比较充裕的时间接待早到的游客，能给游客留下较好的印象，还能及时地解决游客可能提出的意见和提供咨询服务，有利于应对突发状况。

3. 核实游客人数

在出发前，地陪要向领队和全陪核实人数。如果有游客未到，要问明原因。例如，游客希望留在酒店或不随团活动，地陪要问清楚情况，妥善安排游客，必要时报告酒店有关部门，及时关注游客。

4. 提醒注意事项

地陪要在出发前一天或者当天告知游客天气情况，必要时提醒游客带好衣服、雨具或者防晒用具。同时，告知游客游览地点的地形、线路的长短等，提醒游客穿戴舒适的衣服和鞋子等。

5. 准时集合登车

游客到齐后，地陪应站在车门一侧，一边热情地招呼游客上车，一边帮助老弱者登车。待游客全部上车坐好后，地陪要再次清点人数，并检查游客的随身物品是否放置妥当。如果发现游客的随身物品放置不当，应及时调整，否则车辆行驶过程中可能会发生顶部物品掉落。待所有游客坐稳后，提醒游客系好安全带，然后请司机开车出发。

6. 重申当日活动安排

开车后，地陪要向游客介绍当天的活动安排，包括即将参观景点的名称和地点，到达景点所需的时间，午、晚餐时间和用餐地点等，还要视情况介绍当天国内外重要新闻。

7. 讲解沿途风光

在前往景点的途中，地陪要向游客介绍沿途的主要景物和当地的风土人情、历史典故等，并回答游客提出的问题，以加深游客对目的地的了解。介绍沿途景物时，要注意讲解内容与所见景物的同步性，选择讲解的景物要有一定的代表性和意义。讲解过程中，要留意游客的反应，以便对相关的景物做更为深入的讲解。

8. 简要介绍旅游景点

抵达景点前，地陪应向游客介绍待游览景点的概况，尤其是其形成原因、特色和价值。介绍时，要注意简明扼要，以概括特色为主，主要是为了让游客对景区有预先的了解，同时能一定程度激发游客的游览兴趣，为即将开始的参观游览活动做铺垫。

9. 活跃车内气氛

在前往景区的途中，可以适当活跃一下车内的气氛（尤其是车程比较长时）。地陪可以适当组织一些娱乐活动，如讲故事、讲笑话、猜谜语等；还可以事先准备一些游客可能感兴趣的热点话题或者历史故事、人文风情等，给游客做一些专题讲解。

10. 再次说明注意事项

抵达景点后，地陪在下车前向游客再次说明旅游车的型号、颜色、标志、车号、停车地点以及开车时间，尤其是下车和上车不在同一地点时，地陪更应提醒游客注意。

游客下车后，地陪要组织并带领游客进入景区。进入景区后，可在景区的示意图处向游客说明游览线路、游览所需要的时间以及集合时间和地点等。地陪还应向游客讲明游览参观过程中的注意事项，如禁止吸烟、爱护环境和公物等。

11. 讲解景区景点

地陪讲解的景区景点内容主要包括景点的历史背景、特色、地位和价值等。讲解内容要进行事先的准备和构思，根据游客的年龄、职业等进行针对性设计，根据游客的兴趣有所侧重，语言风格要生动优美、富有表现力，不仅使游客增长知识，而且能得到美的享受。

在景点导游过程中，地陪讲解要注意导与游的结合，适当集中与分散的结合，劳逸结合，以及对老弱病残游客的关照。

12. 注意游客安全

地陪应留意游客的动向，要与领队、全陪密切配合，随时清点人数，防止游客走失和治安事故的发生。在景点导游过程中，地陪一般走在队伍的前方，在把握游客行进速度的同时起到引领作用，并不时地提醒游客要环绕或跟随在自己周围；讲解过程中还要时刻观察队伍周围的环境，及时提醒游客提高警惕，注意脚下安全，防止事故的发生。

13. 清点回程人数

游览结束后，带领游客回程登车。在发车之前，要清点游客人数，并且提醒游客检查一遍随身物品，确认无误后，发车返回酒店。

14. 回顾当天活动

在返回酒店的途中，地陪针对当天参观游览的内容，以画龙点睛的方式做简要小结，必要时可做补充讲解，并回答游客的有关问题，以加深游客对当日活动的印象。如果游客经过一天的参观游览活动显露出疲惫之态，地陪做完简要回顾之后要让游客休息。

15. 宣布次日活动日程

返回酒店途中，地陪要向游客宣告当天晚上和次日的活动日程、出发时间、集合地点等。

若当天晚上旅游团无活动安排，要提醒游客晚上如果自行外出活动，要注意安全，最好结伴同行，并带上酒店的卡片以防迷路。

到达酒店后，游客下车时要提醒其带好随身物品，并率先下车，站在车门一侧照顾游客下车，随后将游客送回酒店。

16. 安排叫醒服务

如果旅游团需要叫醒服务，地陪应安排妥当。与全陪、领队确认当天工作完成后，地陪方可离开酒店。

任务小结

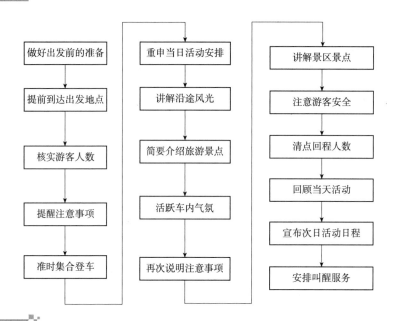

相关链接

景区(点)结算单

景区(点)名称		门票价格	
旅行社名称		游览时间	
团队名称		游览人数	

签单人(签字)：

任务评价

根据任务完成情况，各小组相互进行考核评价(表1-5-1)。

表1-5-1 评价表

任务内容	完成情况			
	好	较好	一般	差
出发前的准备工作				
提前10分钟抵达出发地点				
核实实到人数				
提醒注意事项				
准时集合登车				

(续)

任务内容	完成情况			
	好	较好	一般	差
重申当日活动安排				
讲解沿途风光				
简要介绍旅游景点				
活跃车内气氛				
再次说明注意事项				
讲解景区景点				
注意游客安全				
清点回程人数				
回顾当天活动				
宣布次日活动安排				
安排第二天叫醒服务				

案例分析

地陪小李在出发前的准备工作

地陪小李接待了来自北京的某旅游团一行15人，按照计划将于当日14：00前往承德避暑山庄。

13：40，小李到达了游客下榻的酒店。这时她看到旅游车还没有来，便给司机王师傅打了一个电话。王师傅说还有5分钟左右到酒店。之后，小李在酒店大厅耐心地等待游客。期间，小李拿出下午的旅游行程表和派遣单看了一遍，检查了一下自己身上佩戴的证件。这时，有的游客已经到达大厅，询问小李下午的行程安排，并告诉小李有一个游客刘某因身体不适不能参加下午的行程。随后，小李回答了游客的问题，给刘某打了电话，核实了情况，并告知刘某待团队参观游览结束后旅游车来酒店接他到别的地方用晚餐。打完电话后，小李又告诉其他游客，下午阳光很足，在承德避暑山庄游览的过程中需要打遮阳伞。其中几名游客听后，回到房间取遮阳伞。14：05，14名游客全部登车，小李在车上清点人数。随后，示意司机出发，前往承德避暑山庄参观游览。

问题：请评价地陪小李在此次参观游览中的准备工作。

任务1.6 餐饮服务

任务描述

民以食为天，餐饮是整个旅游过程的一个重要组成部分，用餐的满意度在整个旅游环节中占据重要位置。本任务主要是分组实施以下内容：作为地陪，安排并落实好旅游团在当地的用餐，使游客不仅能玩好，而且能吃好。

任务目标

1. 能落实好旅游团的餐前准备工作。
2. 能简单介绍用餐餐厅和菜肴的特色。
3. 能关注到游客的用餐口味，安排好用餐分量、用餐时间等。
4. 能及时处理好游客用餐过程中出现的问题。
5. 培养服务的主动意识和责任感。

任务详解

餐饮服务，按照工作流程可分成7个工作步骤，具体如下。

1. 落实游客用餐安排

地陪要提前与餐厅沟通好旅游团的团号、用餐标准、用餐人数、用餐时间。如果团队或部分游客因宗教习惯、地区习惯等有特殊要求，更应当重视，提前告知餐厅，以便餐厅做好相应的准备。

2. 向游客简单介绍餐厅和菜肴的特色

地陪在带领游客抵达餐厅前，一般可在旅游车上向游客简单介绍餐厅的名称、地理位置、菜肴特色，一方面有助于游客了解下一步的安排，另一方面有助于激发游客的兴趣。

3. 引领游客入座，说明餐费内容

抵达餐厅后，地陪应再次向餐厅强调用餐的特殊要求，并引领游客入座。座位应该宽敞舒适，不宜太拥挤，通常每桌安排8~10人。然后清点人数，向游客介绍餐厅的有关设施、菜肴酒水类别，并告知餐饮标准及包含的内容，明确自费内容。

4. 妥善处理游客用餐方面的个性化要求

当团队中的游客提出因为生活习惯等原因吃素，或者把中餐改为西餐，或单独用餐等个别要求时，地陪要根据实际情况提前妥善处理好游客的个性化要求。

5. 做好游客用餐过程中的服务工作

在游客用餐过程中，地陪要不时地关心游客的用餐情况。巡视用餐情况，询问菜肴是否合乎其口味（如是否太咸、太淡、太辣或者是否有游客忌食之物等），检查菜肴质量和标准是否达到要求。如果发现问题，要及时补救，与餐厅负责人沟通。

6. 解答游客在用餐过程中的提问

在用餐过程中，帮助游客掌握好用餐的程序和方法。尤其是安排风味餐时，一般会安排体现当地地方特色的菜肴，如烤鸭、大闸蟹、灌汤包等，外地游客在就餐方法上不一定全然了解，所以地陪要告知游客食用的步骤和方法。

7. 落实用餐后的相关后续工作

用餐结束后，地陪应该根据实际用餐的人数、标准核实餐厅所开具的账单，并在账单上签字作为餐厅向旅行社结算的依据。此外，还要征求游客对用餐环境、餐饮质量的意见，将信息及时反馈给餐厅，以便改进菜肴质量。

任务小结

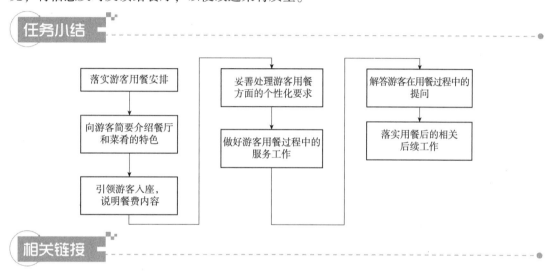

相关链接

团队用餐结算单

酒店(餐厅)名称		旅行社名称	
团队名称		用餐时间	
用餐人数		用餐标准	

导游(签字)：

任务评价

根据任务完成情况，各小组相互进行考核评价(表1-6-1)。

表1-6-1 评价表

任务内容	完成情况			
	好	较好	一般	差
落实游客用餐安排				
介绍餐厅和菜肴特色				
引领游客入座，说明餐费内容				

(续)

任务内容	完成情况			
	好	较好	一般	差
处理游客用餐方面的个性化要求				
做好游客用餐过程中的服务工作				
解答游客用餐过程中的提问				
落实用餐后的相关后续工作				

案例分析

因"抢菜"得来的掌声

在哈尔滨，每年冬天都是旅游旺季。小张是哈尔滨的地陪，这次他负责接待一个来自广东的16人的旅游团。第一天下午，小张安排团队体验了滑雪圈、初级滑板滑雪等项目，游客玩得不亦乐乎。晚饭时间，小张带领游客去了接待计划单上的定点餐厅。到了餐厅，小张发现里面满是游客，大多数餐桌还没上菜。

小张带领游客在餐厅服务员的指引下入座。他待客热情，安排就座后，就开始给游客斟茶倒水，还介绍了餐厅特色，并说明由于该餐厅是滑雪场周围规模比较大的一家，因此承接团队比较多，让游客耐心等待。可是，半个小时过去了，他们的菜一个都没有上。此时，游客已经不耐烦，抱怨声此起彼伏。于是，小张去餐厅出菜口问询情况。他走到出菜口，发现已经有另外3个导游等在那里。这时，一位传菜员手里端着两盘热菜出来。小张没多想，立马从托盘里端出两盘菜，快速跑到自己团队的桌位，放到餐桌上，对着游客说："大家快吃。"游客心领神会，快速动起筷子。这时，传菜员跑了过来，一脸埋怨地说："这不是你们的菜，是隔壁桌的。"小张知道自己理亏，便马上笑脸相迎，连连道歉。话音刚落，小张团队中的一名游客说："我建议，给我们张导来点掌声。"接下来，掌声响起。

问题：小张在此次餐饮服务工作中的处理方式是否合适？请说明原因。

_____
_____
_____

任务1.7　购物服务

任务描述

购物服务是地陪导游服务中的一项重要内容，也是比较容易被游客所诟病的一个环节。本任务主要是分组实施以下内容：作为地陪，遵守《中华人民共和国旅游法》（以下简称《旅游法》）中与购物相关的规定，严格执行旅游接待计划，向游客说明购物安排，正确引导游客购物，妥善处理好游客在购物中提出的要求。

任务目标

1. 能知晓并严格遵守《旅游法》。
2. 能做好购物引导。
3. 能妥善处理好游客购物方面的个别要求。
4. 培养诚实守信、服务至诚的工作态度。

任务详解

购物服务，按照工作流程可分成6个工作步骤，具体如下。

1. 熟知《旅游法》中关于购物的内容

根据《旅游法》第三十五条的规定，只有满足两个条件时，旅行社才可以安排购物：第一，旅行社和游客双方就购物事项协商一致或者游客主动提出购物要求。第二，不影响其他游客的行程安排，并做出妥善安排。旅行社安排购物，必须与游客协商，并且以旅游合同补充协议的形式与游客签署购物协议，严格按照购物协议的内容执行。

2. 执行旅游接待计划，选择有资质的商店

地陪应该认真执行旅游接待计划，不挤占原定活动行程安排购物。在不影响行程安排的情况下，应游客要求安排购物。购物场所应选择具有资质的商场或商铺，商品明码标价，保证商品质量达到相关标准，不出售假冒伪劣商品，以保障游客的合法权益。

3. 说明购物活动的注意事项和时间安排

到达购物区或商店时，地陪要向游客说明购物过程中的注意事项，如不要盲目购物，不要在非法小摊贩处购物等。

4. 正确引导游客购物，真实客观地介绍商品

地陪没有主动向游客介绍商品的义务，更不能向游客兜售商品、设置诱导购物。即使向游客介绍商品，也是应游客之请，并且在介绍商品时做到客观、公正。另外，当游客在商店看到某个商品举棋不定时，应把购买与否的决定权交给游客，不要建议游客购买与否。

5. 处理游客在购物中的个别要求

如果游客提出需要委托代买或者购物以后提出需要换货、退货等一系列个别要求，地陪要按照实际情况妥善处理。

6. 妥善安排不参加购物行程的游客

如果有部分游客不参加购物活动，地陪应该做好这些游客的活动安排，建议其不要去人多嘈杂的地方，晚上不要太晚回酒店，并且给其写好交通及酒店地址等便条。

任务小结

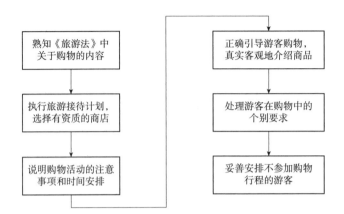

任务评价

根据任务完成情况，各小组相互进行考核评价（表1-7-1）。

表1-7-1 评价表

任务内容	完成情况			
	好	较好	一般	差
熟知《旅游法》中关于购物的内容				
执行旅游接待计划，选择有资质的商店				
说明购物活动的注意事项和时间安排				
引导游客购物，真实客观地介绍商品				
处理游客在购物中的个别要求				
安排不参加购物行程的游客				

案例分析

地陪接待中的购物安排

地陪小张负责接待一个日本的旅游团。第一天下午，参观某园林景区后，小张向游客介绍本地的一家珍珠馆。她说："店主是我的好朋友，保证价廉物美。"在珍珠馆，游客朱女士对标价5000元的珍珠产生兴趣，小张立即主动介绍识别真假珍珠的方法，并为其讨价还价，最终以900元成交。购物结束，小张带游客回酒店。在返回酒店的途中，数名游客提出希望购买中国的烹饪书籍，小张表示可以安排。

第二天早上，游客朱女士找到小张，说珍珠为次品，想要退换，并希望小张帮忙。小张当即表示不能退换。上午结束参观后，小张又带全团去了一家工艺品商店，许多游客对商品不感兴趣，只在旅游车中待着。小张恳求说："大家帮帮忙，不买东西没关系，进店逛一圈也可以。"于是，一些游客不情愿地下车进店。13:30 赴机场途中，数名游客又提起购书一事，小陈说："没有时间了，要去赶飞机。"

一周后，旅行社接到了日本组团社发来的传真，对地陪小张进行了投诉。

问题：小张在接待日本旅游团的过程中做错了哪些事？为什么？

任务1.8　文娱活动服务

任务描述

文娱活动也是旅游活动中不可缺少的一个环节。本任务主要是分组实施以下内容：作为地陪，针对计划内的文娱活动和计划外的文娱活动，为游客做好文娱活动服务。

任务目标

1. 能合理引导游客进行计划内的文娱活动。
2. 能做好文娱活动的安全提醒工作。
3. 能协助游客安排好计划外的文娱活动。
4. 培养宾客至上、耐心细心的工作态度。

任务详解

文娱活动服务分为计划内的文娱活动服务和计划外的文娱活动服务，计划内的文娱活动服务可分为3个工作步骤，计划外的文娱活动服务可分为2个工作步骤，具体内容如下。

1. 计划内的文娱活动服务

（1）安排计划内的文娱活动

针对计划内的文娱活动，地陪应该陪同前往，并向游客简单介绍节目的内容和特点。

（2）引领游客入座

到达演出场所后，地陪要引领游客入座，给游客介绍有关演出的设施和位置，并自始至终与游客在一起。如果游客提问，地陪要耐心解答游客的问题。对入境游客，地陪还要做好剧情介绍和必要的翻译工作。

（3）引导游客退场

演出结束后，应提醒游客不要遗忘物品，并带领游客依次退场。在大型娱乐场所，地陪应提醒游客不要走散，随时注意游客的动向与周围的环境，熟悉出口的位置，以便发生意外情况时能及时带领游客撤离。

2. 计划外的文娱活动服务

（1）协助游客，做好指引工作

对于计划外的文娱活动，地陪一般不需要陪同前往。但是，如果游客有需要，地陪可协助其购票，并提醒演出的时间、地点。可给游客做好交通指引，对于外国游客，为其写好关于交通及酒店地址的中文便条，以备不时之需。

（2）合理引导游客选择活动内容

当游客要观看格调低下的不健康文娱节目时，地陪应该有礼貌地劝阻。

任务小结

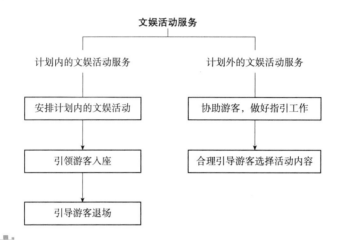

任务评价

根据任务完成情况，各小组相互进行考核评价（表1-8-1）。

表1-8-1 评价表

任务内容		完成情况			
		好	较好	一般	差
计划内的文娱活动服务	落实计划内的文娱活动				
	引领游客入座				
	引导游客退场				
计划外的文娱活动服务	协助游客，做好指引工作				
	合理引导游客选择活动内容				

案例分析

游客想去坐游船

某旅游团13:30抵达上海，由地陪小张负责接待。小张带领游客在酒店办理入住登记手续后，安排游客参观游览了东方明珠广播电视塔。晚上，原定计划是带领游客到外滩散步，观赏夜景。但是，有部分游客提出想去坐游船游览黄浦江，希望旅行社能安排黄浦江游船游览活动。

问题：针对这种情况，小张应该怎样处理？应做好哪些工作？

___

___

___

任务1.9　送站服务

任务描述

送站服务是导游工作的尾声。本任务主要是分组实施以下内容：作为地陪，做好送行前的准备，在酒店的游客离店服务，从酒店至交通港途中的服务，以及交通港的送团服务，从而确保旅游团在游览活动结束后能够安全、顺利地离开。

任务目标

1. 能落实好送行前的准备工作。
2. 能落实好退房的相关工作。
3. 能做好欢送服务。
4. 能协助游客办理离站手续。
5. 培养爱岗敬业的工作精神。

任务详解

送站服务，按照工作流程可分成13个工作步骤，具体如下。

1. 确认交通票据

在旅游团离开当地的前一天，地陪应核实旅游团离开的飞机(火车、轮船)票，核对团名、人数、去向、航班(车次、船次)、起飞(开车、启航)时间和地点等事项(关于时间，要做到四核实：计划时间、票面时间、时刻表时间、问询时间)，然后将票据移交给全陪。如果起飞(开车、启航)时间有变更，地陪要及时知会旅行社计调，方便其通知下一站，以免造成漏接。

2. 商定出行李的时间

一般性的旅游团是不专门安排行李车的，游客的行李随乘坐的旅游车一起运送，无须商定出行李的时间。如果是一些演出团、参展团或VIP团队，旅行社会安排专门的行李车。针对这种情况，地陪在确认交通票据后，应先与旅行社行李部联系，了解旅行社行李员与酒店行李员约定的交接行李时间(或旅行社规定的时间)，然后与酒店行李员商定交接行李的时间，再与领队、全陪商定游客出行李的时间，最后通知全团游客，同时要向游客讲清托运行李的具体规定和注意事项。

3. 商定出发、叫醒和早餐时间

地陪向旅游车司机说明旅游团是乘国内航班还是国际航班离站，与司机商定出发时间，并及时与领队、全陪商议。确定出发时间后，及时通知全团游客。如果出发时间较早，地陪应与领队、全陪商定叫醒时间并通知游客。如果需要改变用餐时间（如早于餐厅的日常服务时间）、地点和方式，地陪应通知酒店有关部门提前安排。

4. 做好天气预报工作

气候是影响旅游活动的重要因素之一，因此地陪要预先了解当地和下一个目的地的天气情况，规划好路线及交通对策，并及时提醒游客做好防寒保暖、防风避雨等对应措施，以保证旅游活动安全、有序、顺利开展。

5. 协助酒店与游客结清有关账目

在游客离开酒店之前，地陪要及时提醒、督促游客尽快与酒店结清有关账目，如洗衣费、长途电话费、饮料费等。如果有游客损坏了客房设备，地陪应协助酒店处理赔偿事宜。地陪还要在退房前一天晚上或当天早上提醒酒店前台提前做好旅游团的结账准备工作。

6. 及时归还证件

在离站的前一天，地陪要检查自己的物品，看是否保留有游客的证件（地陪一般不应保管旅游团的有关旅行证件，用完后要立刻归还领队或游客）、票据等，若有，应立即归还，当面点清。如果旅游团是入境团，在出境前要提醒领队准备好全部游客的护照和申报单，以便交给边防站和海关检查。

7. 集中交运行李

如果旅游团配有专门的行李车，在离开酒店之前，地陪要按商定的时间与酒店行李员办好行李交接手续：先将游客要托运的行李收齐、集中，与领队或全陪共同清点行李件数，检查行李是否上锁、捆扎是否牢固、有无破损等，确认行李准确无误后交给酒店行李员，填写行李运送卡。在清点行李时，要当着行李员的面清点，清点结果同时要告知领队和全陪。

如果旅游团没有配备专门的行李车，地陪需提醒游客清点行李并在出发登车时协助游客将行李放置于旅游车下层。

8. 办理退房手续

若无特殊原因，旅游团一般应在 12:00 以前办理退房手续。地陪应协助全陪或领队将游客的房卡收齐，交给酒店前台（也可以由游客自己交给酒店前台），并及时办理退房手续。在游客办理退房手续的过程中，如果出现账目有争议等情况，地陪应协助处理好争议。认真核对用房数后，按酒店规定签字结账。

9. 集合登车

在出发之前，地陪要询问游客是否结清酒店的账目，提醒游客检查是否有遗落物品，组织游客集合登车。游客上车后，再一次提醒游客清点自己随身携带的物品，然后清点人数，确认游客到齐后请司机开车离开酒店。

10. 致欢送辞

在乘车前往机场（火车站、码头）的途中，应向全体游客致欢送辞。致欢送辞是给游客留下深刻印象的最后一环，往往关系到导游服务的成功与否，因此地陪要精心设计。具体来说，致欢送辞要注意以下几点：一要表情深沉；二要感情真挚；三要放慢语速。致欢送辞的内容一般包括：回顾旅游活动，感谢游客的配合；表达友谊和惜别之情；诚恳征求游客对接待工作的意见和建议；如果旅游活动中有不顺利、不愉快或旅游服务有不尽人意之处，可借此机会再次向游客赔礼道歉；表达美好的祝愿，期待再次相逢。

11. 提前抵达交通港

送站时，要提前抵达交通港。具体来说，乘坐国际航班的，提前 3 小时或按照航空公司规定的时间到达机场；乘坐国内航班的，提前 2 小时到达机场；乘坐火车、轮船的，提前 1 小时到达车站、码头。

12. 办理离站手续

目前，大多数旅游团都是行李随旅游车同载，不配备专门的行李车，因此到达交通港后，地陪主要是引领游客下车，然后带领游客在大厅等候。地陪应提前取好票据，清点无误后交给全陪，或协助游客取票及办理行李托运等登机手续。如果送别出境旅游团，地陪要向领队和游客介绍办理出境手续的程序，必要时可协助办理购物退税手续。

如果旅游团有专门的行李车，到达交通港后地陪应迅速与旅行社行李员取得联系，与全陪和领队当面逐一清点行李，核实后，交接行李。

当游客进入安检区域时，地陪应热情地与游客告别，并祝游客一路平安。待旅游团过安检口进入隔离区后，地陪方可离开。

13. 与旅游车司机结账

送走旅游团后，地陪应与旅游车司机结账，在单据上签字，并保存单据。

任务小结

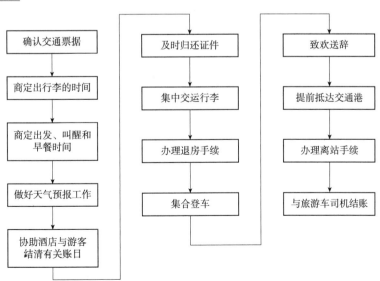

任务评价

根据任务完成情况,各小组相互进行考核评价(表1-9-1)。

表1-9-1 评价表

任务内容	完成情况			
	好	较好	一般	差
确认交通票据				
商定出行李的时间				
商定出发、叫醒和早餐时间				
做好天气预报工作				
协助酒店与游客结清有关账目				
及时归还证件				
集中交运行李				
办理退房手续				
集合登车				
致欢送辞				
提前抵达交通港				
办理离站手续				
与旅游车司机结账				

案例分析

送　　站

某日8:00,某旅游团全体游客已在旅游车上就座,准备离开酒店前往车站。地陪小刘从酒店外匆匆赶来,上车后清点人数,并向全陪了解了全团的行李情况,随即讲了以下一段话:

"大家早上好!

我们全团15个人都已到齐,现在我们出发去火车站。今天,我们将乘坐9:30的××次火车去××市。两天来,大家一定过得很愉快吧?十分感谢大家对我工作的理解和配合!中国有句古话:'相逢何必曾相识。'短短两天,我们增进了相互之间的了解,成为朋友。人们常说,世界变得越来越小,我们肯定会有重逢的机会。在即将分别的时候,我希望各位朋友今后有机会再来我市旅游。

接下来,我将为大家唱一首歌,祝大家一路顺风,旅途愉快!

（唱歌）

朋友们！火车站到了，现在请下车。"

问题：请运用导游工作规范程序相关知识，分析地陪小刘在送站工作中的不足之处。

_____
_____
_____

任务 1.10　后续工作

任务描述

送走旅游团后，地陪还需要做好游客的后续服务工作，以及旅行社要求的其他后续工作。本任务主要是分组实施以下内容：作为地陪，处理好旅游团的遗留问题，与旅行社结账，提交接团总结，并归还所借物品。

任务目标

1. 能处理好旅游团的遗留问题。
2. 能做好与旅行社结账、归还物品等工作。
3. 能较好地总结带团经验。

任务详解

后续工作，按照工作流程可分成4个工作步骤，具体如下。

1. 处理后续遗留问题

地陪结束带团以后，要按照有关规定和领导指示认真、妥善处理有关遗留问题，如安排个别滞留游客的食、住、行等事宜，或者处理游客的一些后续委托代办事宜。

2. 与旅行社结账

地陪应按旅行社的具体要求，在规定时间内清楚填写有关接待和财务结算单据，连同各种票据、其他单据等一起交给旅行社有关人员审核后，到财务部门结清账目。

3. 完成带团小结

地陪要认真写好带团小结，对游客的意见和建议进行汇总并向旅行社有关负责人汇报。尤其是针对带团过程中的突发事件，要写明详细的经过和处理方式以及结果。及时总结工作内容，有利于促进思考，及时调整工作方法，不断提高业务水平，以便在后续带团过程中给游客带来更好的旅游体验。

4. 归还物品

地陪提交带团小结及游客意见表后，还要及时归还出团前所借的物品。

任务小结

```
处理后续遗留问题        完成带团小结
与旅行社结账            归还物品
```

相关链接

游客意见表

团号：_____ 出游线路：_____
出游起讫日期：_____ 全团人数：_____ 地陪：_____

尊敬的游客：

为了提高本社旅游接待服务质量，恳请您对本次旅游活动提出宝贵意见及建议，以便我们进一步提高服务水平和服务质量。

序号	项目	意见				建议
		很好	好	一般	较差	
1	酒店安排方面					
2	餐食方面					
3	交通方面					
4	游览方面					
5	购物方面					
6	导游服务方面					

在此衷心感谢您参加本社组织的旅游活动，对您在全程旅途中给予的大力支持及协助表示最诚挚的谢意！欢迎您下次再来。

游客签名：
日期：

任务评价

根据任务完成情况，各小组相互进行考核评价（表1-10-1）。

表1-10-1 评价表

任务内容	完成情况			
	好	较好	一般	差
处理后续遗留问题				
与旅行社结账				
完成带团小结				
归还物品				

案例分析

带团结束后的后续工作

小张为上海某旅行社的地陪，接待了来自新加坡的一个旅游团后，在上海浦东机场为游客送站，与全团游客及领队和全陪进行了话别。待游客离开后，小张没有立刻回家，而是回到旅行社归还所借物品，提交带团小结，并进行了报账工作。

问题：试对小张带团结束后的工作进行评析。

课后习题

一、判断题

1. 游客抵达酒店后，地陪应主动办理住房登记手续，并请领队或全陪向游客分发房卡。（ ）
2. 接待大型旅游团时，地陪应在车上贴上醒目的编号和标记，以便游客识别。（ ）
3. 地陪应提前与全陪取得联系，了解旅游团有无变化，约定接团时间和地点。（ ）
4. 在景点的示意图前，地陪应向游客讲明游览线路，并对景点的主要景观做详细说明。（ ）
5. 旅游团集合登车后，地陪用手指逐一清点人数，清点无误后示意司机开车。（ ）
6. 在大型娱乐场所，地陪要提醒游客不要走散，随时注意游客的动向与周围的环境，了解出口位置，以便发生意外情况时能及时带领游客撤离。（ ）
7. 如果境外游客打算购买古玩和中草(成)药，地陪应告知我国海关的有关规定。（ ）
8. 地陪无须了解景点门票优惠政策、景点内收费项目、景区内演出或表演的场次和时间。（ ）

二、单项选择题

1. 办理旅游团住店登记手续和分发房卡，主要应由（   ）来完成。
   A. 地陪　　　　　B. 全陪　　　　　C. 领队或全陪　　D. 酒店前厅接待员
2. 在旅游接待服务中，居于主导地位的是（   ）。
   A. 住宿服务　　　B. 餐饮服务　　　C. 导游服务　　　D. 购物服务
3. 下列各项中，不属于地陪工作范围的是（   ）。
   A. 景点讲解　　　B. 购物促销　　　C. 集中交运行李　D. 分发房卡
4. 下面关于地陪欢迎辞的叙述不准确的是（   ）。
   A. 欢迎辞应简明扼要　　　　　　　B. 欢迎辞应因人、因时、因地而异
   C. 欢迎辞表达感情要真挚　　　　　D. 欢迎辞要尽量以朗诵的形式开头

5. 地陪在接团前进行知识准备，除了了解不熟悉的景点情况外，还需要了解( )。
   A. 历史、地理知识　　　　　　　　B. 法律、法规知识
   C. 旅游团成员情况　　　　　　　　D. 礼貌、礼节常识

6. 地陪在游客面前的首次亮相是在( )时。
   A. 寻找游客　　B. 沿途导游　　C. 清点人数　　D. 接站服务

7. ( )是旅游团旅游计划的具体执行者，当地旅游活动的组织者和领导者。
   A. 组团人员　　B. 全陪　　　C. 地陪　　　D. 领队

8. 旅游接待计划是组团社按照与游客订立的旅行合同内容所做的( )安排。
   A. 法律性　　　B. 契约性　　C. 指导性　　D. 参考性

三、多项选择题

1. 地方导游服务的准备工作主要包括熟悉接待计划、( )等方面。
   A. 物质准备　　B. 形象准备　　C. 知识准备
   D. 财务准备　　E. 心理准备

2. 地方导游服务准备工作中，熟悉接待计划的内容包括( )。
   A. 旅游团成员情况　　　　　　　　B. 旅游团基本信息
   C. 旅游团抵离本地情况　　　　　　D. 旅游团各地接待社情况
   E. 特殊要求和注意事项

3. 接待计划是地陪( )的主要依据。
   A. 了解旅游团基本情况　　　　　　B. 提供导游讲解服务
   C. 预订相关旅游服务　　　　　　　D. 落实相关景区安排
   E. 安排当地活动日程

4. 地陪应事先核对( )是否与旅游接待计划相符。
   A. 房间设施　　B. 房间数目　　C. 房间内装饰
   D. 房间类别　　E. 用房时间

5. 地陪若接待重点旅游团，应提前到该团下榻的酒店向酒店接待人员了解对该团的排房情况，并向他们告知( )。
   A. 该团抵达的时间　　　　　　　　B. 该团的人员构成
   C. 该团的特点　　　　　　　　　　D. 该团的文化水平
   E. 旅游车车牌号

数字资源

项目2

全程陪同导游服务

项目描述

全程陪同导游服务包括旅游团活动中各环节的衔接，监督接待计划的实施，协调旅游接待团队成员间关系等服务工作。按照工作流程，可分为服务准备，首站接团服务，进驻酒店服务，核对、商定旅游活动日程服务，各站服务，离站服务，途中服务，抵站服务，末站服务，以及后续工作等环节。本项目是全陪作为组团社的代表，全程参与旅游团的活动，以保证旅游团各项旅游活动按计划顺利实施的重要服务过程。

学习目标

1. 熟练掌握全程陪同导游服务的具体工作流程。
2. 基本达到全程陪同导游服务所需的技能要求。
3. 能够将理论和实践有机结合，更好地理解和巩固所学内容。
4. 能了解全陪服务工作与地陪服务工作的关系及各自的侧重点。

知识导入

1. 全陪

全陪是全程陪同导游员的简称，分入境旅游团全陪和国内旅游团全陪。主要职责为实施计划、监督质量、协调联络、调研、讲解服务、生活服务和处理问题。

（1）入境旅游团全陪

入境旅游团全陪是指组团社派出的为入境旅游团提供从入境到出境全过程导游服务的人员，与境外领队、地陪共同组成导游服务团队。

（2）国内旅游团全陪

国内旅游团全陪是指由客源地组团社派出的为旅游团提供从离开客源地到回归客源地全过程导游服务的人员，与地陪共同组成导游服务团队。

2. 旅游行程单

在一些旅行社，旅游团的行程计划称为旅游行程单。它包括抵离旅游线路上各站的时间、所乘交通工具的航班(车次、船次)、各站的参观游览项目、安排的文娱节目、风味餐食以及自由活动的安排等。它是组团社与境外旅行社或游客所签包价旅游合同的重要组成部分，也是组团社和相关接待社需共同执行的合同标准。

任务2.1 服务准备

任务描述

服务准备是全陪接到带团任务后,需要做的一系列带团准备工作。全陪外出带团时间少则一周,多则数周,加上旅途中很多不可预测的因素决定了全陪接待的复杂性,因此,细致、周密的准备工作是做好全陪服务工作的重要环节之一,是全陪做好导游服务工作的前提和保障。本任务主要是分组实施以下内容:在组团社计调部领取出团接待计划,然后认真、仔细阅读,熟悉出团接待计划的内容,落实各接待社联系方式,并在出团前做好充分的物品准备、知识准备等。

任务目标

1. 能掌握全陪服务准备的具体工作要求。
2. 熟悉出团接待计划的格式与内容。
3. 掌握物质准备的主要内容。
4. 培养提前做计划的工作习惯和认真工作的态度。

任务详解

全陪服务准备,按照工作流程可分为5个工作步骤,具体如下。

1. 领取出团接待计划

全陪接到工作任务后,需要去组团社的计调部领取出团接待计划。

2. 熟悉出团接待计划

出团前,全陪要认真查阅出团接待计划和相关资料及往来函件(电子邮件、传真件等),全面掌握所接旅游团的情况,研究旅游团的特点、重点旅游团成员和个别游客的特殊要求,以便提供有针对性的服务。

(1)熟悉旅游团的基本情况

①熟记旅游团的名称(或团号),游客国别、人数和领队姓名。

②了解旅游团成员的姓名、性别、年龄、民族、宗教信仰、职业和特殊要求等。

③掌握旅游团内有地位或较有影响力的成员、特殊游客(如记者、旅游商、残疾人、儿童、高龄老人等)的情况。

(2)熟悉旅游团的行程计划

①记下各地接待社的名称、联系人和联系电话。

②记下旅游团抵离旅游线路上各站的时间、所乘交通工具,以及交通票据是否订妥或是否需要确认、有无变更等情况。

③了解旅游团在各地下榻酒店的名称、位置、星级和特色等。

④了解行程中各站的主要参观游览项目，根据旅游团的特点和要求，准备好讲解的内容和游客咨询时可能需要解答的问题。

⑤了解行程中各站安排的文娱节目、风味餐食、计划外项目及是否收费等。

⑥了解重点团是否有特殊安排，如座谈、宴请等。

3. 物品准备

(1) 必备证件

全陪应带齐本人身份证、电子导游证及导游身份标识，以及前往个别管制区域要求办理的证明文件等。

(2) 结算单据和费用

全陪需带好费用结算单、银行卡(或支票)和少量现金等，以备在旅途中使用。

(3) 接团资料和物品

全陪需带好接待计划单或电子行程单、各站接待社地址和联系电话、讲解资料(可存入手机中)、全陪日志、行李卡、组团社社旗等。

(4) 个人物品

全陪带团在外，出门时间较长，需带好个人物品，尤其是手机充电器、备用药品等。

4. 与接待社提前联系

全陪应熟记各站接待社有关部门的电话号码和传真号码。接团的前一天，全陪应与各站接待社取得联系，互通情况，妥善安排好相关事宜。

5. 知识准备

由于全陪与游客相处时间较长，交谈时间较多，特别是在途中，除了要做好生活服务外，还要解答游客的各种问题，甚至可能要做一些专题讲解，因此做好有关知识准备十分必要。

(1) 客源地相关

了解客源地的历史、地理、经济、礼俗和禁忌等方面的知识。

(2) 旅游线路沿线概况

了解旅游线路上各地的历史、地理、经济、民俗和风土人情。熟知旅游线路上各地的主要景点情况，尤其是自己未曾去过的景点情况。

(3) 专题知识

旅游线路不同，准备的专题知识不同，如华东旅游线应重点收集园林艺术方面的资料，而西北旅游线则要侧重于准备石窟艺术方面的知识。游客的特点不同，准备的专题知识也不同。若接待的是境外专业旅游团，应准备相关专业方面的知识。

任务小结

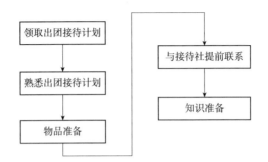

相关链接

全陪接待计划单

TO：（接待社）　　　　　　　　Fax：
FM：（组团社）　　　　　　　　Fax：
日期：
关于×××国际旅行社团接待计划：

组团社团号		来自国家或地区（或城市）		领队姓名	
接团社团号				领队联系方式	
游客总人数		游客年龄			
出发日期		游客使用语言			
返回日期		机票电脑号			

序号	日期	星期	交通	抵离时间、地点	下榻酒店与用餐	参观游览节目
1						
2						
3						
4						
5						
备注						

计划说明：

1. 该团最后确认_____人，住房_____双人间(见名单)。请以"_____公司"接团。

2. 执行价格_____元/人。报价含游客的人身意外伤害险费用。

3. 机场税游客自理。

4. 请细心安排该团全程接待，安排有空调、性能好的旅游车，确保行程顺利、安全。

5. 游客如果要求增加其他景点，费用请现收。

6. 请派负责任的优秀导游上该团，以确保接团质量。一旦发生不符合质量标准的事情，请务必在当地解决。已按以下各地接待旅行社联系人、联系电话通知客户：

_____旅行社　联系电话：_____　传真：_____　联系人：_____　手机：_____

_____旅行社　联系电话：_____　传真：_____　联系人：_____　手机：_____

旅行社出团计划表

编号：　　　　　　　　　　　　　　　　　　　　　　　　　　年　　月　　日

国家或地区：		在中国境内旅游时间：		团队等级：	团队类型：
国外组团社：		团号： 联系人： 电话/传真：		领队姓名： 电话：	团队人数： 成人：男＿＿　女＿＿ 儿童：
国内组团社：		团号：		联系人： 电话/传真：	全陪： 电话：
国内接待社：		北京××旅行社　联系人： 西安××旅行社　联系人： 桂林××旅行社　联系人： 南京××旅行社　联系人：		电话： 电话： 电话： 电话：	地陪：　　　电话： 地陪：　　　电话： 地陪：　　　电话： 地陪：　　　电话：
在中国境内行程安排					
线路名称					
城市	抵离时间/地点/交通		住　宿	用　餐	活动内容
北京					
西安					
桂林					
南京					
国内组团计调：　　（签名）				电话/传真：	
注意事项和特殊要求：					
任务完成情况及说明：					

任务评价

根据任务完成情况，各小组相互进行考核评价（表2-1-1）。

表2-1-1　评价表

任务内容	完成情况			
	好	较好	一般	差
领取出团接待计划				
熟悉出团接待计划				
物品准备				
与接待社提前联系				
知识准备				

案例分析

全陪要买票吗?

千岛湖某旅行社的地陪小张接待了某省旅行社所组的一个20人的旅游团。在游千岛湖之前,小张按照常规去售票处购买了20张游客的游览票。上船后,千岛湖管理部门的工作人员上来检票。全陪因忘记携带导游证而无法出示。管理人员照章行事坚决要求全陪购买游览票,但全陪执意拒绝,理由是全陪是不需要买门票的。双方各执一词,时间也因此被耽搁了20多分钟。最后地陪小张自费补了一张票,游船终于被放行。

问题:全陪在接团前应做好哪些物品准备?针对案例中这种情况,全陪应该如何处理?

任务2.2 首站接团服务

任务描述

首站接团服务是指全陪去机场、火车站、码头等交通港或者其他指定的地点迎接旅游团到来的环节。本任务主要是分组实施以下内容:作为全陪,首先与首站接待社做好联络工作,然后与地陪一起迎接旅游团的到来,核实人数,集中清点行李,带领游客登车,并给游客做好首次讲解服务。首站接团是全陪在游客面前的首次亮相,留下好的第一印象,有助于后续工作的开展。

任务目标

1. 掌握首站接团的工作流程。
2. 能做好首站接团的讲解工作。
3. 培养热情、友好的服务态度。

任务详解

首站接团服务,按照工作流程可分成6个工作步骤,具体如下。

1. 接团前的准备

迎接入境旅游团时,全陪应在接团前一天与首站接待社联系,了解接待工作的详细安排。

2. 迎接旅游团

全陪要与首站地陪一起提前30分钟到达接站地点,迎候旅游团或游客的到来。全陪要协助地陪找认应接的旅游团或游客，防止错接。

若迎接的是国内旅游团，全陪可以视团队情况建立微信群，方便通知事项及团队内部沟通和交流。

3. 核实人数

找认旅游团后，全陪要向领队和游客问好，进行自我介绍，并介绍地陪，询问和确认该团实到人数。如果实到人数与接待计划有出入，应及时通报组团社，再由组团社通知各站接待社。

4. 集中清点行李

如果旅游团配备了专门的行李车，需要将游客的行李集中，并与领队、地陪、行李员一起清点核对行李。如果旅游团没有配备专门的行李车，则协助司机将行李安放在游客所乘坐的旅游车上。

5. 协助地陪组织游客登车

全陪要协助地陪带领游客登车。全陪和地陪站在车门一侧，照顾游客上车。游客上车后，全陪应协助地陪清点游客人数，确认人齐后，才可以发车。

6. 首站讲解

全陪要重视首站讲解，通过讲解让游客放松心情、知悉旅途的安排，同时尽快与游客建立起信任关系。讲解内容一般包括以下几个方面：

①致欢迎辞　全陪代表组团社和个人向游客表示欢迎；进行自我介绍，并将地陪介绍给全团；真诚地表达提供全程服务的意愿；预祝旅行顺利、愉快等。

②全程安排概述　全陪应将各站的主要安排（包括下榻的酒店、风味餐和主要景点等）向游客做简要介绍，对于旅游途中可能存在的住宿或交通问题也要让游客适当了解，使其有心理准备。

③向游客说明行程中的注意事项和一些具体的要求。

任务小结

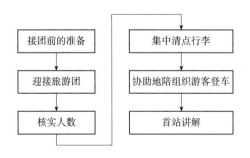

任务评价

根据任务完成情况，各小组相互进行考核评价（表2-2-1）。

表 2-2-1　评价表

任务内容	完成情况			
	好	较好	一般	差
接团前的准备				
迎接旅游团				
核实人数				
集中清点行李				
协助地陪组织游客登车				
首站讲解				

案例分析

待客如亲

在多年的入境游接待工作中，小王本着"以客为友，视客为亲"的职业精神，赢得了无数游客的褒奖。

有一年，小王担任某日本教师旅游团的全陪，该旅游团入境后，从广州出发，游览桂林、张家界、九寨沟等地，全程15天。团长宫崎对中国的秀美山川无比向往，但他的腿脚不太灵便，坐着轮椅。小王除了完成对全团应尽的职责外，重点服务对象就是宫崎。在平坦地，小王推着宫崎的轮椅一起观光；在崎岖地，她叮嘱宫崎拄好拐杖，并搀扶着宫崎慢慢欣赏风景。桂林芦笛岩、九寨沟长堤、张家界金鞭溪……旅行所到之处，都留下了宫崎舒心的笑容。

在这15天中，小王毫无怨言地照顾宫崎，同时兼顾其他游客。她给宫崎及其他游客留下了中国之行的美好回忆，她的敬业精神也赢得了全团游客的赞许！至今，宫崎还与小王保持着密切的往来，每次来到中国旅游，都点名邀请小王陪同团队游览中国的大好河山。

问题：全陪带团旅游时应当提供哪些服务？在入境导游服务工作中应注意哪些事项？

任务2.3　进驻酒店服务

任务描述

进驻酒店服务是指在旅游团抵达酒店后，全陪协助领队和地陪为游客办理入住手续，分配房间，照顾好游客及行李进房等环节。本任务主要是分组实施以下内容：作为全陪，协助领队和地陪办理入住登记手续，分配房间，照顾行李进房，处理游客进房后的若干问题，以及照顾游客住店期间的安全与生活。

任务目标

1. 旅游团抵达酒店后能协助领队和地陪办理入住登记手续。
2. 能照顾游客及行李的进房。
3. 能处理好游客进房后的各类问题和要求。
4. 培养耐心、细致、周到的服务理念。

任务详解

进驻酒店服务，按照工作流程可分成5个工作步骤，具体如下。

1. 协助领队和地陪办理入住登记手续

全陪应协助领队和地陪一起向酒店前台提供旅游团的团名、游客名单、游客的证件和住房要求，主动协助领队和地陪办理旅游团入住登记手续。

若所带旅游团是首发的国内旅游团，没有领队，抵达下榻的酒店后，全陪应协助地陪为旅游团办理入住登记手续。

2. 协助领队分配房间

拿到房卡后，全陪应请领队根据准备好的分房名单分配房卡。在掌握全团分房名单后，全陪要与领队互通各自房号以便联系。同时，提醒游客住店期间注意安全，将贵重物品存放在酒店前台或房内保险柜中。

如果所带旅游团为国内旅游团，无领队，全陪应请团长分配房卡；若旅游团既无领队，又无团长，则由全陪负责分配房卡。

3. 巡视客房

游客进房后，全陪应巡视游客入住情况，询问他们是否都拿到了各自的行李，是否对房间满意。

4. 处理游客进房后的若干问题

若游客反映房间卫生或设备存在问题，全陪应迅速通知酒店有关人员前来处理；如果有游客未拿到行李，全陪应与地陪一起迅速查找行李。

5. 照顾游客住店期间的安全和生活

全陪应将自己的房号和联系电话告知游客，以便联系。全陪还要掌握酒店前台的电话号码和地陪的联系方式。如果地陪不住酒店，全陪要负起照顾旅游团住店期间的安全和生活的责任。

任务小结

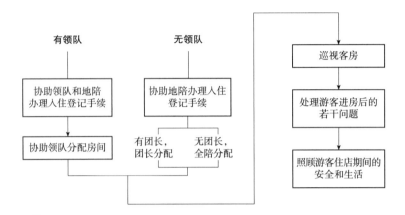

任务评价

根据任务完成情况,各小组相互进行考核评价(表2-3-1)。

表2-3-1 评价表

任务内容	完成情况			
	好	较好	一般	差
协助领队办理入住登记手续				
请领队分配房间				
巡视房间				
处理游客进房后的若干问题				
照顾游客住店期间的安全和生活				

案例分析

好心办了"坏"事

导游小赵回忆起曾作为全陪在厦门某酒店发生的一件事,至今难忘。小赵说:"这个酒店既有主楼,也有别墅,两者的报价是一样的。别墅位置好,靠近大海,很受欢迎,入住率也高,常常是'先到先得',来晚了就只能住在主楼。我为游客着想,便要求地陪尽量争取住别墅。结果我们的运气不错,那天刚好有一批游客离开别墅,于是我让我们团队的游客先到餐厅用餐,自己到前台领取房卡,然后在游客用餐的时候就将房卡交到了他们的手中。当时,我为做成了这样一件事而满心欢喜。结果,由于我忘记了问前台是不是所有的房间都已经打扫完毕而出了纰漏。有几位吃饭快的游客用餐后兴高采烈地来到自己的房间,发现他们的房间还未打扫,于是非常不满,转回餐厅对我兴师问罪。我当时真是苦不堪言。事后我想，有时候，好事情没有办实在，结果可能会更糟，需要认真总结教训。"

问题：按照全陪服务工作程序，小赵在工作中出现了哪些失误？

_____
_____
_____

任务 2.4　核对、商定旅游活动日程服务

任务描述

核对、商定旅游活动日程服务是指旅游团抵达旅游目的地后，全陪与领队、地陪、游客针对旅游合同的日程安排再次进行核对和商定的环节。本任务主要是分组实施以下内容：作为全陪，核对接待计划，与领队、地陪、游客商定活动日程，解决特殊难题等。

任务目标

1. 能落实旅游团抵达旅游目的地后的核对、商定日程工作。
2. 能视不同情况妥善处理好领队和游客提出的修改活动日程的要求。
3. 培养主动服务的意识和责任感。

任务详解

核对、商定旅游活动日程服务，按照工作流程可分成 3 个工作步骤，具体如下。

1. 核对旅游接待计划

全陪与领队、地陪应将各自持有的旅游接待计划单进行对照，一般以组团社的旅游接待计划为准。

2. 商定活动日程

①商定活动日程时，应尽量避免大的变动。如果变动较小且能予以安排(如调换上午与下午的活动安排，不需要增加费用)，可主随客便。

②若变动较大而又无法安排，应做详细解释。

③如果领队和游客坚持要更改原定日程或双方计划不相一致，又有特殊理由，全陪应及时请示组团社，再做决定。

3. 请领队向全团正式宣布活动日程

详细日程商定后，请领队向全团正式宣布活动日程。如无领队，由全陪向全团正式宣布活动日程。

任务小结

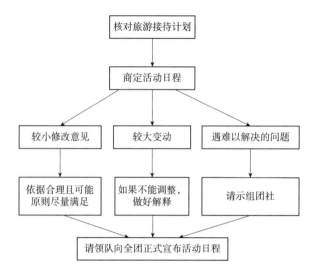

任务评价

根据任务完成情况，各小组相互进行考核评价（表2-4-1）。

表2-4-1 评价表

任务内容	完成情况			
	好	较好	一般	差
核对旅游接待计划				
商定活动日程				
处理领队和游客提出的修改活动日程的要求				
请领队将商定结果告知全团				

案例分析

全陪、领队的接待计划与地陪的有出入

小王担任某东南亚旅游团的全陪。旅游团到达酒店后，小王就与地陪、领队商谈日程安排。在商谈过程中，小王发现地陪手中旅游接待计划单上的游览景点与自己和领队的接待任务书上的游览景点不一致。小王和领队的接待任务书上多了两个景点，并且领队坚持要按他手中接待任务书上的景点来安排行程。为了让领队和游客满意，地陪答应了。但小王后来得知，地陪在游览结束后回旅行社报账时，被经理狠狠批评了一顿，并责令他自行承担这两个景点的门票费用。

问题：全陪在得知自己手中的接待任务书与地陪手中的旅游接待计划单有所出入后，应该如何处理？

_____
_____

任务2.5 各站服务

任务描述

各站服务是指全陪在旅游团各个停留站点的服务。本任务主要是分组实施以下内容：作为全陪，承担各站之间的联络通报和有机衔接，以及按照接待计划对各地接站服务进行协助、检查和督促，使旅游团的接待计划得以全面、顺利实施。此外，要保障游客的人身和财产安全，使突发事件得到及时、有效处理。

任务目标

1. 能够与各地接待社及时联系。
2. 能够与领队、地陪进行协作。
3. 能够督促地陪保证服务质量。
4. 能够保障游客权益。
5. 能够耐心、细致、周到地提供服务。

任务详解

各站服务，按照工作流程可分成5个工作步骤，具体如下。

1. 做好各站间的协调工作

（1）横向协调工作

做好领队与地陪、游客与地陪之间的协调工作。当行程安排有出入，或者在旅途中碰到突发状况，意见不一致时，做好相互之间的协调沟通工作。

（2）纵向协调工作

做好旅游线路上各站间特别是上、下站之间的联络工作。当实际行程与计划表有出入时，全陪要及时通知下一站。

2. 协助地陪、领队

（1）信息通报

由于全陪全程参与旅游团的活动，能够比较深入地了解旅游团的情况，因此有责任向地陪告知旅游团的有关情况（如前几站的活动情况，游客的需求、兴趣、个性及团中"活跃人物""中心人物"等），以便能更好地与地陪合作，有针对性地做好各站接待工作。

(2) 协助领队、地陪办理入住登记手续

抵达酒店后,全陪应协助领队、地陪办理入住登记手续,并掌握住房分配名单。如果酒店压缩预订房数量,而订房单位是组团社,全陪要负责处理。如果地陪不住酒店,全陪要负起照顾旅游团的责任。

(3) 景区(点)游览途中配合地陪工作

在游览景区(点)时,地陪带团前行,全陪应在最后,招呼滞后的游客,并不时清点人数,以防游客走失。如果有游客走失,一般情况下应由全陪和领队分头寻找,地陪则带领其他游客继续游览。如果游览过程中需要登山,但少数老年游客不愿意爬山,全陪应留下来照顾他们,地陪则带领其他游客登山。若有游客突然生病,通常情况下由全陪及患者亲友将其送往医院,地陪则带团继续游览。

3. 监督各站服务质量

全陪要通过自己观察和征询游客意见来了解和检查各站在交通、住宿、餐饮、游览项目和地陪服务等方面的服务质量是否符合国家和行业的质量标准。

若发现有减少规定的游览项目、增加购物次数、降低住宿或餐饮质量标准等情况,要及时向地陪提出改进或补偿意见,必要时向组团社报告,并在全陪日志中注明。若地陪安排的具体活动内容与前几站有明显重复,应及时建议地陪做必要的调整。在地陪缺位或失职的情况下,全陪应兼顾地陪的职责。若对当地的接待工作有意见和建议,要诚恳地向地陪提出,必要时向组团社汇报。

4. 保障游客人身和财产安全

(1) 提醒入住注意事项

入住酒店时,要提醒游客将贵重物品存放在前台或房间保险柜中,入睡前将门窗关好,且不要躺在床上抽烟。

(2) 集合登车

每次上车和集合时,要清点人数;下车时,提醒游客带好随身物品。

(3) 景区(点)游览途中留意游客动向

游览景区(点)时,全陪要随时留意游客的动向,尤其要关注滞后和"好动"的游客,并注意周围环境有无异常。如果发现形迹可疑者,要提醒游客照看好自己的随身物品。道路崎岖不平时,提醒游客走路小心,并对老弱者施以援手。

(4) 旅游团抵离各站时清点行李

要做好旅游团抵离各站时的行李清点工作。

5. 提供旅行过程中的服务

(1) 生活服务

①出发、返回、上车、下车时,照顾年老体弱的游客。

②天气异常时,提醒游客增加或减少衣服。

③按照"合理且可能"的原则,帮助游客解决旅行过程中的一些疑难问题。

④融洽气氛,使旅游团有强烈的团队精神和愉悦的心情。

(2)讲解服务

全陪的讲解服务主要应用于3个场景：一是首次接到旅游团时；二是两站途中；三是末站送团时。其中，两站途中的讲解，如在火车上的讲解，可结合游客感兴趣的内容进行专题讲解。

(3)购物服务

与地陪相比，全陪自始至终与游客在一起，感情上更融洽，更能赢得游客的信任。因此，在很多方面(如购物等)，游客会更多地向全陪咨询，请全陪帮助拿主意。在这种时候，全陪一定要从游客的角度考虑，结合自己所掌握的旅游商品方面的知识，为游客当好购物顾问。

任务小结

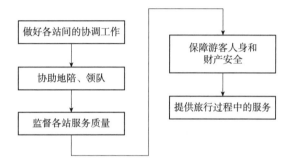

相关链接

全陪日志

单位/部门			团号	
全陪姓名			组团社	
领队姓名			领队国籍	
接待时间	年 月 日至 年 月 日		人数	大 小
途经城市				
团内重要游客、特别情况及要求				
该团发生的问题和处理情况				
全陪意见和建议				
全陪对全过程服务的评价	合格( )		不合格( )	
行程状况	顺利	较顺利	一般	不顺利
客户评价	满意	较满意	一般	不满意
服务质量	优秀	良好	一般	比较差
全陪签字： 日期：	部门经理签字： 日期：		质管部门签字： 日期：	

任务评价

根据任务完成情况,各小组相互进行考核评价(表2-5-1)。

表2-5-1 评价表

任务内容	完成情况			
	好	较好	一般	差
做好各站间的协调工作				
协助地陪、领队				
监督各站服务质量				
保障游客人身和财产安全				
提供旅行过程中的服务				

案例分析

金戒指风波

某旅行社组织的一个旅游团在某市商场购物时,其中一名游客王某被商场销售人员叫住,称其偷拿了该柜台内的金戒指。王某矢口否认,销售人员便要强行搜身,而该旅游团的全陪为了防止引起事端,也要求王某接受检查。搜查完毕,结果一无所获。因为此事,商场保安人员强行扣留游客2小时以上,全陪也未就此事据理力争,而是一味地埋怨王某惹是生非。后经查实,金戒指实际上是掉落在柜台下的角落里。事后,王某就此事件要求依法处理。经过多方协商,全陪被旅行社要求公开向王某道歉、公开检讨,并扣罚当月奖金。当地法院裁决,商场向王某公开道歉,赔偿王某精神损失费2000元,并根据《中华人民共和国消费者权益保护法》的相关规定罚款1万元。

问题:遇到此类事件,全陪应该如何保障游客的合法权益?

任务2.6 离站服务

任务描述

离站服务是指离开途中每一站前,全陪为本站送站与下站接站的顺利衔接所做的工作。本任务主要是分组实施以下内容:对离站信息进行核实,对游客讲解行李托运的规定,协助地陪做好行李和票据的交接工作,话别协作伙伴并再次确认交通信息。

任务目标

1. 能落实旅游团离站的交通票据。
2. 能做好与下一站的协调工作。
3. 能协助做好行李交接工作。
4. 能及时处理突发事件。
5. 培养应变能力和组织能力。

任务详解

离站服务，按照工作流程可分为 6 个工作步骤，具体如下。

1. 核实离站信息

提前提醒地陪再次核实旅游团离开本地的交通票据以及离开的准确时间。如果离开的时间有变化，全陪要迅速通知下一站接待社(若离开时间紧迫，则敦促地陪通知下一站接待社)。

2. 讲解行李托运的规定

离站前，要向游客讲清航空(铁路、水路)有关行李托运和随身携带行李的规定，并帮助有困难的游客打包行李，提醒游客将行李上锁。

3. 交接行李

协助领队和地陪清点行李，确保团队行李数量无误后，与行李员办理交接手续。

4. 交接票据

到达机场(车站、码头)后，应与地陪交接交通票据和行李托运单，清点、核实后妥善保存。

5. 话别协作伙伴

离站前，要与地陪、旅游车司机话别，对他们的热情接待表示感谢。

6. 处理突发状况

进入候机厅(候车室、候船室)后，如果遇到旅游团所乘航班(车次、船次)延误或取消的情况，全陪应立即向机场(车站、码头)有关方面进行确认。当交通延误或取消的消息得到相关部门的证实后，全陪应主动与相关交通公司联系，协同交通公司安排好游客的餐饮或住宿问题。

任务小结

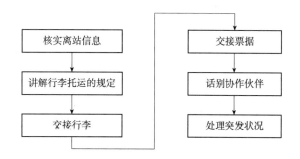

任务评价

根据任务完成情况，各小组相互进行考核评价（表2-6-1）。

表 2-6-1 评价表

任务内容	完成情况			
	好	较好	一般	差
核实离站信息				
讲解行李托运的规定				
交接行李				
交接票据				
话别协作伙伴				
处理突发状况				

案例分析

少了一名游客

一个60人的日本旅游团，在游览北京之后，准备次日飞往桂林。晚上清点人数时，发现有一名游客走失了，这可急坏了团队的全陪。全陪安排团队其他游客在酒店入住之后，迅速通知酒店值班经理及旅行社经理，并与国际酒店同行电话联络，以期获得游客求助的消息。而此时，那名游客发现自己脱离队伍，也急坏了，他找到一家酒店并向该酒店求助。该酒店经理依据经验，与几家经常接待日本团队的酒店进行联系，几经周折，终于有了旅游团的音讯。全陪在得知游客的消息后，迅速前去迎接，终于接回了走失的游客，并向游客深深道歉，同时向积极提供帮助的相关人员致以谢意。虽然有惊无险，但其中的教训却值得深思。

问题：针对本案例，全陪该如何预防及处理好团队中游客走失的事件？

_____
_____
_____

任务2.7　途中服务

任务描述

途中服务是指从旅游团通过机场（车站、码头）的安全检查、进入候机厅（候车室、候船室），至飞机（火车、轮船）抵达下一站、旅游团走出机场（车站、码头）这一途中所提供的服务。本任务主要是分组实施以下内容：作为全陪，给游客分配座位，引导游客登机（车、船），照顾不适的游客，回答游客各类问题，提醒游客注意人身和财产安全，以及处理突发交通状况。

任务目标

1. 能落实旅游团座位分配等工作。
2. 能照顾好特殊游客的生活。
3. 能活跃途中的气氛。
4. 能保障游客途中的人身和财产安全。
5. 培养服务的主动意识和责任感。

任务详解

途中服务，按照工作流程可分成6个工作步骤，具体如下。

1. 分配座位

如果旅游团乘长途火车(轮船)，全陪应事先请领队分配好座位。无领队的旅游团，则由全陪负责此项工作。上车(船)后，应立即找餐厅负责人订餐，告知游客人数、餐饮标准和游客的口味等。

2. 引导游客登机（车、船）

如果旅游团乘坐飞机，全陪应协助游客办妥登机、安检和行李托运等相关手续，并适时引导游客及时到登机牌注明的登机口依次登机。

3. 照顾不适的游客

如有晕机(车、船)的游客，全陪要给予重点照顾。若有游客突患重病，全陪应通过所乘交通工具上的广播系统在乘客中寻找医生对其进行初步急救，并设法通知下站有关方面（急救站、旅行社）尽早落实车辆，以便到站后争取时间送患者到就近医院救治。

4. 加强沟通，活跃气氛

长途旅行中，全陪应在途中加强与游客之间的信息沟通，了解游客的最新需求动态，解答游客的各种问题，征求他们对旅游服务质量的评价，并组织一些活动活跃气氛。

(1) 了解游客

全陪在途中应进一步了解游客的需要、个性与爱好，以及客源地、目的地的有关情况，以便能够及时把握游客的最新动态，并将信息传递给接待社，以便适当调整接待策略，使各站的旅游接待更有针对性。

(2) 解答问题

游客在旅游过程中往往会产生各种各样的问题。全陪应该充分利用途中与游客密切接触的机会，适时回答他们的问题，为他们解惑。

(3) 征求意见

全陪应通过与游客在途中的交谈，了解他们对上一站旅游接待服务质量的评价，以便为改进其后各站的旅游服务质量提供建议。

（4）组织活动

全陪可根据游客的特点和旅途中的具体情况，组织一些娱乐活动或专题讨论，或进行专题讲解，以活跃途中气氛，消除游客的寂寞感和疲劳感。

5. 提醒游客注意人身和财产安全

在途中，全陪要提醒游客注意人身和财产安全，并与机舱（车厢、船舱）乘务员联系，请他们协助做好游客的安全工作。下机（车、船）时，提醒游客带好随身物品、保管好自己的交通票据和行李托运单。

6. 处理突发交通状况

若交通工具非正常运行，全陪应与交通运输部门和组团社保持有效沟通，并稳定好游客的情绪，适时安排和引导游客。

任务小结

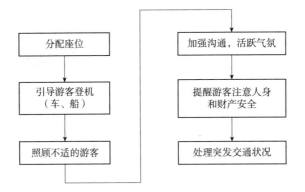

任务评价

根据任务完成情况，各小组相互进行考核评价（表 2-7-1）。

表 2-7-1　评价表

任务内容	完成情况			
	好	较好	一般	差
落实座位分配工作				
协助办理登机(车、船)手续				
照顾不适的游客				
加强沟通，活跃气氛				
提醒游客注意人身和财产安全				
处理突发交通状况				

案例分析

送站风波

一个40人的国内旅游团，计划于某日15:30乘坐火车离开北京前往西安。中午，旅游团在一家大型商场旁的餐厅用餐，午餐于13:00结束。有游客要求去商场购物，全陪起先不同意，但经不住游客的坚持要求，最终同意了，并一再提醒游客1小时后一定要返回原地集合。1小时后，只有38名游客回来，等了一会儿后，全陪让已经回来的游客在旅游车上休息，自己与地陪及2名年轻游客进商场寻找。找到未按时返回的2名游客时，离火车发车时间只剩20余分钟。待旅游团赶到火车站时，火车已经离站。

问题1：写出此次事故的性质及其会造成的损失。

问题2：分析地陪在工作中的不妥之处。

任务2.8 抵站服务

任务描述

抵站服务是指全陪带领旅游团从上一站抵达下一站时提供的有关服务。本任务主要是分组实施以下内容：作为全陪，通报旅游团信息、带领旅游团出站，做好与地陪的接头工作，以及转告游客有关情况等。

任务目标

1. 能准确无误地通报旅游团信息。
2. 能顺利带领游客出站。
3. 能做好与地陪的接头工作。
4. 培养耐心、细致、周到的服务意识。

任务详解

抵站服务，按照工作流程可分成4个工作步骤，具体如下。

1. 通报旅游团信息

全陪应在离开上一站之前向下一站通报旅游团的信息，内容包括旅游团离开上一站和抵达下一站的确切时间，所乘的航班(车次、船次)，以及有无人员变动、游客的要求、全陪的意见与建议等。

2. 带领旅游团出站

在游客乘坐的交通工具即将抵达下一站时，全陪应通知游客整理好随身物品，做好下机(车、船)的准备。下机(车、船)后，清点人数，手举组团社的社旗，带领游客到指定的出站口出站。

3. 与地陪接头

出站前，全陪应与地陪进行联系。出站后，手举组团社的社旗，找到地陪，向地陪问好，并将地陪介绍给领队和游客。然后将旅游团的行李牌交给地陪，与地陪一起带领游客登车。如果地陪违规缺席或失职，全陪应承担起地陪的工作。

4. 告知游客的有关情况

全陪应客观如实地将游客的有关情况(如游客的情绪、身体状况、要求等)转告地陪，以协助地陪做好接待工作。如果全陪带领的是入境旅游团，而有的城市或景点没有相应的外语导游，全陪应主动承担起导游讲解和翻译工作。

任务小结

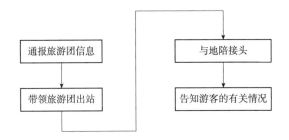

任务评价

根据任务完成情况，各小组相互进行考核评价(表2-8-1)。

表2-8-1 评价表

任务内容	完成情况			
	好	较好	一般	差
通报旅游团信息				
带领团队出站				
与地陪接头				
告知游客的有关情况				

案例分析

地陪接站迟到，全陪怎么办？

全陪小王带领旅游团乘坐高铁抵站后，与地陪小张联系接站。得知地陪小张虽然提前2小时从市区出发前往机场接团，但在离机场还有2千米的地方遇到了交通事故，旅游车被堵在路上，正在等待交通管理部门疏导现场，大约还要半个小时才能到达。游客在等待过程中不断有怨言，部分游客情绪激动。

问题：遇到这种情况，作为全陪，小王应该如何处理？

_____

_____

任务2.9　末站服务

任务描述

末站服务是指旅游团离开最后一站时全陪所提供的有关服务。本任务主要是分组实施以下内容：作为全陪，协助地陪落实交通票据和行李托运等事宜，致欢送辞，做好送客前的营销工作，送别旅游团以及结清账目等。

任务目标

1. 能协助地陪落实好票据、行李等事宜。
2. 能致好欢送辞。
3. 能做好送客前的营销工作。
4. 能准确无误结清账目。
5. 培养细致、热情、负责的工作态度。

任务详解

末站服务，按照工作流程又分成5个工作任务，具体如下：

1. 协助地陪落实交通票据和行李托运等事宜

在离开最后一站之前，全陪要提醒和协助地陪落实好旅游团返程的交通票据和行李托运等事宜。

2. 致欢送辞

在离开最后一站的前一天晚上，全陪应与旅游团话别，致欢送辞。主要内容有以下几个方面：

①简明扼要地回顾全程中的主要活动，表示与游客共同度过了一段愉快的旅行生活，对全团给予的合作表示感谢。

②欢迎游客再次光临，表示愿意再次为游客提供服务。

③征求游客对整个接待工作的意见和建议，请游客填写游客意见表。如果游客在途中蒙受了损失或发生过不愉快的事，要再次表示歉意，以求得游客的谅解或予以弥补。

④提醒游客离店前打包好(锁好)需要托运的行李，带好自己的随身物品和证件。若所带旅游团是入境旅游团，要提醒游客随身带好护照、海关申报单、购买文物和贵重中药材的发票，以备出境时海关查验，并向游客介绍如何办理出境手续。

3. 做好送客前的营销工作

全陪应根据旅游途中对游客的了解，对其中有意愿再次出游的游客进行必要的营销工作，适当介绍一些他们感兴趣的线路和景点，希望他们下次出游时再次与组团社联系，自己将继续为之服务。

4. 送别旅游团

游客登车后，全陪应再次提醒游客带好随身物品和证件。抵达机场(车站、码头)后，应提醒游客各自携带好行李。如果是送别出境旅游团，全陪还应提醒领队出关时准备好行李托运所需的证件和表单，提醒游客准备好证件、交通票据、出境卡和申报单等。当游客即将进入安检区域时，全陪应热情地与游客一一握手道别，并与地陪一起目送游客离开。

5. 结清账目

送走旅游团后，全陪要与地陪结清旅游团在当地活动期间的账目。结账的方式有两种：一是现结，即全陪在旅游团离开的前一天与地陪当面结清团款，并向接待社索要发票；二是全陪给地陪的单据签字，由地陪携带签字后的单据回接待社，再由接待社凭借单据向组团社收取团款。

任务小结

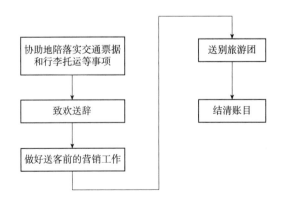

相关链接

游客意见表

团号：_____　　出游线路：_____
出游起讫日期：_____　　全团人数：_____　　领队：_____

尊敬的游客：

为了进一步提高本社旅游接待服务水平和服务质量，恳请您对本次旅游活动提出宝贵意见及建议。

序号	项目	意见				建议
		很好	好	一般	较差	
1	各地酒店安排方面					
2	餐食方面					
3	交通方面					
4	游览方面					
5	购物方面					
6	导游服务方面					
7	全陪服务方面					

在此衷心感谢您参加本社组织的旅游活动，对您在全程旅途中给予的大力支持及协助表示最诚挚的谢意！欢迎您下次再来。

游客签名：
日期：

任务评价

根据任务完成情况，各小组相互进行考核评价（表2-9-1）。

表2-9-1　评价表

任务内容	完成情况			
	好	较好	一般	差
协助地陪落实交通票据和行李托运等事项				
致欢送辞				
送客前的营销工作				
送别旅游团				
结清账目				

案例分析

镇定指挥的全陪

整个旅程结束后,某旅游团将搭乘第二天 11:25 的航班离站。地陪通知旅游团第二天 9:00 出发前往机场。第二天 9:00,全体游客都到齐了,却没有看到地陪的身影,地陪的手机也是关机状态。

原来,地陪早上出门时忘记带手机,急忙回去拿,再赶往酒店时被堵在路上。若等地陪到酒店后再出发,那就太晚了,于是全陪让地陪直接赶往机场。全陪和领队则带领游客赶往机场。

一路上,全陪承担了地陪的工作,如收取证件、致欢送辞。快到机场时遇到交通事故,旅游车被堵在了离机场 1 千米处。此时,旅游团只剩 25 分钟的时间办理乘机手续。游客开始焦虑不安。全陪安抚游客的同时,让先行到达的地陪马上到办理登机手续的柜台排队。全陪则携带全体游客的证件下车,跑步到达机场协助地陪办理乘机手续,并向机场工作人员说明情况,请求多等 5 分钟再办理行李托运。接着,满头大汗的全陪又跑回旅游车。这时,交通事故已经处理完毕,旅游车启动开往机场。车上的游客听说已经办好了乘机手续,都长舒了一口气,他们为全陪的出色表现献上了热烈的掌声。

问题:你认为全陪的做法如何?

任务 2.10 后续工作

任务描述

后续工作是指全陪在末站送走游客之后需要完成的工作。作为整个带团工作的收尾和延续,后续工作对整个旅程有着重要的意义。本任务主要是分组实施以下内容:作为全陪,处理遗留问题,填写全陪日志,做好总结工作,以及结账和归还物品。

任务目标

1. 了解全陪日志的内容。
2. 掌握总结工作的程序。
3. 培养认真、负责的工作态度。
4. 培养全面考虑问题的能力。

任务详解

后续工作，按照工作流程可分成4个工作步骤，具体如下。

1. 处理遗留问题

送走旅游团后，全陪应根据旅行社领导的指示，认真处理旅游团的遗留问题，办理游客委托的事项，尽可能提供延伸服务。

2. 填写全陪日志

全陪应认真、如实地填写全陪日志或撰写旅游行政部门(或组团社)所要求的资料。全陪日志的内容包括：旅游团的基本情况，旅游日程安排及旅程中的交通运输情况，各地接待质量(包括游客对行、游、住、食、购、娱等方面的满意程度)，发生的问题及事故的处理经过、游客的反映及改进意见等。

3. 做好总结工作

全陪每送走一个旅游团，都应及时总结带团的经验和体会，找出不足，不断提高服务水平。

若有重大事件发生或存在影响旅行社以后接团工作的隐患问题，应及时向领导汇报。

4. 结账和归还物品

送走旅游团后，全陪应按财务规定到旅行社财务部门结清账目，并及时归还所借物品。

任务小结

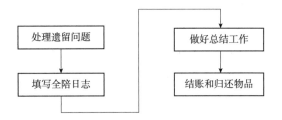

任务评价

根据任务完成情况，各小组相互进行考核评价(表2-10-1)。

表2-10-1 评价表

任务内容	完成情况			
	好	较好	一般	差
处理遗留问题				
填写全陪日志				
做好总结工作				
结账和归还物品				

案例分析

转交贵重物品

来自新加坡的某旅游团离境前，游客吴先生找到全陪小李，请求小李帮忙将一个密封的盒子转交给一位朋友："盒里是一件贵重物品。本来想亲手交给我朋友的，但他临时有事来不了酒店，我也去不了他家。现在只能请你帮忙将这个盒子转交给他了。"小李接受了吴先生的委托，并在送走旅游团后亲自将盒子转交给了吴先生的朋友。几个月后，吴先生给旅行社发邮件，询问小李为什么没有将盒子转交给他的朋友。当旅行社调查此事时，小李说已经把盒子转交给吴先生的朋友了，并详细说明了整个过程。旅行社领导严肃地批评了小李。

问题1：领导的批评对不对？为什么？

问题2：怎样正确处理游客关于转交贵重物品的委托要求？

课后习题

一、判断题

1. 全陪与游客首次见面的介绍通常与商定日程结合在一起。（   ）
2. 由于全陪与游客相处的时间较长，所以必须熟悉途中的旅游景点，做好导游讲解的准备工作。（   ）
3. 全陪、地陪和领队商定日程时，如果变动较小、不需要增加费用且能予以安排，可主随客便。（   ）
4. 全陪应在离开上一站之前向下一站通报旅游团的情况。（   ）
5. 在旅游团从 A 市抵达 B 市时，如果有行李托运，全陪应将旅游团的行李托运单交给 B 市行李员。（   ）
6. 旅游团在景点游览时，全陪应走在旅游团的后面，招呼滞后的游客，并不时清点人数，以防游客走失。（   ）
7. 在送入境旅游团离境时，全陪应向领队和游客介绍如何办理离境手续，并将他们送至登机口，欢迎他们再次光临。（   ）
8. 全陪应保管好机票(车票、船票)和行李托运单，抵达下一站时将其交予负责接待该旅游团的地陪。（   ）
9. 全陪带领旅游团乘火车赴下一站时，应协助游客上车，并为他们分配好座位。（   ）

10. 全陪送走旅游团后,应处理好游客遗留的问题,尽可能提供延伸服务。（   ）

二、单项选择题

1. 全陪熟悉旅游团行程计划的目的是更好地把握行程中旅游活动的(   ),保证旅游团的旅游行程能够安全、顺利地完成。
   A. 频率　　　　　B. 方式　　　　　C. 节奏　　　　　D. 力度

2. 旅游团的行程计划是组团社与境外旅行社或游客所签包价旅游合同的重要组成部分,也是组团社与相关接待社需共同执行的(   )。
   A. 合同标准　　　B. 合同文本　　　C. 法定文件　　　D. 意向性文件

3. 如果全陪带领旅游团赴华东线旅游,应准备的专业知识主要是(   )。
   A. 历史文化知识　B. 石窟艺术知识　C. 园林艺术知识　D. 喀斯特地貌知识

4. 如果全陪带领旅游团赴云贵地区旅游,应准备的专业知识主要是(   )。
   A. 古建筑知识　　B. 园林艺术知识　C. 石窟艺术知识　D. 少数民族知识

5. 在接待入境旅游团(者)时,全陪通常应提前(   )到达接站地点,与首站接待的地陪一起迎接旅游团。
   A. 15 分钟　　　　B. 30 分钟　　　　C. 45 分钟　　　　D. 1 小时

6. 在接站地点,全陪应主动帮助地陪找认旅游团,(   )。
   A. 避免误机　　　B. 避免空接　　　C. 防止错接　　　D. 防止漏接

7. 在迎接入境旅游团时,全陪应在接团前(   )与首站接待社联系,了解接待工作的详细安排。
   A. 1 天　　　　　B. 3 天　　　　　C. 5 天　　　　　D. 1 周

8. 如果首站接团时发现入境旅游团人数与接待计划不符,全陪应及时报告(   )。
   A. 境外旅行社　　B. 组团社　　　　C. 当地接待社　　D. 当地文旅局

9. 全陪与入境游客首次见面的介绍通常与(   )结合在一起。
   A. 致欢迎辞　　　B. 日程商定　　　C. 沿途导游　　　D. 风光介绍

10. 在接到应接的旅游团后,全陪应就旅游全程安排向游客进行简明扼要的介绍,其目的是尽快与游客建立起(   )关系。
    A. 信用　　　　　B. 信任　　　　　C. 诚信　　　　　D. 情感

三、多项选择题

1. 全陪在接团前的准备工作主要包括(   )等内容。
   A. 熟悉旅游行程计划　　　　B. 做好相关知识准备
   C. 制订旅游活动日程　　　　D. 做好相关物品准备
   E. 熟悉旅游团情况

2. 全陪应做好的物质准备主要有(   )。
   A. 身份证件　　　B. 少量现金　　　C. 接团资料
   D. 游客信息　　　E. 个人物品

3. 全陪的首站(入境站)接团服务包括(   )等内容。
   A. 联系司机　　　B. 迎接旅游团　　C. 首站讲解
   D. 入住酒店服务　E. 商谈日程

4. 全陪与旅游团首次见面的介绍通常与致欢迎辞结合在一起，主要内容包括(　　)。
A. 向全团做自我介绍　　　　　　　B. 代表组团社和个人对游客表示欢迎
C. 介绍主要旅游景点　　　　　　　D. 表示为游客提供服务的真诚愿望
E. 概略介绍旅游行程

5. 全陪带领旅游团抵达下一站时应提供的服务主要有(　　)等。
A. 带领游客出站　　　　　　　　　B. 与地陪接洽
C. 与地陪交接行李　　　　　　　　D. 转告旅游团相关情况
E. 转告游客意见和要求

数字资源

项目3

景区(点)导游服务

项目描述

景区(点)导游服务是指景区(点)导游员接受旅游景区(点)委派或安排,为游客提供导游讲解和其他服务的全过程。按照工作流程,可分为服务准备、景区(点)游览时的服务、送别时的服务、后续工作4个环节。其中,景区(点)游览时的服务是景区(点)导游服务的重点。本项目是景区(点)导游员按照国家和行业标准以及旅游合同约定的内容与标准,为游客提供规范化服务的过程。

学习目标

1. 熟练掌握景区(点)导游服务的各项服务程序及其规范。
2. 基本掌握景区(点)导游服务所要求的技能。
3. 能够将理论与实践有机结合,灵活地运用各项服务技能完成景区(点)接待工作。

知识导入

1. 景区(点)

旅游景区(点)包括风景区(点)、文博院馆、寺庙观堂、旅游度假区、自然保护区、主题公园、森林公园、地质公园、游乐园、动物园、植物园及以工业、农业、经贸、科教、军事、体育、文化艺术等为内容吸引游客的各类营业性和非营业性旅游活动区。

《旅游景区质量等级的划分与评定》(GB/T 17775—2003)中,将旅游景区定义为:经县级以上(含县级)行政管理部门批准成立,有统一管理机构,范围明确,具有参观、游览、度假、康乐、求知等功能,并提供相应旅游服务设施的独立单位。

2. 景区(点)导游员

景区(点)导游员又称旅游景区(点)讲解员,指接受旅游景区(点)委派或安排,专职或兼职在旅游风景区(点)、自然保护区、博物馆、纪念馆、名人故居、著名宗教建筑等旅游景区(点)为游客提供导游讲解和其他服务的工作人员。景区(点)导游员是旅游行业导游队伍的一个重要组成部分。

3. 景区(点)导游服务

景区(点)导游服务是景区(点)导游员接受旅游景区(点)委派或安排完成的景区(点)

接待服务，包括导游讲解、安全提示及其他相关服务等。景区(点)导游服务水平是衡量旅游服务质量的重要标杆，直接关系到游客对整个旅程的评价和对景区(点)的认知。为了进一步提高景区(点)导游员的从业素质和讲解质量，国家旅游局于2011年制定了《旅游景区讲解服务规范》(LB/T 014—2011)，进一步明确了景区(点)导游服务行业标准。

任务3.1　服务准备

任务描述

旅游景区(点)的参观和游览是旅行活动中的重要环节，做好准备工作是景区(点)导游员提供良好服务的重要前提。景区(点)导游员应认真对待，仔细、周密地做好准备工作，使游客感受到导游工作的正规及专业，从而更加信任导游及其所工作的旅游景区(点)。本任务主要是分组实施以下内容：作为景区(点)导游员，进行业务准备、知识准备、语言准备、形象准备、物品准备，以便有针对性地为游客提供各项接待服务。

任务目标

1. 熟悉景区(点)导游服务准备的内容。
2. 落实景区(点)导游服务准备工作。
3. 培养有针对性地对不同游客提供个性化服务的能力。
4. 培养自主服务意识。

任务详解

服务准备，按照工作流程可以分成6个工作步骤，具体如下。

1. 业务准备

景区(点)导游服务具有即时性的特点，景区(点)导游员在非常仓促的情况下提供导游服务的现象很多。如果接待对象为旅游团，景区(点)导游员应利用有限的时间与地陪或领队沟通，了解团队中游客的基本情况。对事先预订的旅游团，可以提前制订详细的接待计划，这样才能按照相应的服务程序和规范，为即将到来的接待工作做好充分的准备。

(1) 了解所接团队及游客的有关情况

接待前，景区(点)导游员要认真查阅、核实待接待团队或贵宾的接待计划及相关资料，或通过与地陪、领队的沟通，熟悉旅游团或游客的总体情况，如停留时间、游程安排、有无特殊要求等，以使自己的服务更有针对性。

(2) 针对游客特殊要求事先准备

提前了解游客所在地区或国家的宗教信仰、风俗习惯以及相关忌讳，以便能够礼貌待客。如果一些团队游客或散客游客事先对讲解内容提出要求，景区(点)导游员应该根据要求进行有针对性的准备。

(3) 提前了解服务当天的天气和景区(点)道路情况

提前了解天气情况和道路情况，有助于更合理地安排景区(点)游览路线。

2. 知识准备

景区(点)导游服务的工作地点相对固定，是在一个景区或景区中的几个景点，因此景区(点)导游员要全面掌握本景区(点)的情况，并在此前提下不断增加知识储备。对游客感兴趣的知识点，更要有足够的知识积累，不断地学习、总结、提炼。

基于景区(点)的差异，景区(点)导游员所需掌握的知识可分为自然科学知识，历史和文化遗产知识，建筑和园林艺术知识，宗教知识，以及文学、美术、音乐、戏曲、舞蹈知识等。景区(点)导游员平时要多搜集与本景区(点)相关的资料，并加强相关知识的学习。必要时，还需了解国内外相似景区(点)的有关知识，并具备将相关景区(点)进行对比的能力。

此外，还需要掌握必要的环境保护、文物保护、景区安全等方面的知识及本景区(点)的有关管理规定。基于游客对讲解时间、认知深度的不同要求，景区(点)导游员应对讲解内容准备两种或两种以上的讲解方案，以适应团队游客或散客游客的不同需要。

3. 语言准备

景区(点)的讲解应以普通话为主。根据游客的文化层次做好相关专业术语的解释。在少数民族地区的景区(点)，导游应根据游客的实际情况提供少数民族语言和普通话的双语讲解服务。对于外籍游客，导游应提供相应语言的讲解服务。

4. 形象准备

形象主要体现在仪容、仪表和言谈举止上。景区(点)导游员的形象和气质会给游客留下深刻的印象，在一定程度上还会左右游客对导游的主观态度，良好的形象和气质甚至能弥补讲解上存在的不足。景区(点)导游员应遵守以下几点要求：

①着装整洁、得体，便于进行服务工作。在有着装要求的景区(点)，导游可以根据景区(点)的要求穿着具有本地区或本民族特色、符合导游身份的服装。

②饰物佩戴及发型以景区(点)的要求为准。女导游一般应化淡妆。

③言谈举止应文明稳重、自然而不做作。

④讲解过程中可适度使用肢体语言，但要尽量避免无关的小动作。

⑤接待游客应热情诚恳，符合礼仪规范。

⑥工作中应始终情绪饱满，不抽烟或进食。

⑦注意个人卫生，包括衣物、头发、口腔、鼻腔及指甲等的卫生。

5. 物品准备

景区(点)导游员在上岗前应准备的物品主要包括以下几类：本景区(点)导游员的上岗标志；讲解时要用到的工具和器材；需要发放给游客的相关资料，如景区(点)导游图、景区(点)宣传册等；接待团队时所需的票证。

6. 应急预案准备

具备应变能力是景区(点)导游员应对和处理突发事件的基础。灵活应变有助于减少事故损失，给游客留下良好的旅游感受。由于景区(点)游览存在着天气、交通等诸多不可测因素，因此景区(点)导游员在带团前应该对游览中可能发生的各种意外事件做出处理预案。

任务小结

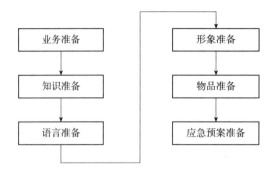

任务评价

根据任务完成情况，各小组相互进行考核评价（表3-1-1）。

表3-1-1 评价表

任务内容	完成情况			
	好	较好	一般	差
业务准备				
知识储备				
语言准备				
形象准备				
物品准备				
应急预案准备				

案例分析

准备不足致不满

某日，景区导游员小李按照接待计划陪同一对历史专业的老年教授夫妇进行参观游览。游览中，他对景区做了认真细致的讲解。随后，这对夫妇提出了一些景区有关的历史问题。小李因为没有提前准备，措手不及，所以不知该如何回答，只能尴尬地应付说："按计划还要游览景区的3个景点，时间很紧，我们现在先游览，等游览完再做详细回答。"

一路上小李口若悬河，滔滔不绝地为这对夫妇讲解景区相关的奇闻趣事，恨不得将自己知道的全讲出来，不给这对夫妇说话的机会，从而巧妙地躲过了这对夫妇的再次提问。游览结束后，小李遭到了这对老年夫妇的投诉。

问题1：小李在接待这对夫妇前应注意哪些要点？

问题2：小李在接待过程中有哪些环节做得不够好？

任务3.2 景区(点)游览时的服务

任务描述

景区(点)游览时的服务是指从游客抵达景区(点)到离开景区(点)的整个接待过程中，景区(点)导游员所提供的服务。本任务主要是分组实施以下内容：作为景区(点)导游员，致欢迎辞，商定游览行程及线路，介绍景区(点)概况及提醒注意事项，以及提供游览途中的讲解、乘(车)船游览时的服务、购物服务、观看演出时的服务、特殊情况下的服务等。

任务目标

1. 熟悉景区(点)导游服务的服务程序和服务规范。
2. 掌握景区(点)导游员在游览时的服务技巧。
3. 培养对不同游客提供个性化服务的能力。
4. 培养自主服务意识。

任务详解

景区(点)游览时的服务，按照工作流程可以分成8个工作步骤，具体如下。

1. 致欢迎辞

当旅游团(游客)抵达景区后，景区(点)导游员应主动迎上前去，向游客表示欢迎。在景区的入口处或景区讲解的开场白之初，向游客致欢迎辞。对于重要的游客，一般在接待室致欢迎辞。

致欢迎辞是给游客留下良好的第一印象的好机会，导游应当重视。内容应根据游客的国籍、年龄、身份、团队人数，以及致欢迎辞的时间、地点等有所区别，不可千篇一律。致欢迎辞时应注意适度、真挚，不能让游客感到做作、不真实，以免产生不良效果。一般情况下，景区(点)导游员致欢迎辞的内容应包含以下几个部分。

问候语：向游客问好。
欢迎语：代表旅游景区(点)及本人欢迎游客光临。
介绍语：介绍自己的姓名及所属单位。
态度语：表达景区(点)提供服务的诚挚意愿及希望游客给予支持和配合的愿望。
祝愿语：预祝游客旅途愉快。

示例：大家好！请让我代表旅游景区及我本人欢迎各位来此旅游观光。我姓王，是××

旅游景区导游,大家可以叫我"小王"。在参观游览过程中,大家有什么问题和要求请尽量提出,我将竭力满足。预祝大家玩得开心、玩得尽兴。谢谢!

2. 商定游览行程及线路

在一般的旅游景区(点)如博物馆等,除了旅行社组织的团队和某些特殊团队之外,游客一般愿意遵从导游推荐的游览行程安排。商定游览行程事宜主要发生在较大的旅游景区(点)。不同的游客对同一个景区(点)所感兴趣的内容不同,在商议游览行程和线路时,应注意以下几个方面。

(1) 商议的时间

商议的时间越早越好。越早了解游客的要求,越能尽早有的放矢地安排好游览的线路与节目,适时调整讲解的内容。因此,游客一旦到达景区(点),导游就应安排时间与游客商议。若有可能,在游客到达前通过手机等通信工具谈妥更好。

(2) 商议的对象

①接待散客时,导游原则上应与所有游客商议。不要参与投票,只提供参考意见。

②对于一般的参观团,与团长或领队商谈即可;若领队希望团内某些人员参与商谈,可以考虑同意并表示欢迎。

③对于较正式的代表团,若负责人有话语权,那么与代表团选定的负责人商议即可。

④对于学术团、专业团,由于团队内学者较多,个人意见也很重要,因此若可能,应与全体团员共同商议。

⑤对于旅行社组织的旅游团,主要与地陪、全陪商议,必要时可以邀请海外领队参与商议。

⑥对于贵宾团,特别是团内有一定级别(如省级及以上)的领导人员时,他们的行程一般早已定好,导游往往只需听从本单位领导的安排、指示就可以了。

(3) 商议时应掌握的原则

①尽量不对已有安排做太大变动。

②尽力满足游客合理且可能的要求,特别是重点游客的个别要求。

③当出现异议时,遵循少数服从多数的原则。景区(点)导游员不要介入旅游团的内部矛盾,不能将团队分裂或分组。

④当变动行程确有困难,不能满足游客要求时,导游要耐心解释。婉言拒绝时要留有余地,让游客感受到虽然自己的要求没有得到满足,但导游确已尽最大努力。

⑤媒体记者、作家、摄影爱好者等工作性质较为特殊的游客,景区(点)往往是其采风的对象或创作灵感的来源,因此这类游客对景区(点)形象的宣传和推广有至关重要的作用,应尽可能满足他们的合理需求。

⑥旅行代理商和旅游界知名人士对服务的评价在一定程度上影响着景区(点)的口碑和门票销售量,对景区的宣传、营销起到非常重要的作用,因此应特别重视对这类游客的服务。

3. 介绍景区(点)概况及提醒注意事项

在带领游客游览景区(点)之前,在景区(点)入口处的导览图前,导游应将景区(点)

的主要组成部分、游览路线、游览所需时间、注意事项等做简要介绍，尽量让每一位游客都对景区(点)的概况有所了解。

(1)讲解景区(点)概况

①历史背景或成因　即景区(点)何年所建及当时的历史背景。对于自然景观，还需要说明其自然的成因。

②景区(点)在旅游地的地理位置以及周边的自然、人文景观和风土人情。

③景区(点)用途　即为什么而建。这主要针对人文景观而言。

④景区(点)的特色　即景观上有何独特之处(景观观赏点的分布、建筑结构布局的特点等)。

⑤景区的地位　即该旅游景区(点)在世界、全国、省(自治区、直辖市)内、市内处于何种地位。

⑥景点的价值　包括历史价值、文化价值、经济价值、美学价值、科研价值、教育功能等。

(2)提醒游客注意原定的游览计划

提醒游客注意在景区(点)停留的时间，主要游览线路，以及参观游览结束后集合的时间和地点。

(3)讲明游览中的有关注意事项

向游客讲明在特定的游览区域应遵守的规定(如在哪些景点不可以拍照)，对小商贩强行兜售物品行为的应对和防范措施，以及安全注意事项等。

(4)协助安排车辆(船只)

景区(点)游览途中如需导游陪同游客乘车(船)游览，导游应协助游客提前联系有关车辆(船只)。

4. 游览途中讲解

游览途中的景区(点)讲解是景区(点)导游服务的核心内容，也是景区(点)导游员展示讲解水平的重要环节。讲解水平的高低可以说是决定此次导游服务工作成败的关键。景区(点)导游员在讲解时一般要遵循以下原则：

①应根据景区(点)的规模和布局，带领游客按照游览线路分段讲解。讲解的内容、方式要因人而异，要视游客的类型、兴趣、爱好的不同有所侧重，因人施讲。内容的取舍应以科学性和真实性为原则，繁简适度。既要对景点的历史背景、特色、地位、价值等方面的内容做全面、详细的讲解，也要给游客留有思考、回味的空间。

②讲解语言应准确、清楚、生动、灵活，富有表现力，能够引起游客的兴趣。应力避同音异义词语造成的歧义。讲解中若使用文言文，需注意游客对象，并且宜以大众化语言给予补充解释。讲解可采用问答法、类比对比法、虚实结合法、情景交融法以及制造悬念法等。

③要灵活安排，做到讲解与引导游览有机结合，并根据游客的类型和兴趣、爱好有所侧重。

④讲解中应结合景物或展品适时宣传环境保护、生态系统维护或文物保护等方面的知

识。对于游客的问询，回答时要耐心、和气、诚实，不冷落、顶撞游客，不与游客发生争执或矛盾。

⑤讲解中涉及的民间传说应有故事来源或历史传承，不得随意编造。讲解中涉及的历史人物或事件，应充分尊重历史原貌。如遇尚存争议的科学原理或事物、事件，宜选用中性词语进行表达。若讲解的某方面内容为引用他人的研究成果，应在讲解中给予适度说明，以利于游客今后的引用和知识产权的保护。

⑥在讲解过程中应该始终以尊重和接纳的态度对待不同文化。无论游客的文化背景如何，都应该尊重其习俗、宗教信仰和价值观。同时，景区（点）导游员也应该教育游客尊重当地文化。在发生文化冲突或误解时，景区（点）导游员应该及时进行沟通和解释。可以通过解释当地的文化习俗、历史背景和社会环境，帮助游客更好地理解文化差异，并消除误解。

⑦应保证在计划的时间与费用内，让游客充分地游览、观赏，劳逸适度。做到三结合：讲解与引导相结合；集中与分散相结合；详与略相结合。在时间允许和个人能力所及的情况下，宜与游客进行适度的问答互动。

⑧在讲解过程中，应自始至终与游客在一起，对老幼病残孕和其他弱势游客要给予合理关照，随时注意游客的安全。要注意周围环境，避开景区（点）中存在安全隐患的地方，做好安全提示，以防意外事件发生。在讲解过程中如果发生意外情况，应及时联络景区（点）有关部门，以期尽快得到妥善处理和解决。

5. 乘车（船）游览时的服务

(1) 协助司机（或船员）安排游客入座

游客上车（船）时，景区（点）导游员一般在旁照顾。游客上车（船）后，景区（点）导游员协助司机（船员）检查游客是否都系好安全带（穿好救生衣），并对老幼病残孕和其他弱势游客给予特别关照。

(2) 告知游客注意事项

在上车（船）、乘车（船）、下车（船）时，景区（点）导游员要告知游客有关安全事项，提醒游客清点自己的行李物品。

(3) 讲解注意同步性

景区（点）导游员在讲解时，讲解的内容要注意与行车（船）的节奏保持一致。同时，由于车（船）上的环境噪声相对较大，讲解时要声音洪亮，设法让更多的游客听见。

(4) 在行车（船）安全方面努力做好与司机（或船长）的配合

在车（船）行驶过程中，景区（点）导游员要时刻注意游客的动向，不断提醒游客注意安全，提醒游客不要把头、手、脚等伸出车（船）外。如果乘坐景区（点）游船，提醒游客在船中甲板走动时注意安全，遇风浪行船不稳时提醒游客回到座位。

6. 景区（点）购物服务

(1) 遵循的原则

景区（点）导游员在进行购物服务时要遵循以下原则：

①适宜推荐原则

第一，突出旅游商品的文化内涵。许多地方的特色商品是多年文化传承的结果，在历史发展过程中，融合了许多人文思想和艺术元素。景区(点)导游员在讲解商品时，要注意突出其文化内涵，满足游客的审美需求。

第二，突出旅游商品的特点。旅游商品具有文化性、艺术性、纪念性、便携性等特点。景区(点)导游员在介绍旅游商品时，应尽量抓住旅游商品的特点，让游客对旅游商品产生深刻的印象，进而激发游客的购买欲望。

第三，讲解客观、真实。在介绍商品时，要努力做到实事求是、客观公正。尤其是商品的功效和性能等方面，更要实事求是。评价要恰如其分，坚决杜绝不负责任、无限夸大的讲解，以免误导游客。更不能为了一己私利进行欺骗性的宣传。

② 合理安排原则　应把最佳时间段用于景区游览。在遵从游客意愿、征得游客同意的基础上，景区(点)导游员应在保证完成主要游览行程和参观内容的前提下合理安排购物。购物时间不宜太长，也不宜过短。购物次数切忌过于频繁。购物地点要遵循合理适当原则，如实向游客介绍本景区(点)合法经营的购物场所。

③ 购物自主原则　对于游客感兴趣而又不太了解的商品，景区(点)导游员要主动进行介绍。应拉近与游客的心理距离，了解游客的购买动机，以负责的态度帮助游客下决心，促使其产生购买行为。对只看不买的游客，也不能怠慢。涉及商品价格等敏感问题，景区(点)导游员一般不要妄加评论。购买与否应由游客自己做主，景区(点)导游员不要过分干预，不得强迫或变相强迫游客购物。

④ 协助维权原则　在购物服务过程中，景区(点)导游员应掌握一些鉴别商品真伪和优劣的知识，并适时教给游客，帮助游客买到称心如意、物美价廉的商品。如果有游客买到了不满意的商品，要热心协助游客做好商品的调换工作。

(2) 注意事项

进行景区(点)购物服务要注意以下几点：

① 注重分析游客的心理特点　游客是千差万别的，要注意分析游客的心理特点，迎合游客的心理需求，为宣传和促销讲解打下良好的基础。

② 把握讲解的时机　景区(点)导游员应该在路上、车(船)上等旅游途中多给游客讲解旅游地的风土人情，得到游客的信任和好感，然后自然过渡到介绍当地的特色旅游商品，激发游客的购买欲望。

③ 注重游客的反应　景区(点)导游员要学会察言观色，既要注意激发游客的购买欲望，又要时刻留意游客的反应，并根据其反应选择讲解重点，以提高讲解的针对性。

7. 游客观看演出时的服务

(1) 重点介绍节目特色

如果游程中包含在景区(点)内观看演出，景区(点)导游员应如实向游客介绍演出的内容，并重点介绍节目的特色。

(2) 协助安排游客入座

演出开始前，应配合现场服务人员为游客提供引导服务，及时、主动地将游客引导入座，合理控制入场流量和流向，保持良好的秩序，倡导游客文明观看演出。在重大节假日及客流量较多时，应协助观看区的现场服务人员维持秩序，确保游客安全。

（3）始终坚守岗位

在游客观看演出的过程中，景区（点）导游员应自始至终坚守岗位，不得中途离开。应热情主动地提供咨询服务，关注老弱病残孕等特殊游客的服务需求。演出结束后，应引导游客有序离场，避免发生拥堵。

（4）妥善安排中途退场游客

如果个别游客因特殊原因需要中途退场，景区（点）导游员应该设法给予妥善安排。因设备故障、安全隐患等突发事件导致演出终止或暂时中断时，应第一时间安抚游客，并引导游客耐心等候或有序离场。

（5）遵循自主自愿原则

不得强迫或变相强迫游客观看需要另行付费的演出项目。

8. 特殊情况下的服务

（1）游客提出各种要求

在带团过程中，游客会提出各种各样的要求。在处理这些要求时，景区（点）导游员应本着合理且可能的原则以及有理、有利、有节、不卑不亢的态度进行处理。如个别游客想自由活动，不希望按规定的行进路线参观游览。针对这种情况，若条件许可，景区（点）导游员可以给予满足，但必须提醒其集合时间和地点、保持联系等安全注意事项。

（2）意外受伤和患病

在游览过程中，可能会发生游客意外受伤和患病等情况。如为团队游客，景区（点）导游员应积极配合地陪妥善处理。如为散客，没有地陪陪同，景区（点）导游员要进行应急处理，并向领导汇报。如有需要，应请领导迅速派人陪同患者前往医院就诊，严禁擅自给患者用药。

（3）丢失钱物

在景区（点），有时会发生游客丢失钱物（如证件、手机、钱包）等事情。此时，景区（点）导游员要安抚游客，详细了解丢失情况，尽力协助寻找。同时，要向景区（点）领导汇报，根据领导的安排协助游客向有关部门报案，办理必要的手续。对于旅行社组织的旅游团，景区（点）导游员应积极配合地陪妥善处理。

任务小结

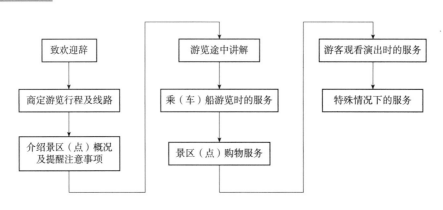

任务评价

根据任务完成情况，各小组相互进行考核评价（表3-2-1）。

表3-2-1 评价表

任务内容	完成情况			
	好	较好	一般	差
致欢迎辞				
商定游览行程及线路				
介绍景区(点)概况及提醒注意事项				
游览途中的讲解				
乘(车)船游览时的服务				
景区(点)购物服务				
游客观看演出时的服务				
特殊情况下的服务				

案例分析

小李的游船服务

小李为扬州瘦西湖的景区导游员。3月，小李受景区委派负责接待一个来自内蒙古的旅游团。团队游客由于是第一次来到江南，看到瘦西湖的美景后特别兴奋，迫不及待地要登船游览。上船前，小李给每名游客发了一件救生衣，让大家穿上。上船后，小李便开始了精彩的景区讲解。突然，几名游客自顾自地把救生衣脱了，小李看到后赶忙让他们穿上。这几名游客说："风平浪静的，船很稳，没有穿救生衣的必要，穿上后拍照就不好看了。"小李耐心地劝说道："虽然这瘦西湖平均水深1.5米，但最深处有2.5米，而且现在是旅游旺季，湖面船多，难免互相碰撞，还是穿上救生衣安全。"最后，这几名游客在小李的劝说下都穿上了救生衣。

问题：小李在景区的游船服务中，应该注意哪些事项？

_____

_____

_____

任务3.3 送别时的服务

任务描述

送别时的服务是景区(点)导游员在带领游客参观游览结束之后需要完成的工作。本任务主要是分组实施以下内容：作为景区(点)导游员，向游客或者旅游团致欢送辞，提醒游客离开时携带好随身物品以防遗失，待游客或旅游团安全离开后返回。送别服务也是游客旅游体验的一部分，对景区(点)导游服务工作来说至关重要。

任务目标

1. 了解景区(点)导游送别服务的程序和规范。
2. 熟悉景区(点)导游送别服务的内容。
3. 培养良好的职业习惯。
4. 培养较强的服务意识和良好的敬业精神。

任务详解

送别时的服务，按照工作流程可以分成3个工作步骤，具体如下。

1. 视情况致欢送辞或安排送客仪式

游客在景区(点)游览结束后，景区(点)导游员要视情况致欢送辞或安排送客仪式以示告别。经过短暂的相处，导游与游客彼此间有了一定的了解，所以导游在致欢送辞或安排送客仪式时一定要饱含感情。内容主要包含以下几个方面：整个景区(点)游程的总结；对游客在游览途中的合作表示感谢；若游程中有不尽人意的地方，可借此机会真诚地表达歉意；真诚希望游客留下宝贵意见和建议；表达友好和惜别之意，若景区(点)备有纪念品，可将其赠予游客；表达期待重逢的愿望和美好的祝愿。

示例：各位朋友，我们的参观游览到此结束了。在这里，非常感谢大家对我工作的支持和配合，也谢谢大家带给我快乐！如果景区服务中有不足之处，请大家谅解，真诚希望大家提出宝贵意见和建议。希望我们能再相会。最后祝愿大家身体健康，合家欢乐，一路平安！谢谢大家！

2. 提醒游客检查是否有遗忘物品

旅览期间，游客丢失物品是比较常见的现象。旅游团(游客)离开前，导游要不厌其烦地反复提醒游客保管好自己的物品，检查是否有物品遗失。

3. 待游客离开后返回

景区(点)参观游览活动结束后，景区(点)导游员一般要将旅游团(游客)送至景区(点)出口处，并与游客热情挥手告别。切忌告别后马上转身离去，要一直目送游客，直到游客消失在自己的视线中方可离开。

任务小结

相关链接

旅游景区游客意见调查表
QUESTIONNAIRE

尊敬的游客：

非常感谢您在珍贵的旅游过程中填好这份意见调查表。您的宝贵意见将作为评定本旅游景区质量等级的重要参考依据，谢谢您的配合支持，祝您旅游愉快。

中华人民共和国文化和旅游部

Dear guest：

We woule be very grateful if you would take a few minutes to complete this questionnaire. Your comments will be taken as reference for the tourism attraction's quality rating.

Thank you for your effers, we hope you enjoy the tourism attraction.

Ministry of Culture and Tourism of the People's Republic of China

调查项目 Items	很满意 Very Satisfactory	满意 Satisfactory	一般 Fair	不满意 Unsatisfactory
外部交通 Accessibility				
内部游览路线 Inner Itinerary				
观景设施 Facilities for Sightseeing				
路标指示 Signs for Direction				
景物介绍牌 Introduction Board				
宣传资料 Material				
导游讲解 Visiting Guide				
服务质量 Service Quality				
安全保障 Safety & Security				
环境卫生 Environmental Hygiene				

(续)

调查项目 Items	很满意 Very Satisfactory	满意 Satisfactory	一般 Fair	不满意 Unsatisfactory
卫生间 Toilet				
邮电服务 Phone & Post Service				
商品购物 Souvenir and Shopping				
餐饮或食品 Food & Beverage				
旅游秩序 Public Order				
景物保护 Scenery & Relic Protection				
总体印象 Overall Impression				

姓名　　　　　　　　　　　　　　国(省、市)名
Name　　　　　　　　　　　　　　Country

任务评价

根据任务完成情况，各小组相互进行考核评价(表3-3-1)。

表3-3-1　评价表

任务内容	完成情况			
	好	较好	一般	差
视情况致欢送辞或安排送客仪式				
提醒游客检查是否有遗忘物品				
待游客离开后返回				

案例分析

虎头蛇尾的导游服务

某景区导游员小陈接到景区通知：第二天8:00接待外地来的某专业学术团。小陈当天就开始积极地搜集相关资料，根据学术团所在地区的风俗习惯和团内游客的专业背景认

真地做好各方面接待准备。

第二天，学术团抵达后，小陈热情地致欢迎辞："各位游客朋友，你们好！首先让我代表旅游景区及我本人欢迎各位来此旅游观光。我姓陈，是旅游景区导游，大家可以叫我'小陈'。在参观游览过程中，大家有什么问题和要求请尽量提出，我将竭力满足。预祝大家玩得开心、玩得尽兴，谢谢！"

进入景区之后，小陈与学术团的带队领导商定了游览路线和游览时间，并根据学术团的专业特点和他们提出的要求开展了有针对性的景区讲解。讲解结束之后，小陈让学术团的游客在剩余的时间里自行参观，并告知游客参观完之后可以自行离开景区，小陈自己则先回到景区休息室休息。

学术团结束行程之后不久，小陈收到了来自学术团的投诉。

问题：小陈在工作中有哪些不足？为什么会被投诉？

任务 3.4 后续工作

任务描述

后续工作是指景区(点)导游员在完成接待工作之后需要完成的一些工作。本任务主要是分组实施以下内容：作为景区(点)导游员，处理有关遗留问题，并写好工作总结，反思改进，以便今后为游客提供更好的导游服务。

任务目标

1. 了解景区(点)导游服务后续工作的要求和规范。
2. 熟悉景区(点)导游服务后续工作的内容。
3. 培养扎实的专业基础。
4. 培养较强的服务意识和敬业的精神。

任务详解

后续工作，按照工作流程可以分为4个工作步骤，具体如下。

1. 处理有关遗留问题

按有关规定和领导指示，办理好游客临行前的委托事宜和一些遗留问题，给游客一个满意的交代。

2. 写好接待总结

景区(点)导游员完成接待服务后，要认真、按时写好接待总结，实事求是地汇报接待情况。接待总结一般包含以下内容：

①接待游客的人数、抵离时间。若接待旅游团，还需记录团队的名称及旅行社的名称。

②游客的基本情况、背景及特点。

③游客的反馈，如游客对接待工作、景区(点)景观及建设情况的感受和建议。记录时尽量引用原文，并注明游客的姓名和身份。

④尚需办理的事情。

⑤自己的体会及对今后工作的建议。

⑥若发生重大问题，需另附专题报告。

3. 查漏补缺

景区(点)导游员针对总结工作中发现的不足或存在的问题(如不清楚的知识、回答不准确的地方或回答不出的问题)，应请教有经验的同行，或查阅相关资料，进行针对性的知识积累，切实提高自己的导游服务水平。

4. 反思改进

对于游客提出的涉及景区(点)导游员的意见和建议，应认真反思，吸取教训，不断改进，以提高自己的导游服务质量。对于游客提出的涉及其他接待部门的意见和建议，应及时反馈到相关部门，以便其改进工作。

任务小结

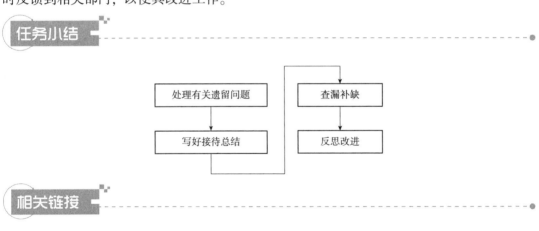

相关链接

景区(点)导游员工作总结表

导游姓名：　　　　　　　　　工号：　　　　　　　　　日期：

序号	时间	团号	人数	客源地	游客评价	投诉情况	投诉处理	购物金额

任务评价

根据任务完成情况，各小组相互进行考核评价（表3-4-1）。

表3-4-1 评价表

任务内容	完成情况			
	好	较好	一般	差
处理有关遗留问题				
写接待总结				
查漏补缺				
反思改进				

案例分析

景区导游员接团总结

山西省晋中市榆次区后沟古村景区是一个以"农耕文明"为主题的景区，有着独特的旅游资源。尤其是窑洞建筑不但历史久远，而且窑洞类型众多，号称"华北汉民族土穴居窑洞之大全"。小任为该景区的导游，某次，她在接待一个来自北京的旅游团时生动讲解了该景区的历史和文化，尤其是窑洞的历史建筑。旅游团对她的讲解比较满意。其中一名游客对景区的原生态手工高粱酒十分感兴趣，问了许多相关的问题，但是小任却知之甚少，没有回答上来。这时她才意识到，作为导游，不仅要了解该景区的历史和文化，还应关注景区开发的旅游产品。小任把这次带团的经验总结写在了接团后的小结里，仔细分析了原因及下一步改进的策略。

问题：景区导游员在接待工作结束还需要做哪些后续工作？这些后续工作对以后的工作能起到怎样的作用？

课后习题

一、判断题

1. 景区(点)导游员进行讲解时不可以使用少数民族语言。（　　）
2. 讲解中涉及的民间传说应有故事来源和历史传承，不得随意编造。（　　）
3. 景区(点)导游员可穿民族服装，佩戴民族佩饰。（　　）
4. 游客观看景区(点)演出时，导游可以自由活动。（　　）
5. 致欢迎辞的总要求是态度热情友好，语言简洁明了。（　　）

二、单项选择题

1. 景区(点)导游服务工作流程主要分为服务准备、(　　)、送别时的服务、后续及总结工作几个步骤。

　　A. 职业形象准备　　　　　　　　B. 景区(点)游览时的服务

　　C. 景区(点)讲解　　　　　　　　D. 商定游览行程

2. 以下选项中,属于景区(点)导游服务准备中知识准备的是(　　)。

　　A. 本景区(点)有关的管理规定

　　B. 所接团队及游客的有关情况

　　C. 景区(点)导游员在上岗时所需的物品

　　D. 整洁、得体的着装

3. 下列不属于景区(点)导游员送别时的服务的是(　　)。

　　A. 提醒游客携带好随身物品以防遗失

　　B. 待游客或旅游团安全离开后返回

　　C. 写好总结报告

　　D. 积极处理遗留问题

4. 景区(点)导游服务工作的核心是(　　)。

　　A. 景点讲解　　　　　　　　　　B. 购物促销

　　C. 游览时的特殊服务　　　　　　D. 游客观看演出时的服务

5. 以下不属于游客观看演出时服务的是(　　)。

　　A. 介绍本景区演出的节目内容与特色

　　B. 按时组织游客入场

　　C. 倡导游客文明观看节目

　　D. 协助司机(或船员)安排游客入座

6. 景区(点)导游员在进行本景区(点)讲解时,以下说法不正确的是(　　)。

　　A. 讲解中若使用文言文,宜以大众化语言给予补充解释

　　B. 遇尚存争议的科学原理或事物、事件,宜选用中性词语进行表达

　　C. 讲解中涉及的民间传说应有故事来源或历史传承,不得随意编造

　　D. 内容涉及历史人物的,应以书上的说法为据

7. 景区(点)导游员在进行语言方面准备的时候,应做到(　　)。

　　A. 对于少数民族地区的景区(点),根据游客的实际情况提供少数民族语言和普通话的双语讲解服务

　　B. 熟记有关专业术语的专有名词解释,不必进行通俗解释

　　C. 对于外籍游客,准备好相应书面宣传材料进行展示

　　D. 熟背景区(点)导游词

8. 景区(点)导游员在游览前所做的概况介绍内容不包括(　　)。

　　A. 景区(点)风土人情

　　B. 景区(点)建设背景、规模、布局、价值和特色

　　C. 景区(点)在旅游地所处的位置以及周边的自然、人文景观

D. 景区(点)的一些规章制度

9. 在景区(点)内乘船游览时，导游的做法错误的是(　　)。

A. 告知游客乘船的有关安全事项

B. 确保游览中的讲解与行船节奏一致

C. 帮助游客看管好行李物品

D. 协助船员安排游客入座

10. 景区(点)导游员上岗前应做好的物质准备工作不包括(　　)。

A. 佩戴好本景区(点)讲解员的上岗标志

B. 准备好需要发放的相关资料，如景区(点)导游图、景区(点)介绍等

C. 准备好无线传输讲解用具

D. 准备好个人物品如手机充电器、备用药品等

11. 游客在景区(点)购物时，导游应该注意不能(　　)。

A. 帮助游客鉴别商品的真伪

B. 如实向游客介绍本景区(点)内合法经营的购物场所

C. 如实向游客介绍本地区、本景区(点)的旅游商品的内容与特色

D. 强迫或变相强迫游客购物

12. 景区(点)导游员在讲解过程中应对(　　)做好有关补充解释。

A. 旅游特色　　　　　　　　B. 文化知识

C. 使用的文言文　　　　　　D. 景物风貌

三、多项选择题

1. 景区(点)导游员在上岗前应做好的物质准备工作主要包括以下几个方面：佩戴好本景区(点)讲解员的上岗标志；准备好需要发放的相关资料，如景区(点)导游图、景区(点)宣传册等；(　　)。

A. 讲解时要用到的工具和器材　　B. 接待团队时所需的票证

C. 导游IC卡　　　　　　　　　　D. 出团计划

2. 游览结束后的后续和总结工作主要包括(　　)和总结提高。

A. 致欢送辞　　　　　　　　B. 写好接待总结

C. 查漏补缺　　　　　　　　D. 完成专题报告

3. 送走游客之后，景区(点)导游员还需要做好总结工作。接待总结一般包含以下内容：接待游客的人数、抵离时间；团队的名称及旅行社的名称；游客成员的基本情况、背景及特点；游客的反馈(注明游客的姓名和身份)；(　　)；若发生重大问题，需另附专题报告等。

A. 游客对景区(点)景观及建设情况的感受和建议

B. 游客的反馈

C. 尚需办理的事情

D. 自己的体会及对今后工作的建议

4. 在景区(点)讲解结束后，导游要致欢送辞以示告别，欢送辞内容应包括(　　)。

A. 整个景区(点)游程总结

B. 对游客合作的感激之情

C. 游客对景区(点)和导游的意见和建议

D. 友好和惜别之意

5. 景区(点)导游员在带领游客进行参观讲解时应遵循以下原则(　　)。

A. 按照游览线路分段讲解

B. 讲解的内容、方式因人而异

C. 讲解语言准确、清楚、生动

D. 讲解与引导游览有机结合

数字资源

项目 4

散客导游服务

项目描述

散客导游服务是指为旅行社接待的散客提供的服务。按照工作流程，可分为接站服务、日常导游服务和送站服务。本项目是按照国家和行业标准以及旅游合同约定的内容与标准，为散客提供规范化服务的过程。

学习目标

1. 熟练掌握散客导游服务的各项具体工作。
2. 基本达到散客导游服务所需的技能要求。
3. 具有较强的应变能力，能够灵活处理遇到的各种情况。

知识导入

1. 散客

散客是相对于预约客户而言的没有预约、没有规律的零散顾客。旅游界对散客没有明确的定义，可以从不同角度加以界定，如以包价形式、团队规模、委托形式、销售方式以及组团地点等为依据进行界定。

2. 散客旅游

散客旅游也称自助或半自助旅游［在国外称为自主旅游(independent tour)］，它是由游客根据个人兴趣、爱好自行选择或设计旅游线路和活动项目，以个人、家庭或朋友为单位自愿结合，零星现付各项旅游费用的旅游方式。散客旅游具有自主性、灵活性和多样性的特征。

散客旅游与团队旅游的区别：

①旅游行程的计划与安排不同　团队旅游的食、住、行、游、购、娱一般都是由旅行社或旅游服务中介机构提前安排。散客旅游的旅游计划和行程则是由游客自己来安排。

②付费方式不同　团队旅游是通过旅行社或旅游服务中介机构，采取支付综合包价的形式付费，即全部或部分旅游服务费用由游客在出游前一次性支付。散客旅游的付费方式有时是零星现付，即购买什么，购买多少，按零售价格当场现付。

③价格不同　团队旅游的旅游项目价格是批发价，散客旅游的旅游项目价格是零售价。相同级别的旅游项目，散客旅游所需的费用比团队旅游高一些。

④自由度不同 团队旅游是有组织地按预定的行程、计划进行旅游，游客受团队约束。而散客旅游随意性很强，变化多，服务项目不固定，自由度大。

⑤旅游人数不同 团队旅游一般是由10名以上游客组成旅游团队。而散客旅游人数较少，既可以是单个游客，也可以是一个家庭，还可以是几个好友组成旅游团队，一般不超过9人。

3. 散客导游服务

散客导游服务是旅行社按照散客游客的要求为参加小包价、组合旅游的散客提供的各项导游服务。散客旅游团队成员复杂，接待标准不一，服务内容庞杂，往往没有领队、全陪陪同，因此导游一人兼有领队、全陪、地陪的职责，肩负的责任重大。

任务4.1　接站服务

任务描述

接站服务是指导游接到接待散客旅游团队的任务之后，去交通港进行接站的环节。本任务主要是分组实施以下内容：作为散客旅游导游，进行常规服务准备，提前到交通港等候游客，迎接游客，进行首次沿途导游服务、入住酒店服务和后续服务。

任务目标

1. 能够深刻认识到散客旅游与团队旅游的团队区别。
2. 能做好接站前的准备工作。
3. 能落实好散客接站和酒店入住工作。
4. 培养针对不同游客提供个性化服务的能力。

任务详解

接站服务，按照工作流程可分成6个工作步骤，具体如下。

1. 服务准备

散客旅游团队成员复杂，矛盾较多，对旅游服务的效率和质量往往比团队旅游的游客要求更高。因此，散客旅游导游在接团前更要做好准备，充分了解游客的情况，以便针对游客需求提供更有针对性的服务。

(1) 认真阅读接待计划

导游应该认真阅读出团通知书和陪同计划表，明确迎接游客的日期，航班(车次、船次)的抵达时间，散客的姓名、人数和下榻的酒店，有无航班(车次、船次)及人数的变更，提供哪些服务项目，是否与其他散客合乘一辆车至下榻的酒店等。尤其要注意的是，散客旅游团队中游客到达的时间、地点会有所不同，要提前做好接站安排。

(2) 做好出发前的物件准备

导游要准备好散客游客的个人信息资料，小包价旅游团的欢迎标志、地图，随身携带

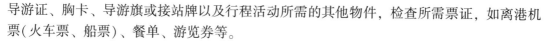

导游证、胸卡、导游旗或接站牌以及行程活动所需的其他物件,检查所需票证,如离港机票(火车票、船票)、餐单、游览券等。

(3)联系交通工具

导游要与计调部或散客部确认司机姓名、联系方式并与司机联系,了解车型、车号,约定出发的时间、地点。若团队内有在不同时间、地点上车的游客,导游务必与司机沟通,让司机制订最佳路线,并确认上车的站点及每一站的时间。

(4)联系游客,召开行前说明会

导游要提前联系游客,介绍自己的职责以及此次行程的具体安排,尤其要向游客强调上车时间、地点等。行前说明会的召开有助于游客提前了解行程,导游可借此机会给游客留下良好的印象,为后续行程扫除障碍。

2. 提前到交通港等候游客

导游要提前抵达接站地点。若散客乘飞机到达,导游应提前30分钟到达机场,在国际或国内进港隔离区外等候;若散客乘火车或轮船到达,导游也应提前30分钟抵达接站地点。

3. 迎接游客

接待散客游客要比接待团队游客困难,稍有疏忽,就会出现漏接,如游客自行到达酒店或被别人接走等。因此,在飞机(火车、轮船)抵达时,导游和司机应站在不同的出口迎接游客。接站时,要使散客游客或小包价旅游团受到热情友好的接待,有宾至如归之感。

如果没有接到应接的游客,导游应该做到:

①询问机场或车站工作人员,确认本次航班(车次、船次)的乘客已全部下飞机(火车、轮船)或在隔离区内已没有出港旅客。

②导游(如有可能,与司机一起)在可能的范围内寻找游客(至少20分钟)。

③与游客下榻的酒店联系,查询游客是否已自行到达酒店。

④若确实联系不到应接的游客,导游应打电话与计调人员联系并告知情况,进一步核实其抵达的日期和航班(车次、船次)是否有变更。

⑤当确定迎接无望时,须经计调部或散客部同意方可离开机场(车站、码头)。

⑥回到市区后,导游应前往游客下榻的酒店,向前台确认未在机场(车站、码头)接到的游客是否已入住酒店。如果游客已入住酒店,必须主动与其联系,并表示歉意。

4. 首次沿途导游服务

从机场(车站、码头)至下榻的酒店途中,对散客游客应像对团队游客一样致欢迎辞,内容包含欢迎语、问候语、介绍语、希望语和祝愿语几个部分。然后介绍所在城市的概况,下榻酒店的地理位置和设施,以及沿途景物和有关注意事项等。对个体散客,沿途导游服务可采取对话的形式进行。

5. 入住酒店服务

(1)帮助办理入住手续

游客抵达酒店后,导游应帮助游客办理入住手续,按接待计划向游客明确说明酒店将为其提供的服务项目,并告知游客离店时要现付的费用和项目。记下游客的房间号码。游客的行李抵达酒店后，导游要核对行李，并督促行李员将行李运送到游客的房间。

（2）确认日程安排

导游在帮助游客办理入住手续后，要与游客确认日程安排，并将填好的日程安排表、游览券及赴下一站的机票(火车票、船票)交给游客，让其签字确认。如果游客参加大车游览，应将游览券、游览徽章交给游客，并详细说明各种票据的使用方法、集合时间、地点，导游召集游客的方式，以及等车、上车的地点等相关事宜；对于有送机(车、船)服务项目的游客，要与其商定好离站时间和送站安排。

（3）确认票务信息

若游客将乘坐飞机(火车、轮船)去下一站，但不需要旅行社为其提供机票(火车票、船票)时，导游应叮嘱游客提前预订机票(火车票、船票)和确认座位。如果游客愿意将机票(火车票、船票)交给导游帮助确认座位，而接待计划上并未注明需协助确认座位，导游可向游客收取确认费，并开具证明。导游帮助确认票务信息后，应向散客部或计调部报告确认后的航班(车次、船次)和离港时间，以便及时派人、派车，提供送机(车、船)服务，并将收取的确认票务信息服务费交给旅行社。

6. 后续工作

迎接游客后，导游应及时将与接待计划有出入的信息及游客的特殊要求反馈给散客部或计调部。要按计划和程序安排游客在当地停留期间的有关服务事宜，然后向散客部和计调部报告全过程。

任务小结

```
服务准备 ──────────→ 首次沿途导游服务
   ↓                        ↓
提前到交通港等候游客         入住酒店服务
   ↓                        ↓
迎接游客 ─────────────→    后续工作
```

相关链接

旅行社出团通知书

_____，你好！

_____旅行社邀请你成为本次线路的队长。

具体信息如下：

线路名称：野奢甘南/7天6晚

带队时间：2021年7月3~9日

报到时间：2021年7月2日(队长提前一天报到)

报到地点：兰州(兰州××酒店)
最早散团时间：2021年7月9日10:00左右
散团地点：兰州

薪酬补贴说明：
1. 出队期间队长劳务费____元/天，食宿由旅行社承担。
2. 作为同排期多队伍的总队长，负责总体协调及紧急事项处理，每天补贴50元。
3. 在线上连续带队，每天补贴50元。
4. 规定报到期间：住宿补贴为每个标间____元/天，餐费补贴为____元/天。
5. 在规定报到时间之前以及散团时间之后个人发生的住宿费和餐费，由个人承担。

往返出队集合地的大交通：
本次带队大交通按实际发生金额报销，报销额度上限为_____元。
请工作人员收到本通知后自行购买去程大交通，散团后由工作人员自行提起报销并上交相应票据，经审核通过，再领取费用。特殊情况另议。

带队物资说明：
线路需要服务性物资(旅行社提供，详见路书)：

线路	物资	医药包	旗子	行李牌或头巾	血氧仪

产品经理：　　　　　　　　电话：
计调联系人：　　　　　　　电话：
培训部联系人：　　　　　　电话：

工作职责说明：
1. 按出队流程完成工作，承担带队职责，管理司机、供应商及进行财务结算；按照具体需求安排行程及游玩景点，在保证安全的情况下完成带队任务。
2. 所有出队工作人员必须严格按照旅行社出队规范完成工作任务。若因自身工作失误被客户投诉或产生赔偿的，按照旅行社出队制度处理。
3. 因个人原因不能按约定出队的，必须提前__1个月__通知相关工作人员，并且承担可能发生的由于替换人员而产生的大交通差额等费用。
4. 因为旅行社原因导致不能出队的，由旅行社承担退票费用。
5. 结团后立即归还领取的物资、签署的文件资料，完成出团期间费用明细填写以及提交票据凭证等。票据凭证审核通过后，发放劳务费用。
6. 继续完善本线路路书。

劳务费奖励或扣罚[根据客户反馈表(10分制)计算]：
1. 无客户反馈表或客户反馈表数量未达到1/3，直接扣10%劳务费(定制团视客户回访反馈情况决定奖励或扣罚)。
2. 客户反馈表评分平均分在9~10分的，获得110%劳务费。
3. 客户反馈表评分平均分在8~9分的，获得100%劳务费。

4. 客户反馈表评分平均分在 6~8 分的，获得 80% 劳务费。

5. 客户反馈表评分平均分在 6 分以下，或者被客户投诉，经核实确是出队工作人员责任且造成恶劣后果的（同时满足上述两点即为"有效客诉"），视责任程度和后果严重程度扣 20%~100% 劳务费。

6. 摄影师逾期不交付照片或者照片数量不够的，扣除 20%~100% 劳务费。

出队人员禁忌（如果在带队过程中违反任意一条禁忌，除了承担相应费用损失外，立即开除）：

1. 偷窃客户的财物。

2. 推卸责任。出门带队即代表旅行社，不能因兼职身份不负责任。

3. 工作人员之间互相拆台。一旦发生由于工作人员之间的矛盾引起赔偿的客户投诉，所有损失由出队人员承担。

4. 越过旅行社撬走客户。不反对队长给其他旅行社带队，但是不能撬走地陪和客户。不能以个人或旅行社名义越过旅行社私自带队。

5. 接受供应商的贿赂，带客户进店购物。一旦发生由于购物引起的客户投诉，全额退还团费，所有损失由出队人员承担。

6. 带队期间与客户发生性行为。

7. 虚报大额账目。

8. 违反公司保密协议，泄露机密（出队信息、薪酬制度等）给第三方机构。

特此通知。

旅行社：

日期：

旅行社陪同计划表

	出行日期				
领队	姓名		电话	上车地点及出发时间	
车辆	司机姓名		车牌号	电话	
酒店	日期	名称	数量	房价	联系电话
	备注：				
	司机及领队住宿发票抬头及税号				
门票	游玩日期	景点名称	人数	门票价格	
	备注：				
	发票抬头及税号				

(续)

		用餐时间	餐厅名称	桌数	标准	联系电话
餐饮						
	备注：					
	发票抬头及税号					
其他						
团款						
业务计调						
外联						

备注：儿童费用自理。

任务评价

根据任务完成情况，各小组相互进行考核评价(表4-1-1)。

表 4-1-1　评价表

任务内容	完成情况			
	好	较好	一般	差
服务准备				
提前到交通港等候游客				
迎接游客				
首次沿途导游服务				
入住酒店服务				
后续工作				

案例分析

莫名愤怒的游客

小张是上海某旅行社的一名年轻导游，主要接待到上海旅游的散客拼成的旅游团。有一次，旅行社给他安排了一个地接团，此团的游览线是"重庆—南京—苏州—杭州—上海"，上海是最后一站。小张在火车站接到团队后，像往常一样做自我介绍和沿途讲解。当他讲到上海的特产和美食时，突然有名游客不屑地说："导游啊，你就是说得天花乱坠，我们也不会买特产的！"小张听后心里很难受，心想自己并没有得罪游客啊，为什么游客对自己这么反感呢？吃饭时，全陪过来告诉小张，这个团在前四站因为下雨被导游带去购物店等，已多次遭遇不快。小张这才明白游客对自己为什么是那样的态度。接下来的行程中，小张依旧微笑服务，更细致地安排工作，主动和游客打招呼，遇到问题及时解决。第二天，小张发现游客对自己友好了很多，讲解的时候也一直紧跟着自己。第三天，当小张送团时，看到游客反馈单上的评语：你是我们所到的五个城市中最好的导游！

问题1：对于这类散客拼成的团队，导游需要提前了解哪些情况？

问题2：对于已经产生不良情绪的游客，导游应该如何应对？

导游如何打破散客间的隔阂？

上海某旅行社导游小张接待了一个由安徽、四川、北京等地旅行社组织的散客旅游团。该团中有13名游客来自四川的3家旅行社，5名游客来自安徽的2家旅行社，2名游客来自北京的一家旅行社。令小张头疼的是，从接到游客起，就问题不断。

首先是北京的游客，他们交的团费高，因此接待标准是团队中最高的，但因为上车晚，他们的座位被安排在车厢后部，一路颠簸，抱怨不停。途中用餐时，由于北京的游客用餐标准高，所以小张安排他们单独一桌用餐；四川和安徽的游客则是按照普通标准共安排了2桌，但四川的游客纷纷挤在一桌，留下安徽的游客享用另一桌，结果出现了四川的游客没吃饱，安徽的游客剩菜多的现象。

住宿时，必须有一名四川的游客与一位安徽的游客住一间房，但这名四川的游客宁可与另外2名同省份的游客同住一间三人房，也不愿与不认识的安徽游客拼房。游览时，四川、北京、安徽的游客分别行动，小张很难整队。此外，游客之间还因为争抢前排座位发生争执，让小张十分头疼。

问题1：对于散客游客，不愿与不认识的人同桌用餐，导游应如何处理？

问题2：对于散客游客，不愿与不认识的人住一间房，导游应如何处理？

任务4.2　日常导游服务

任务描述

日常导游服务指散客旅游导游的日常带团服务。参加散客旅游的游客通常旅游经验较丰富，对服务的要求较高。另外，散客旅游无领队、全陪，往往存在游客集合困难、集体行动受阻等问题。因此，对导游的日常服务工作提出了更高的要求。本任务主要是分组实施以下内容：作为散客旅游的导游，做好每日出发前的准备、日常沿途导游服务、现场导游讲解、其他服务工作和后续工作。

任务目标

1. 能够在出发前与散客游客沟通，了解不同游客的需求。
2. 能够根据散客游客的具体情况提供沿途讲解和现场讲解服务。
3. 能够根据散客游客的个性需求做好其他服务工作。
4. 培养临场应变能力。

任务详解

日常导游服务，按照工作流程可分成6个工作步骤，具体内容如下。

1. 出发前的准备

出发前，导游应做好有关的准备工作：通过散客旅游登记表了解团内游客的大致情况，如前往的景点、需要的服务等；准备好当天所需物品，如游览券、导游旗、宣传材料、游览图册、导游证、胸卡、名片等，并告知司机集合的时间、地点，督促司机做好有关的准备工作。

2. 组织游客集合

导游应提前15分钟抵达集合地点，引导游客上车。如果所接团队是散客小包价旅游团，散客游客分住不同的酒店，导游应同司机按时到各酒店接游客。待游客到齐后，再前往游览地点。

3. 日常沿途导游服务

日常沿途主要是指每天带游客从酒店至景点、餐厅、娱乐场所等一系列场所的往返沿途。散客游客导游服务内容与团队游客大致相同，主要是做好沿途的风光介绍（注意窗外景观与讲解的同步性），也可根据游客感兴趣的内容做专题讲解。例如，游客对美食感兴趣，在沿途可以做一些关于当地饮食的专题介绍。

4. 现场导游讲解

一般来说，散客游客具有一定的出游经验，他们更希望获得深入细致的讲解服务，而不满足于对景点的简单了解。另外，散客团队存在游客行程不统一的情况，因此导游在提供现场讲解时，应该具体情况具体应对。

如果是单个游客，导游可采用对话或问答形式进行讲解，这样会更显亲切自然。个别游客有考察社会的兴趣，善于提出问题、讨论问题，导游要有所准备，多向游客介绍各方面的情况，从中了解游客的观点和意见。

如果所接团队是散客小包价旅游团，导游应陪同旅游团边游览边讲解，随时回答游客的提问，并注意观察游客的动向和周围的情况，以防游客走失或发生意外事故。

5. 其他服务

接待计划规定的景点游览结束后，导游要负责将游客分别送回各自下榻的酒店。由于散客游客自由活动时间较多，导游还充当着旅游顾问的角色。游客可能会向导游咨询目的地的其他旅游项目，导游可介绍或协助安排娱乐活动，如观赏性强的文艺演出、体育比赛等。导游在向游客提供建议时，务必遵守相关法律法规，引导他们去健康的娱乐场所。

6. 反馈工作

每天的接待任务完成后，导游应及时将接待中的有关情况反馈给散客部或计调部，或填写零散游客登记表。

任务小结

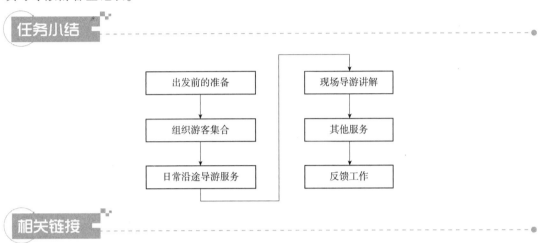

相关链接

零散游客登记表

旅行社名称	（盖章）			电话	
团号		游客类别	□国际 □国内	游客人数	
导游姓名		专/兼职		导游证号	
目的地				团队限制	□地接 □出游
任务时间	年　月　日至　年　月　日　　天　夜				
住宿酒店				住宿天数	
乘坐交通工具情况	抵达　　交通工具：　航班(车次、船次)：　月　日　时				
	离开　　交通工具：　航班(车次、船次)：　月　日　时				
	接送站　接：车型　　座数　　司机　　送：车型　　座数　　司机				
	城市间				
就餐地点					
购物地点					
其他安排					
计调部负责人	（签名）			计调部电话	

组团社：＿＿＿＿＿＿＿

全陪：＿＿＿＿＿＿＿＿

接待社：＿＿＿＿＿＿＿

联系人：＿＿＿＿＿＿＿

＿＿＿＿＿＿＿（公章）

任务评价

根据任务完成情况，各小组相互进行考核评价（表4-2-1）。

表 4-2-1　评价表

任务内容	完成情况			
	好	较好	一般	差
出发前的准备				
组织游客集合				
日常沿途导游服务				
现场导游讲解				
其他服务				
反馈工作				

案例分析

被导游忽视的"一视同仁"

一次，导游小陈作为地陪负责接待一个由来自不同国家的散客组成的旅游团。旅游团共13人，其中8人讲英语，5人讲普通话。在旅游车上，小陈用两种语言交替为游客讲解。到了一个游览点，小陈考虑到团员中讲英语的较多，便先用英语进行了讲解。没想到，待他讲解完毕，想用中文再次讲解时，讲中文的游客已经全都走开了，因此他就没用中文再做讲解。事后，小陈所在的旅行社接到了那几位讲中文的游客的投诉，他们认为小陈崇洋媚外，对待游客不平等。

问题：在接待类似案例中的散客团队时，导游应该怎么做？

散客行程不一，导游该如何应对？

上海某旅行社导游小张接待了一个由安徽、广东、北京等地旅行社组织的散客旅游团。团中，有13名游客来自广东的3家旅行社，5名游客来自安徽的2家旅行社，2名游客来自北京的一家旅行社。该团队在上海的行程中，主要游览外滩、陆家嘴景区。

各地旅行社与游客签订的合同不同，如北京的游客行程中包括了黄浦江游船项目，安徽的游客行程中包含了东方明珠广播电视塔空中旋转餐厅自助餐。因此，安排北京的游客参加黄浦江游船项目时，广东、安徽的游客无事可做，苦苦等候了2小时；而当小张安排安徽的游客吃自助餐时，北京、广东的游客都表示想吃更有特色的小吃。小张一路都在处理矛盾，并被游客埋怨。

问题：面对散客团中游客行程不一致导致的情况，导游应如何处理？

_____

_____

任务4.3 送站服务

任务描述

送站服务是散客导游服务的最后一个环节，也是给游客留下良好印象的关键环节。导游应重视送站服务，妥善安排游客的返程。本任务主要是分组实施以下内容：作为散客旅游的导游，进行送站服务准备，到酒店接运游客，到交通港送客和完成后续工作。

任务目标

1. 会领取并熟悉旅游接待计划。
2. 能落实出行前的准备工作。
3. 培养服务意识、认真工作的态度。

任务详解

送站服务，按照工作流程可分成4个工作步骤，具体如下。

1. 送站服务准备

（1）明确送站安排

导游接到送站计划后，应详细阅读送站计划，明确所送游客的姓名或散客小包价旅游团人数、离开本地的日期、所乘航班（车次、船次）以及下榻的酒店，有无航班（车次、船次）与人数的变更，是否与其他游客或散客小包价旅游团合乘一辆车去机场（火车站、码头）。

（2）确认送站时间和地点

导游必须在送站前24小时与游客或散客小包价旅游团确认送站时间和地点。若游客不在房间，应留言并告知再次联络的时间，然后再次联系、确认。要备好游客的机票（车票、船票），与散客部或计调部确认同司机会合的时间、地点及车型、车牌号。如果游客乘国内航班离站，导游应使游客提前2小时到达机场；如果游客乘国际航班离站，必须确保游客提前3小时到达机场；如果游客乘火车离站，应使游客提前60分钟到达火车站。

2. 到酒店接运游客

（1）提前到达酒店

按照与游客约定的时间，导游必须提前20分钟到达游客下榻的酒店。若要送站的游客与住在其他酒店的游客合乘一辆车去机场（火车站、码头），导游应严格按照约定的时间按顺序抵达各酒店。

若合车运送游客途中遇到严重交通堵塞或其他极特殊情况，需调整原定的时间和行车路线，导游应及时打电话向散客部或计调部报告，请计调人员及时将时间上的变化通知后面各酒店的游客，或请其采取其他措施。

(2) 协助游客办理退房手续

导游应协助游客交还房卡，付清账款，清点行李。

(3) 组织游客集合登车

提醒游客带齐随身物品，然后照顾游客上车离店。若导游到达游客下榻的酒店后未找到要送站的游客，应到前台了解游客是否已离店，并与司机共同寻找。若超过约定的时间20分钟仍未找到，应向散客部或计调部报告，请计调人员协助查询，并随时保持联系。当确认实在无法找到游客，经计调人员或有关负责人同意，方可停止寻找，离开酒店。

3. 到交通港送客

在送游客去机场(火车站、码头)的途中，导游应向游客征询在本地停留期间或游览过程中的感受、意见和建议，并代表旅行社向游客表示感谢。

游客到达机场(火车站、码头)后，导游应提醒和帮助游客带好行李物品。若游客乘飞机离站，应协助游客办理登机手续。在同游客告别前，应向机场人员确认航班是否准时起飞。若航班推迟起飞，应主动为游客提供力所能及的服务和帮助。若确认航班准时起飞，导游应将游客送至隔离区入口处，与其告别，热情欢迎他们下次再来。若游客乘火车离站，导游要带领游客从规定的候车室候车，协助游客安顿好行李后，将车票交给游客，然后同其道别。

4. 后续工作

由于散客旅游的游客经常会临时增加旅游项目或行程发生变化，导游需要向游客收取各项费用，因此在完成接待任务后，导游应及时结清所有账目，并及时将有关情况反馈给散客部或计调部。

任务小结

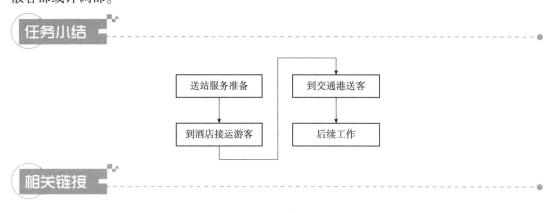

相关链接

游客意见反馈表

尊敬的旅客：

感谢您参加我社组织的旅游活动。为了进一步提高我社导游服务质量，提升企业信用，为广大旅客提供更周密的行程安排，请您真实填写下表，感谢合作！

旅行社质量监督电话：×××　　　　　旅游投诉电话：×××

_____ 旅行社

团队编号			团　号			目的地		
旅游时间			出游形式					
内容评价	好	较好	一般	差	内容评价		是	否
游程安排					是否签署旅游合同			
用餐质量					是否有被强制购物或自费项目			
住宿安排					是否有景点漏掉现象			
车辆车况					导游有否索要小费和私拿回扣			
导游办事					导游(领队)是否佩戴导游证(领队证)			
司机办事					旅游进程中是否有安全提醒			
总体评价					是否会再次选择本社旅游			
看法和建议								

导游签名：

任务评价

根据任务完成情况，各小组相互进行考核评价(表4-3-1)。

表4-3-1　评价表

任务内容	完成情况			
	好	较好	一般	差
明确送站安排				
确认送站时间和地点				
提前到达酒店				
协助游客办理退房手续				
组织游客集合登车				
到交通港送客				
后续工作				

案例分析

灵活提供送客服务，站好最后一班岗

上海某旅行社导游小张接待了一个由广西、四川、贵州等地旅行社组织的散客旅游

团。团中有13名游客来自四川的3家旅行社,5名游客来自广西的2家旅行社,2名游客来自贵州的1家旅行社。圆满结束了上海之行后,小张便为游客安排送站服务。

由于是散客拼团且游客来自3个不同的地方,大家返程的时间有所不同。其中13名来自四川的游客于8:30乘坐由虹桥机场起飞的航班回程,5名自广西的游客于9:45在虹桥火车站乘坐高铁回程,2名来自贵州的游客于16:00乘坐由虹桥机场起飞的航班回程。

为了节约成本,小张提议广西的游客与四川的游客一起出发,先送四川的游客去虹桥机场,再送广西的游客去虹桥火车站,只是广西的游客要在火车站多等待一些时间。可是广西的游客不愿意这么早就出发,要求小张送完四川的游客之后再回来接他们。考虑到早高峰堵车,小张担心送完四川的游客再回酒店接广西的游客会来不及,于是犯了难。

问题:如果你是小张,你会怎么做?

_____
_____

课后习题

一、判断题

1. 散客旅游的食、住、行、游、购、娱一般都是由旅行社或旅游服务中介机构提前安排。( )
2. 接待散客比接待团队游客要困难,散客对旅游服务效率和质量的要求往往比团队游客更高。( )
3. 散客团队存在行程不统一的情况,因此导游在提供现场讲解时,应该具体情况具体应对。( )
4. 散客游客在自由活动时,导游不需要提供任何服务。( )
5. 若运送游客途中遇到严重交通堵塞或其他极特殊情况,导游员自行调整原约定的时间顺序和行车路线。( )

二、单项选择题

1. 散客旅游又称( )。
   A. 包价旅游　　　　　　　　B. 半包价旅游
   C. 自助或半自助旅游　　　　D. 零包价旅游
2. 散客旅游的定价由( )制定。
   A. 游客　　　B. 旅游公司　　　C. 旅游团　　　D. 计划调度人员
3. 散客旅游人数在( )人以下。
   A. 3　　　　B. 5　　　　C. 9　　　　D. 10
4. 散客旅游产品的旅游采购价格是( )。
   A. 优惠价格　　B. 折扣价格　　C. 批发价格　　D. 零售价格
5. 如果未接到应接的散客旅游团,导游要与( )配合,在可能的范围内寻找。
   A. 领队　　　B. 地陪　　　C. 司机　　　D. 全陪

6. 导游若迎接的是乘飞机到达的散客或散客旅游团,应提前( )分钟到达机场。
   A. 10   B. 15   C. 30   D. 60
7. 如果未接到散客或散客旅游团,导游要与司机配合,在可能的范围内至少寻找( )分钟。
   A. 10   B. 15   C. 20   D. 30
8. 对于( ),导游可采用对话的形式进行讲解,游览前导游应向游客提供游览路线的合理建议。
   A. 个体散客   B. 散客   C. 特殊散客   D. 多数散客
9. 若散客乘火车离站,导游应掌握好时间,带领游客提前( )分钟到达车站。
   A. 15   B. 30   C. 40   D. 60
10. 导游必须在送站前( )小时与散客或散客旅游团确认送站时间和地点。
    A. 12   B. 24   C. 3   D. 6

三、多项选择题

1. 散客的付费方式有( )。
   A. 一次性预付   B. 零星现付   C. 预付一部分   D. 现买现付
2. 游客选择散客旅游的原因有( )。
   A. 不爱被束缚   B. 旅游经验丰富   C. 自主意识强   D. 游客更加成熟
3. 散客导游的推销服务内容有( )。
   A. 旅行社服务项目   B. 代订机票   C. 当地美食   D. 当地景点
4. 散客旅游与团队包价旅游的区别是( )。
   A. 计划制订不同   B. 价格不同   C. 付费方式不同   D. 自由度不同
5. 散客导游服务的要求有( )。
   A. 高效率   B. 高质量   C. 高标准   D. 独立能力强
6. 散客旅游没有( )。
   A. 领队   B. 地陪   C. 司机   D. 全陪
7. 散客导游服务主要包括( )。
   A. 接站服务   B. 送站服务   C. 导游服务   D. 途中服务
8. 散客接站服务的内容有( )。
   A. 服务准备   B. 推销旅游项目   C. 住店服务   D. 沿途服务
9. 散客送站服务的内容有( )。
   A. 送站服务   B. 其他服务   C. 到酒店接客   D. 到站送客

数字资源

项目 5

海外领队服务

📷 项目描述

海外领队服务是指海外领队从接受旅行社下达的出境带团任务开始一直到把旅游团安全带回国,并完成后续工作为止的全过程。按照工作流程,可分为出发前的准备工作、带团出境服务、带团入他国(地区)境服务、境外日常服务、带团离开他国(地区)境服务、带团入中国大陆境服务和回国后续工作。其中,境外日常服务又可分为入住酒店服务、参观游览服务、协同安排用餐服务和购物服务。本项目是海外领队按照国家和行业标准以及旅游合同约定的内容与标准,为游客提供规范化服务的过程。

📷 学习目标

1. 熟练掌握海外领队的具体工作程序。
2. 基本达到海外领队所需的技能要求。
3. 能够将理论与实践有机结合,更好地理解和巩固所学内容。

###

海外领队

海外领队又称为出境旅游领队,在《中国公民自费出国旅游管理暂行办法》中,海外领队是指有导游证,具有相应的学历、语言能力和旅游从业经历,与具有出境游业务经营权的国际旅行社订立劳动合同并接受其委派,从事出境旅游领队业务的人员。

海外领队是旅行社派往境外的合法代表,主要任务是维护组团社的权益以及游客的安全及合法权益。

任务 5.1 出发前的准备工作

📷 任务描述

出发前的准备工作是海外领队带团前的准备工作环节。本任务主要是分组实施以下内容：作为海外领队，接受旅行社委派的出境带团任务，与出境计调做好交接工作；核对团队的出境证件（护照、通行证等），查验往返机票，核对行程、出境名单中的信息表；给游客开出团说明会；准备好出团所需的相关物品和团队资料等。

任务目标

1. 熟悉旅游团出境前的准备工作流程。
2. 能够准备好召开行前说明会所需的文件，掌握召开出团说明会的技巧。
3. 熟悉出境所需的相关表格、证件，并能落实核对游客出境的相关信息。
4. 引导做文明海外领队，培养爱国、爱岗的优秀品质。

任务详解

出发前的准备工作，按照工作流程可分成 5 个工作步骤，具体如下。

1. 交接旅游团队情况并领取资料

（1）交接旅游团队的情况

海外领队在接受出境带团任务后，出境计调会向其介绍旅游团队的相关情况，包括团队的构成情况，团队重点团员情况，以及该团队的特殊安排和特别要求等。

（2）领取资料

出境计调会将出境旅游行程表交给海外领队，该表格需要在召开出团说明会时发给游客。出境行程表中的内容主要包含：旅游线路、时间、景点；交通工具安排；食宿标准；购物、娱乐安排及自费项目；导游联系方式等。

（3）领取团队名单表

中国公民出国旅游团队名单表是团队在出入境时要用的文件资料。组团社按照核定的出国人数填写中国公民出国旅游团队名单表。按照规定，经审核的中国公民出国旅游团队名单表不得增添人员。另外，该表只针对团队签证的游客，持个人签证和自由行的游客都不需要此表。

除此以外，海外领队还需要领取入境登记卡、海关申报单、旅游证件、交通票据、接待计划书、联络通信簿等资料。

2. 核对证件及相关事宜

（1）核对团员证件、签证

海外领队应检查全体团员的旅游证件（护照）、签证。护照检查的重点是姓名、护照号码、签发地、签发日期、有效期、是否有本人签名等几项内容。签证检查的重点是签发日期、截止日期、签证号码等几项内容。

（2）核对机票

机票核对的重点是乘机人姓名、乘机日期、航班号、起飞时间等几项内容。

（3）核对团队名单表

团队名单表检查的重点是信息是否与证件（护照等）及证件内的签证（签注）一致。

(4)核实其他事项

检查全团的预防接种情况;查验境外住店分配名单中的住房分配情况;了解旅行社责任保险和团员旅游意外伤害保险情况等;商定出团说明会相关事宜。

3. 召开出团说明会

(1)致欢迎辞

代表旅行社对游客表示欢迎,致欢迎辞。

(2)发放表单,说明行程

向游客发放出境旅游行程表、团队标识等;说明出境和入境手续的要求与注意事项,以及在目的地的旅游日程安排;着重强调团队出发的时间。

(3)介绍目的地

向游客介绍目的地的基本情况、风俗习惯和相关的法律法规、宗教民族禁忌等,说明注意事项。

(4)告知外币兑换手续

告知游客出境目的地使用的外币名称,与人民币之间的汇率,以及货币兑换办理地点(银行、酒店或专门兑换外币处)。

(5)告知其他相关约定

向游客详细说明各种不可抗力或不可控因素导致组团社不能履行约定的情况,以取得游客的谅解。

4. 填写入出境登记卡

大部分国家或地区入境时需要提交入境卡,离境时需要提交离境卡。我国出境游大多是以团队形式进行,考虑到游客普遍英文水平有限,以及为了能够迅速、便捷通关,很多旅行社都会组织海外领队、出境计调等人员,在游客出发前帮助游客填好基础内容(姓名、性别、护照号、航班号和入境口岸等)。但是,是否被其他国家或地区拒签、是否有犯罪记录、是否携带违禁物品等条款,需要向游客进行充分说明后,才可以代替游客填写。需注意的是,不能代替游客签名,游客签名之前如实告知相关内容。

5. 准备出团物品

(1)准备工作必备物品

①证件和机票 海外领队从计调部拿到出境证件后,一定要妥善保管,整理有序。护照、机票须有复印件。

②团队名单表及入出境登记卡。

③出境行程表、出团通知、游客分房表及其辅助说明文件。

④境外接待社联系人及联系方式。

⑤其他带团相关物品 领队身份标识牌、旗杆、旗子等。

(2)准备工作辅助物品

包括线路资料、通信工具、便签条、笔、标签、皮筋、胶水等文具,以备不时之需的小礼品,紧急救助电话(含中国驻外大使馆电话)。

(3)准备个人生活用品

包括个人换洗衣物、常用药品、外出防护品(伞、防晒霜、太阳镜等)及其他生活必需品。

任务小结

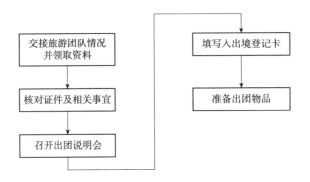

相关链接

中国公民出国旅游团队名单表

组团社序号：　　　　　团队编号：　　　　　年份：
领队姓名：　　　　　　领队证号：　　　　　编号：

序号	姓名		性别	出生日期	出生地	护照号码	发证机关及日期
	中文	拼音					
领队							
1							
2							
...							

年　月　日 由　　　口岸出境	总人数：　　(男　人，女　人)		
年　月　日 由　　　口岸入境			
授权人签字	旅游行政管理部门	边防检查站	
组团社盖章	审验章	加注(实际出境　人)	出境验讫章

旅游线路：
组团社名称：　　　　　　　联络员姓名及电话：
接待社名称：　　　　　　　联络员姓名及电话：

中华人民共和国文化和旅游部印制

_____3 天 2 晚旅游行程单

天数	行程
第一天	
第二天	
第三天	

注：游览项目、交通和食宿将尽量以行程表所列进行安排，如遇特殊情况，将以当地导游安排为准，敬请理解与配合。

任务评价

根据任务完成情况，各小组相互进行考核评价(表5-1-1)。

表5-1-1 评价表

任务内容	完成情况			
	好	较好	一般	差
交接旅游团队情况并领取资料				
核对证件及相关事宜				
召开出团说明会				
填写入出境登记卡				
准备出团物品				

案例分析

老两口开心跟团出国游，却在国外被关5天

游客吴先生和老伴参加了去韩国济州岛旅游的旅游团。在入境时，这对老夫妻却被对方的执法机关拦下，以未携带足额现金等理由被拒绝入境。第一次出国游玩的夫妻俩遇到这件事有些六神无主，他们不知道可以向旅游团提出第二天安排回国。就这样，俩人被关在"小黑屋"里待了5天，最后才跟着旅游团回国。

问题：海外领队在出行前应该做哪些准备工作？

任务 5.2　带团出境服务

任务描述

带团出境服务是海外领队带领游客出境的工作环节。本任务主要是分组实施以下内容：作为海外领队，出发前带领游客做好集合工作；到机场后，带领游客办理乘机及行李托运手续，通过卫生检疫，办理海关申报，以及通过边防和安全检查最后登机。

任务目标

1. 熟悉出中国大陆境所需要的文件。
2. 能办理好出中国大陆境手续。
3. 引导做文明海外领队。
4. 养成遵纪守法的习惯。

任务详解

带团出境服务，按照工作流程可分为 10 个工作步骤，具体内容如下。

1. 点名签到

海外领队与游客在指定的地点会合后，需根据团队名单表逐一点名签到。如果团队中有游客尚未到，要主动与未及时赶到的游客打电话联系，确认情况。如果时间允许，在原地等待游客抵达，并先代表迟到的游客向其他游客表示歉意；如果时间不允许，应直接带其他游客赶往机场，让迟到的游客自行前往机场，在机场会合。

如果个别游客因突然生病、突发事故等原因临时取消行程，海外领队应首先对游客进行口头慰问，然后要求游客除电话通知外，发短信通知进行确认，以便留下凭证。

如果游客未按时抵达集合地点且联系不上，海外领队应先带其余游客去机场，同时积极联系该游客，不到最后一刻不可轻易放弃。如果游客最后仍未出现，则将其旅游证件转交送机人员处理。

2. 告知游客要办理的手续

在全体游客到齐后，海外领队应即席发表简短的讲话。讲话的内容主要是告知游客接下来将要办理的手续，并希望大家配合。游客如果针对海关申报、边防检查等提出问题，海外领队应简明扼要地一一作答。

3. 告知游客航空公司的诸项规定

在办理乘机手续之前，针对一些可能出现的问题再次提醒游客。例如，若携带水果刀、小剪刀、喷雾器、发胶、定型液、防蚊液、烈酒类、100 毫升以上其他液体，务必放入行李箱托运。贵重物品应随身携带，不要放在托运行李中。

4. 办理乘机手续

(1) 团队办理乘机手续

通过航空公司为旅游团开通的专用柜台办理乘机手续。

①交验团队所有游客的护照和机票　海外领队携带全团所有游客的护照(含团体签证)、机票到值机柜台办理乘机手续。目前，大多数航空公司已经使用电子客票，所以海外领队只需带上电子客票确认单即可。

②办理行李托运　海外领队应将游客拟托运的行李(包括领队自己的行李)在值机柜台前按照顺序依次排列，以方便托运清点。海外领队在看到航空公司值机柜台人员将全团要托运的行李系上行李牌，放上值机柜台行李传送带后方可离去。办完乘机手续后，需要认真清点航空公司值机柜台人员交还的所有物品，包括护照、机票、登机牌以及交付托运的所有行李的票据。

(2) 单独办理乘机手续

许多航空公司考虑到行李查询方便等原因，可能会要求乘机旅客单独办理行李托运和乘机手续。基于此，海外领队应带领全团游客来到值机柜台前，先与游客讲明注意事项，然后站在一旁等候游客自行办理乘机手续，必要时提供协助。在全团所有游客办完乘机手续后，海外领队再为自己办理乘机手续。

5. 将过边防检查、登机所需的物件返还游客

办理乘机手续后，海外领队应将游客的护照、机票、登机牌发给游客。全团行李统一托运后的所有票据由海外领队保管。

6. 通过卫生检疫

(1) 查验黄皮书

黄皮书即《疫苗接种或预防措施国际证书》(International Certificate of Vaccination or Prophylaxis)，因封面为黄色而得名。并非所有国家都要求游客出示黄皮书，但如果出境旅游团前往或途经的国家(地区)为传染病流行疫区，或者要前往的国家(地区)对预防接种有明确要求，要提前办理黄皮书。

(2) 接受体温检测

中国各出入境关口都有自动测量游客体温的设备，游客的体温如果超出规定，将会被要求复查并说明理由，严重者将被限制出境。

7. 办理海关申报

根据我国海关有关规定，我国出境人员，除享受免检待遇的人员外，出入境都需要如实填写《中华人民共和国海关进出境旅客行李物品申报单》。目前，可以出行前在网上(海关游客指尖服务小程序)进行行李物品的申报。

海外领队应告知游客中国海关禁止携带出境的物品；带领需向海关申报物品的游客从申报通道(红色通道)到海关柜台办理手续，无须向海关申报物品的游客从无申报通道(绿色通道)穿过海关柜台。

8. 通过边防检查

按照边防检查的要求，海外领队带领游客按照中国公民出国旅游团队名单表上的顺序依次接受边防检查。如果团队签署的是团队签证或去往免签国家(地区)旅行，海外领队应该出示中国公民出国旅游团队名单表及领队证、团队签证。海外领队应该走在队伍最前面，第一个办妥手续，然后在里面、游客可以看得到的地方站立等候游客。对完成边防检查的游客，可先指引他们继续进行登机前的安全检查。待全体游客完成边防检查后，中国公民出国旅游团队名单表由边防检查人员留存，海外领队将剩余的边防检查站入境验收单、旅行社行政管理部门留存联、组团社留存联收回。

9. 通过安全检查

海外领队带领游客接受登机安全检查时，要引导游客主动配合机场安检人员，避免与其发生纠纷。此外，对于不能携带的物品应妥善处理。

10. 等候登机

在完成以上各项手续后，海外领队应该带领游客到登机牌上标明的登记闸口候机区等候登机。提醒游客注意听广播，以免误机。

任务小结

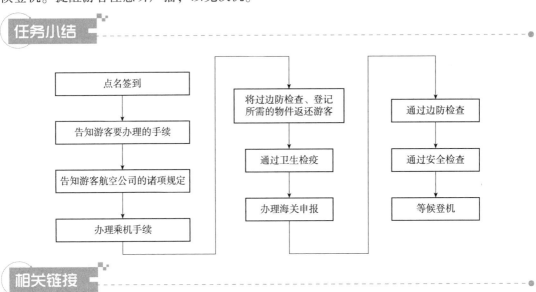

相关链接

图 5-2-1　疫苗接种或预防措施国际证书

黄皮书

黄皮书是世界卫生组织为了保障入出国（边）境人员的人身健康，防止危害严重的传染病通过入出国（边）境的人员、交通工具、货物和行李等传染和扩散而要求提供的一项预防接种证明，其作用是通过卫生检疫措施避免危害严重的传染病的传染。如果入出国（边）境者没有携带黄皮书，国（边）境卫生检疫人员有权拒绝其入出境，甚至采取强制检疫措施。因此，对于因私出国人员而言，在具备有效护照、有效签证的同时，一项不可忽视的工作，就是到所在地的卫生检疫部门进行卫生检疫和预防接种，并领取黄皮书（图 5-2-1）。

任务评价

根据任务完成情况，各小组相互进行考核评价（表5-2-1）。

表 5-2-1 评价表

任务内容	完成情况			
	好	较好	一般	差
点名签到				
告知游客要办理的手续				
告知游客航空公司的诸项规定				
办理乘机手续				
将过边防检查、登机所需的物件返还游客				
通过卫生检疫				
办理海关申报				
通过边防检查				
通过安全检查				
等候登机				

案例分析

过安检时的小插曲

海外领队小陈带领由40名老年游客组成的旅游团在上海浦东国际机场办理登机手续，准备前往日本开启赏樱之旅。小陈首先带领团队办理行李托运，并领取登机牌，然后带领团队进入安检环节。游客携随身行李排队有序进行安检，突然，一名游客与机场的安检人员发生了争执。小陈赶紧上前查看。工作人员说："不好意思，包里的乳液、洗面奶和香水都不能带进去，超过100毫升的液体是不能随身携带上飞机的。""这都是快用完的，里面的液体都没有超过100毫升，为什么不能带进去？"游客很不高兴地说道。工作人员解释说："携带的标准是按照瓶子上标注的容积计算的，并不是看里面的液体剩下了多少。这几个瓶子的容积都超过100毫升了。"最后，游客只能非常不情愿地把几件物品留在机场。小陈因此也觉得有些抱歉，尽管之前在行前说明会上他有提过，但是如果出发前再次提醒游客，也许就能避免这件事发生。

问题：海外领队应如何避免这类事件的发生？

任务 5.3　带团入他国(地区)境服务

任务描述

带团入他国(地区)境服务是指海外领队带领游客入境其他国家(地区)时所提供的服务。本任务主要是分组实施以下内容：作为海外领队，带领游客入他国(地区)境时，指导游客填写相关的表单，然后带领游客通过卫生检疫，办理入境手续，准确无误地领取行李，通过海关的检查，最后与目的地的地陪接洽。

任务目标

1. 掌握入他国(地区)境的程序。
2. 能够办理好入他国(地区)境手续。
3. 引导做文明海外领队。
4. 养成遵纪守法的习惯。

任务详解

带团入他国(地区)境，按照工作流程可分成6个工作步骤，具体如下。

1. 填写入境登记卡和海关申报单

(1) 填写入境登记卡

为了节省时间，可以在出发前酌情为游客填写好入境登记卡，如目的地的居住地址、联系方式等；部分问题和选项请游客根据实际情况如实填写。如果没有提前填写入境登记卡，下飞机后海外领队应带领游客在开阔地方集合，指导游客填写。

(2) 填写海关申报单

各国(地区)海关申报单不完全相同，但其中的大致内容是一样的。有些国家(地区)的入境登记卡和海关申报单是连在一起的，通常正面是入境登记卡，背面是海关申报单。海外领队应该向游客说明目的地的海关规定，并要求游客认真如实填写海关申报单。

2. 通过卫生检疫

(1) 查验黄皮书

需要查验黄皮书的一些国家(地区)有墨西哥、智利等，要求出具预防霍乱和黄热病的接种和复种证明。如果团队到上述国家(地区)旅游，海外领队带领团队经过当地的卫生检疫柜台时，要将黄皮书拿出来以供检查。

(2) 查验健康检查申请表

在入境时，一些国家(地区)会要求游客填写健康检查申请表，内容大多是关于一些疾病的问询，如是否患有麻风病、艾滋病等。海外领队应提前告知游客如实填写，并协助游客。

3. 办理入境手续

通常在入境检查柜台前，执勤人员会引导团队游客通过专用通道办理入境手续。海外领队应走在最前面，向入境检查人员交付护照、签证、机票、入境登记卡［有时入境检查人员还会要求海外领队出示当地国家（地区）旅行社的接待计划或行程表］。

入境检查人员可能会对入境的原因进行简单提问，海外领队须做出回答。

当入境检查人员在护照上盖上入境章时，就表示一切无误，核准入境，然后会将护照、机票归还给海外领队及游客。至此，海外领队及游客即完成入境手续。

4. 领取托运行李

海外领队及游客可根据行李认领处的电子指示牌，在行李转盘上找到自己托运的行李。

5. 接受海关检查

海外领队在确认自己及游客均拿到托运的行李后，带领游客接受海关检查。无申报物品的游客可选择无申报通道，有申报物品的游客应主动选择申报通道并将海关申报单交付给海关人员。

6. 与境外地陪接洽

海外领队应提前与游客约定好，游客过海关后在海外领队的导游旗下集合。清点人数后，海外领队高举导游旗，带领游客到出口处与前来迎接的地陪汇合。一般情况下，地陪会手持双方约定的欢迎牌迎接旅游团。

海外领队与地陪汇合后，应进行简单的工作交流：自我介绍，核对团号等信息，确保地陪不会接错旅游团；询问行程有无变化；清点好托运的行李，照顾游客和行李上车；告知地陪该团的特殊要求和需要注意的事项。

任务小结

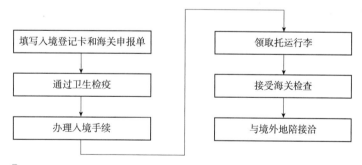

相关链接

办理入境手续时，入境检查人员可能对入境的原因进行简单提问。常见提问和常见回答如下：

问：May I see your passport, please.（请出示你的护照。）

答：Here is my passport.（这是我的护照。）

问：What's the purpose of your visit?（你到此地的目的是什么？）
答：Sightseeing.（观光。）
问：How long will you be staying in ×××?（你计划在×××逗留多久？）
答：10days.（10天。）
问：Where are you staying?（你将住在哪里？）
答：I'll stay at ××× Hotel.（我将住在×××酒店。）
问：Do you have return ticket to China?（你有回中国的返程机票吗？）
答：Yes, here it is.（有，在这里。）
问：How much money do you have with you?（你随身带了多少钱？）
答：I have 2000 U. S. dollars.（我带了2000美元。）
问：Have nice stay!（祝你旅行愉快！）
答：Thank you!（谢谢！）

任务评价

根据任务完成情况，各小组相互进行考核评价（表5-3-1）。

表5-3-1 评价表

任务内容	完成情况			
	好	较好	一般	差
填写入境登记卡和海关申报单				
通过卫生检疫				
办理入境手续				
领取托运行李				
接受海关检查				
与境外地陪接洽				

案例分析

接站接洽

首次担任某旅行社海外领队的小陈带领由20名游客组成的旅游团成功抵达法国某机场。到达航站出口，小陈看到了正在接站的境外地陪。为了防止出现错接的情况，小陈认真地与对方进行了信息核对和交接。最后，小陈带领旅游团顺利跟着境外地陪登上旅游车。

问题：海外领队带领团队出站后，与境外地陪交接时具体要注意哪些事项？

任务 5.4　入住酒店服务

任务描述

入住酒店服务是指海外领队带领游客入住酒店所提供的一系列服务。本任务主要是分组实施以下内容：旅游团到达境外酒店后，海外领队协助地陪办理游客入住酒店的有关手续，并向游客介绍酒店的基本情况，分配房间，确定团队叫醒时间，协助游客进入房间和找认自己的行李。同时，进行客房巡视，处理入住过程中可能出现的各种问题。

任务目标

1. 能协助地陪落实好旅游团入住酒店的相关手续。
2. 能对旅游团做好酒店设施的介绍。
3. 能落实好旅游团的房间分配工作。
4. 能照顾好游客及引导行李的进房。
5. 能处理好游客入住酒店后的各类问题和要求。

任务详解

入住酒店服务，按照工作流程可分成6个工作步骤，具体如下。

1. 办理入住登记手续

海外领队与地陪一起向酒店前台提供团名、团队名单、团队签证、住房要求等材料，办理旅游团的入住登记手续，并确认游客用房数与钥匙或房卡是否正确。

2. 介绍酒店基本情况

在发放钥匙或房卡之前，要向游客介绍酒店的基本情况。内容包括：酒店的名称、方位，内部的健身或娱乐设施、餐厅位置及用餐时间等；付费服务项目，如收费电视、小费问题等(在部分酒店，卫生用品需要向服务员索要并支付费用)；有无吸烟禁令、浴室的使用等；海外领队的房间号、联系方式。

3. 分配房间

海外领队根据团队分房表分配住房，在团队分房表上填写房号，分发相应的钥匙或房卡，以及印有酒店地址和电话的卡片。分房后，请酒店前台帮助复印若干份团队分房表，海外领队留原件后，将复印件交给地陪和酒店前台留存备查。

分房时要考虑的因素主要是游客的年龄和团队资料上备注的要求等。年纪较大的游客，分配离电梯近的房间；新婚夫妇，分配大床房。

4. 确认团队叫醒时间、用餐时间等

确认团队的叫醒时间、用餐时间、出行时间、有无特殊要求、联系人房号及联系电话等，同时督促酒店做好叫醒服务。

5. 协助行李进房

海外领队要引导游客找认自己的行李，协助游客和行李进入房间。如果团队有专门的行李车，海外领队要协助酒店行李员、地陪一起清点行李。

6. 巡查与处理问题

游客进入房间后，海外领队可以通过巡视或电话等方式询问游客的住房状态和满意度。如果出现房间设施故障、行李拿错或未到等问题，要协同地陪一起处理。如果地陪不住酒店，则海外领队应负起照顾游客的责任，提醒游客文明旅游及外出安全。

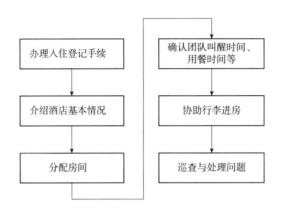

相关链接

游客分房表

团队名称：_____
总人数：_____（男_____，女_____，其中12岁以下_____）
领队姓名：_____   线路：_____

序列号	姓名	姓名（拼音）	性别	电话	分房	房间号
1	（领队）				单间（1）	
2					标间（2）	
3						
4					标间（3）	
5						
6					标间（4）	
7						

出发日期：　　年　月　日　　旅行天数：　　　　　　游客来源：

任务评价

根据任务完成情况，各小组相互进行考核评价（表5-4-1）。

表 5-4-1 评价表

任务内容	完成情况			
	好	较好	一般	差
办理入住登记手续				
介绍酒店基本情况				
分配房间				
确认团队叫醒时间、用餐时间等				
协助行李进房				
巡查与处理问题				

案例分析

游客对房间的朝向不满意

海外领队小李和团队在地陪的带领下到达下榻的酒店,该酒店是地陪所在的接待社代订的。把游客安顿在酒店大厅后,海外领队随地陪来到前台办理入住登记手续,然后分配房间。房间分配好后,有些游客对房间的朝向不满意,有些游客觉得这个酒店的标准低于国内同级别酒店的标准。

问题:遇到这类问题,海外领队该如何解决?

任务 5.5 参观游览服务

任务描述

参观游览服务是指旅游团出行游览时海外领队为团队游客所提供的服务。本任务主要是分组实施以下内容:作为海外领队,与地陪针对本次行程进行核对,商定好出行的日程活动;游览景区时,从旁协助地陪的讲解带团工作,并在游览活动中注意预防和处理好突发事件。

任务目标

1. 能落实团队行程的核对和商定工作。
2. 能做好参观游览前的准备工作。
3. 能做好随行时的服务工作。
4. 能督促地陪的工作。

任务详解

参观游览服务，按照工作流程可分成7个工作步骤，具体如下。

1. 核对、商定日程安排

旅游团开始参观游览之前，海外领队要与地陪核对日程安排。要以出境旅游行程表为依据，进行逐项核对。地陪有时会根据实际情况提出调整行程的建议，如果他的建议不会影响整体行程，可以采纳建议并在原有的旅游接待计划单中进行记录和更改。无论做何种更改，都要将更改的内容告诉游客。

2. 提前到达集合地点

当天活动出发前，海外领队至少要比规定时间提早10分钟到达集合地点，并且热情招呼游客。

3. 清点人数

待游客上车后，要礼貌清点人数。如果发现有游客未到，及时联系未到的游客。如果游客自愿留在酒店不随团活动，要问明情况，进行书面记录并请游客签名。同时，还要提醒留在酒店的游客注意自己的人身和财产安全。如果游客是因为身体不适不能随团活动，要劝其尽早就医。

4. 回答行程安排方面的问题

一般地陪会告知游客游览行程，海外领队需要随时回答游客关于日程方面的问题，如去某景点路途花费的时间、用餐时间、项目游览时间等。同时，还要提醒游客游览中的注意事项。

5. 监督地陪提高讲解服务质量

在参观游览前，海外领队要提前与地陪沟通游客感兴趣的内容。如果在游览过程中，地陪出现"游而不导"的行为，海外领队要适时提出，让地陪为游客提供详细的景区（点）介绍；如果从出发地到景（区）点的路途比较远，海外领队可以建议地陪结合游客的兴趣进行一些专题讲解，或组织一些活动，活跃车内气氛，使旅途变得轻松、愉快。

6. 做好提醒工作

抵达景区（点）后，海外领队可在地陪提醒后，再次提醒旅游车的车牌号、景区（点）停留时间和集合时间等信息。此外，在景区（点）游览示意图前，海外领队还要再次提醒游客游览路线和注意事项。

在游客游览期间，一般地陪走在最前面，海外领队走在队伍的最后面，以免游客走失或发生意外。海外领队要做到随时注意观察周围环境，清点人数，特别关注团队内的老弱病残游客。在地陪缺位或失职的情况下，海外领队要肩负起地陪的职责。

7. 预防和处理游览过程中的突发事件

在游览过程中，对可能危及游客人身和财产安全的情况，海外领队要向游客做出真实的说明和警示，并按照组团社的要求采取有效的措施防止危害的发生。如果发生突发事件，应根据事件的类型，按照组团社的处理流程进行应急处理。

任务小结

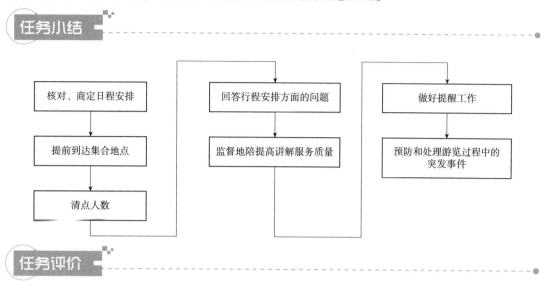

任务评价

根据任务完成情况，各小组相互进行考核评价（表5-5-1）。

表 5-5-1 评价表

任务内容	完成情况			
	好	较好	一般	差
核对、商定日程安排				
提前抵达集合地点				
清点人数				
回答行程安排方面的问题				
监督地陪提高讲解服务质量				
做好提醒工作				
预防和处理游览过程中的突发事件				

案例分析

埃及神庙的"到此一游"

某日，有网友在微博发言，他在埃及旅游时看到了埃及卢克索神庙的浮雕上有"××到此一游"几个字，像是用粉状石块之类的东西随手写上去的。他用纸巾擦，怎么也擦不掉，万分痛心。原来，这是一个孩子所为。孩子跟着父母参团去埃及的卢克索神庙旅游，因为团队人数众多，大家都各自欣赏风景，所以没注意到孩子在浮雕上涂画了"××到此一游"几个字。等后来发现，虽然批评了孩子，但是父母心里仍然觉得非常内疚。

问题：游客在千百年前的文物上乱涂乱画，类似的事件并非个例，令人非常痛心。作为海外领队，应该如何避免此类事件的发生？

_____
_____

任务 5.6 协同安排用餐服务

任务描述

协同安排用餐服务是指海外领队协同地陪安排游客用餐的环节。本任务主要是分组实施以下内容：作为海外领队，用餐前向游客说明餐厅和菜肴特色、当地的用餐礼仪、用餐的规格和类别；用餐时，关注游客的用餐情况，并妥善处理游客在用餐过程中的问题和要求。

任务目标

1. 能落实游客用餐前的准备工作。
2. 能在游客用餐过程中做好服务工作。
3. 能理解用餐的文化差异。
4. 培养爱国情愫。

任务详解

协同安排用餐服务，按照工作流程可分成 5 个工作步骤，具体如下。

1. 介绍餐厅及菜肴特色

海外领队要向游客简单介绍一下餐厅及其菜肴的特色。如带团去泰国，要介绍泰国菜以酸辣为主，配料运用较多，以辣椒、蒜头、虾酱、鱼露、酸柑之类的调味品来调味，招牌菜有冬阴功、椰汁嫩鸡汤等。

2. 介绍当地用餐礼仪

告知游客进入餐厅后不能大声喧哗，更不能吸烟、酗酒等，以免影响他人就餐；进餐过程中也不能喧哗吵闹（要特别提醒带孩子的游客）；如果是自助餐，要提醒游客一次不要取餐太多，以免浪费食物；在欧美等地，人们习惯用刀叉，要提前提示游客。

3. 介绍餐厅设施及餐饮类别和规格

引导游客到餐厅就座，介绍餐厅的相关设施，如洗手间的位置、自助餐的取餐位置等；向游客说明本次就餐的类别和规格，告诉游客哪些是免费项目，哪些是自费项目。

4. 关注游客用餐情况

在游客用餐的过程中，海外领队要不时地巡台走动，关注游客的用餐情况，查看并询问菜量是否合适、口味是否符合、是否需要添饭等。

5. 处理游客用餐过程中的各类问题

海外领队要解答游客在用餐过程中的提问，同时要协助地陪妥善解决游客提出的各种个性化要求。

任务小结

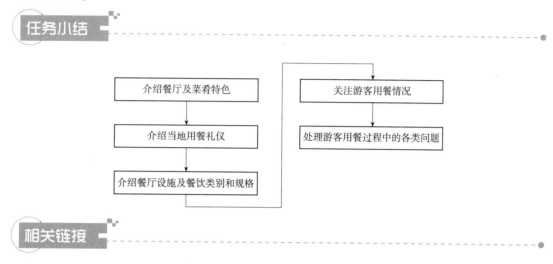

相关链接

西餐的就餐礼仪

（1）入座

进入西餐厅或晚宴现场时，由服务生带领入座，切勿贸然自行入座。一般从椅子左侧入座，男士或服务生可帮女士拉开椅子协助入座。

座位的安排以离出口最远的位置为上位。西餐的座次以男、女主人为中心，男、女主人面对面就座，女主人面向门的方向。第一位入座的是贵宾的女伴，坐在男主人右边，贵宾则坐在女主人的右边。

（2）刀叉用法

刀刃始终向着餐盘。餐桌上的餐具不要超过3种，如果餐具超过3种，可在上第四道菜前摆放。甜品匙和甜品叉可在上甜品时再摆放。

进餐时，一般以右手拿刀，左手拿叉（如果用左手拿叉不方便，也可以使用右手拿叉）。用餐过程中，临时有事需要离席时，宜把刀叉摆成"八"字形挂放在餐盘上。离席时记得说一句"Excuse me"，顺手把餐巾折好放在左边餐盘旁（把带有食物污渍的那一面折在里面）。用餐结束后，则是把刀叉平行地斜放在盘上一侧。

（3）喝汤

西式的汤分为清汤及浓汤。比较正式的餐厅，会在供应清汤时使用椭圆形汤匙及汤杯，供应浓汤时则使用圆形汤匙及宽口汤盘。

喝汤时，拿汤勺往远侧舀起，把汤舀起来后先往远的地方走，转一圈回来再送入口中。特别注意，喝汤时不能发出声音。不可用嘴将汤吹凉（可轻轻摇动汤，使其稍凉）。食用完毕，把汤匙、汤杯和汤盘放在自己身前的底盘上。汤匙的柄朝右，汤匙凹陷的部分向上。

(4) 食海鲜

食用龙虾时，右手持刀，压住虾壳，左手持叉，将龙虾的尾部叉起，将虾肉拖出再切食。对于龙虾腿，则用手撕去虾壳食用。

食用鱼片则是吃一片切一片，右手持叉进食。如果食用带头、尾及骨头的全鱼，宜先将头、尾切除。要用刀叉去除鱼骨，不能用手。若口中有鱼骨或其他骨刺，则可用手自合拢的唇间取出放在盘子上。

(5) 食肉类

牛排按熟度分为犹带血（rare）、半生（medium rare）、七分熟（medium）、熟透（well-done），可根据喜好的熟度点餐。猪肉、鸡肉均为全熟供应。

切牛排应由外向内。嚼食肉时，两唇合拢，不要出声，勿说话。在正式场合食用烤鸡或炸鸡需用刀叉。

任务评价

根据任务完成情况，各小组相互进行考核评价（表5-6-1）。

表5-6-1 评价表

任务内容	完成情况			
	好	较好	一般	差
介绍餐厅及菜肴特色				
介绍当地用餐礼仪				
介绍餐厅设施及餐饮类别和规格				
关注游客用餐情况				
处理游客用餐过程中的各类问题				

案例分析

餐厅用餐的教养

海外领队小陈带领一个由24名游客组成的旅游团从上海出发到法国进行为期7天的旅游。小陈带领游客在巴黎某餐厅用第一餐时，游客普遍比较兴奋，从进餐厅之前到进入餐厅后，都在旁若无人地大声交谈，顿时欢笑声、说话声充斥了整个餐厅。这时，该餐厅的经理对小陈说："希望游客进入餐厅后能保持安静，如果继续这样，餐厅拒绝为团队提供服务。"小陈马上与游客沟通，希望游客不要大声喧哗，尽量小声说话。但是，有些游客表示不能理解和接受："我来餐厅用餐，购买了餐厅的服务，为什么连话都不让说？"经过小陈的不断解释和安抚，好不容易才让团队游客愿意配合，安静地用餐。但是，时间已过去整整半小时。

问题1：游客在餐厅的行为是否正确？

问题 2：小陈应该如何处理这类事件？

任务 5.7　购物服务

任务描述

购物服务是指海外领队对游客购物的指导和引领工作。本任务主要是分组实施以下内容：作为海外领队，按照我国《旅游法》的规定及出境行程表的安排，合理、合法地安排购物，并对地陪做好督导工作。同时，提醒游客在购物中的注意事项，告知当地的相关规定，并能处理好游客在购物中的要求。

任务目标

1. 能够遵守相关规定合理安排购物。
2. 知晓海外领队在购物中需要告知和提醒游客的内容。
3. 能妥善处理游客购物环节出现的问题。
4. 培养职业道德和爱岗敬业精神。

任务详解

购物服务，按照工作流程可分成 4 个工作步骤，具体如下。

1. 合理、合法安排行程中的购物环节

海外领队要做好监督工作，监督地陪完成行程计划中的购物安排。购物环节的安排需要遵照我国《旅游法》中的内容，不能强迫购物，也不能擅自增加或删减购物点。有些游客可能会提出增加购物点或请导游带自己购买一些特色纪念品的要求，海外领队和地陪要充分考虑游客的心情，在不影响行程的前提下尽可能满足游客的要求，但是必须征得所有游客的同意并签字后才能前往增加的购物点。

2. 提醒购物注意事项

购物前，海外领队应向游客说明购物的注意事项。肉类、水生物品、动物源性奶及其制品、蛋及其制品、燕窝（罐装的除外）、新鲜水果和蔬菜等动植物产品，都是明令禁止携带、邮寄入境的。因此，海外领队要特别提醒游客了解相关的法律法规。

3. 告知游客当地关于退税的规定

海外领队应了解当地的退税规定，提前告知游客。例如，欧洲的退税要求是：购买有退税标志的商品超过一定的限额，开具退税专用发票，并加盖海关印章。在游客购物过程中，提醒游客不要忘记索要发票。

4. 处理游客购物过程中遇到的问题

海外领队要协同地陪一起处理好游客购物过程中遇到的问题。当游客有购物需要时，尽可能予以满足；对于提供伪劣商品的商家，海外领队应帮助游客出面交涉，维护游客的权益；如果游客要退换商品，海外领队和地陪应予以协助；如果遇到小贩强拉强卖，海外领队有责任提醒游客谨防上当受骗。

任务小结

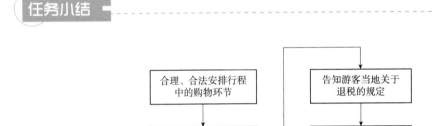

任务评价

根据任务完成情况，各小组相互进行考核评价(表5-7-1)。

表 5-7-1　评价表

任务内容	完成情况			
	好	较好	一般	差
合理、合法安排行程中的购物环节				
提醒购物注意事项				
告知游客当地关于退税的规定				
处理游客购物过程中遇到的问题				

案例分析

游客境外购物要求退货

某旅游团参加东南亚的出境旅游，团队中很多游客购买了当地的乳胶制品，但随后游客认为产品存在质量问题，要求海外领队及其旅行社帮忙退货。当游客向旅行社提出退货要求时，旅行社按照境外当地商场的要求，扣除游客支付总价款的15%作为退货费，游客不同意支付这笔费用，要求按原价退款，纠纷由此产生。

类似的案例还有很多，游客要求退货的物品包括金银珠宝和当地特产等各种类型。游客提出的退货理由主要包括：旅行社及导游强迫购物；所购物品存在质量问题；所购物品价格虚高；所购物品款式不合适等。

问题：海外领队遇到类似的问题该如何处理？

___

___

___

任务 5.8　带团离开他国(地区)境服务

任务描述

带团离开他国(地区)境服务是指旅游团在境外的旅游活动结束后，海外领队带领团队离开他国(地区)境的环节。本任务主要是分组实施以下内容：作为海外领队，掌握购物退税、行李托运、海关边防检查等的一系列要求，并提前告知游客，同时带领并协助游客按流程办理离境登机手续。

任务目标

1. 能完成从他国(地区)离境的服务流程。
2. 明确退税要求及流程。
3. 掌握海关检查的要求。
4. 掌握航空公司行李托运的要求。

任务详解

带团离开他国(地区)境服务，按照工作流程可分成5个工作步骤，具体如下。

1. 办理乘机手续

(1) 打印登机牌及托运行李

海外领队应协助游客打印登机牌，并协助游客将行李放在传输带上逐一托运，提醒游客若行李超重，需另外付行李超重费。行李托运完成后，提醒游客拿好证件、机票和行李托运票据。

(2) 告知游客注意事项

海外领队应向游客介绍办理离境手续的流程；告知登机牌上的信息，如航班号、登机闸口、登机时间等，要求游客在办完机场出境手续后的自由活动时间里，控制好时间以免误机；做其他重要的提醒，如不要给其他不认识的游客携带任何物品过境等。

2. 购买离境机场税

通常境外机场收取的机场税包含在游客购买的机票里，也有一些国家(地区)的国际机场，其机场税不包含在机票里，需要游客在乘机之前购买。

境外接待社对国内组团社的包价旅游报价中通常包含游客的出境机场税。因而，机场税一般是由境外接待社的导游代为支付。如果需要海外领队支付机场税，海外领队要在购买后将机场税凭据发给游客，以便应对机场检查。机场税凭据如需交付旅行社报销，海外领队应等游客完成检查后及时收回并妥善保管。

3. 通过离境检查

（1）填写出境登记卡

一些国家（地区）的出境登记卡与入境登记卡是分开的两张表格，也有许多国家（地区）的出境登记卡与入境登记卡印制在一张纸上，游客在入境时就已经填写完成。入境时，移民局官员会将入境登记卡部分撕下留存，然后把出境登记卡部分订（或夹）在护照里还给游客。因而游客出境时，无须重新填写出境登记卡。如果游客不慎丢失夹在护照中的出境登记卡，需要补填一张。

一些国家（地区）如瑞士、芬兰、挪威等，入出境不需要填写入出境登记卡。另外，持团体签证的旅游团，在离境时也不需要填写出境登记卡。

（2）通过移民局检查

在进入离境边检区域前，海外领队需带领全体游客与境外导游道别，以示礼貌与感谢。然后，带领游客依次办理离境手续，向移民局官员递交护照、出境机票等待查验。如果查验无误，护照将被盖离境印章，或在签证上加盖"已使用"（USED）章，然后移民局官员将所有的证件资料交还游客。

4. 通过海关检查

海外领队要事先了解团队出游的国家（地区）海关规定的出入境禁止携带的物品，并事先告知游客。其他国家（地区）海关对离境携带物品的限制主要分以下几种情况：游客入境时申报过的物品必须携带离境；对携带现金离境有限额；对携带动物、植物实体及骨骼离境有限制；其他类型的各种限制。

如果游客携带了限制出境的物品，海外领队应帮助游客填写海关申报单，并协助游客与海关人员进行交涉。

5. 办理购物退税手续

不同国家（地区）的机场办理退税的规定不同，通常境外地陪会在团队离境之前向游客告知相关规定和说明办理退税的流程。海外领队也应掌握相关国家（地区）的退税规定和操作流程，以便为游客提供帮助。

在境外办理退税，会有语言交流方面的问题，且短时间内不能在当地完成退款，因此海外领队可以建议游客回到国内再办理退税手续。目前，在北京、上海、广州等城市都设立了退税点，但必须持经境外海关查验加盖印章的退税单方可办理退款。

另外，在不同国家（地区），办理乘机手续和海关退税的先后顺序不尽相同，海外领队应在出团之前了解清楚。

任务小结

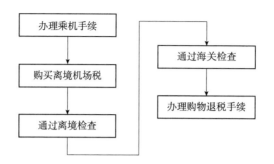

任务评价

根据任务完成情况，各小组相互进行考核评价(表5-8-1)。

表5-8-1　评价表

任务内容	完成情况			
	好	较好	一般	差
办理乘机手续				
购买离境机场税				
通过离境检查				
通过海关检查				
办理购物退税手续				

案例分析

游客借用行李额度

海外领队小陈带团从日本成田机场乘坐航班回国。在机场办理行李托运时，旁边一位同航班的游客因为携带的行李太多，超出了航空公司的限额。于是，这位乘客找到小陈，希望能把超出限额的行李放在小陈团队中行李较少的一名游客的名下托运，并愿意为此付出一定的费用。

问题：面对这种情况，海外领队小陈应该如何处理？

任务5.9 带团入中国大陆境服务

任务描述

带团入中国大陆境服务是指领队带领旅游团抵达中国大陆口岸时提供的一系列服务。本任务主要是分组实施以下内容：作为海外领队，带团抵达国内口岸，按要求填写健康申明卡，带领游客通过卫生检疫和边防检查，带领并协助游客提取行李，引导游客按要求如实进行海关申报，最后安排团队解散。

任务目标

1. 能落实带团入中国大陆境的具体工作。
2. 养成遵纪守法的习惯。

任务详解

带团入中国大陆境服务，按照工作流程可分成6个工作步骤，具体如下。

1. 抵达国内口岸

抵达国内口岸后，海外领队应指导游客填写入境人员健康申明卡。凡是健康申明卡上提到的事项，都要如实主动申报。

2. 通过卫生检疫

卫生检疫包括人员检疫及物品X光检查。

3. 通过边防检查

海外领队带领游客接受边防检查站的入境检查。旅游团队可持团队签证，走团队通道，按中国公民出国旅游团队名单表的顺序通过检查。

4. 提取行李

海外领队带领游客按照行李认领处的电子指示牌，在行李转盘上找到自己托运的行李。

如果游客的行李遗失或损坏，海外领队应协助游客到机场的行李查询台咨询及申报。根据相关规定，行李丢失或延误，应最迟不超过21天联系当地的航空办事处；行李损坏赔偿，不得超过7天申报，否则视为乘客自动放弃申报。

5. 接受海关查验

海外领队应提前向游客说明我国海关的相关规定，提醒游客如实申报。无须申报物品的游客可选择无申报通道；需要申报物品的游客要选择申报通道，主动出示本人的有效身份证件，填写书面申报单，并将物品交海关检查。

6. 团队解散

团队通过海关查验后，就可以正式解散。海外领队应与游客道别，提醒游客路上注意安全。

任务小结

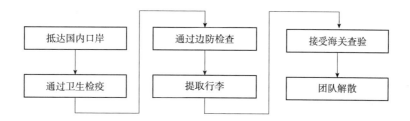

任务评价

根据任务完成情况,各小组相互进行考核评价(表5-9-1)。

表5-9-1 评价表

任务内容	完成情况			
	好	较好	一般	差
指导游客酌情填写入境人员健康申明卡				
带领游客通过卫生检疫				
带领游客通过边防检查				
协助游客提取行李				
协助游客接受海关检查				
团队解散				

案例分析

托运行李找不见

海外领队小陈带旅游团出国旅游。行程结束后,小陈带领游客乘飞机抵达上海浦东国际机场。小陈带领游客有序下飞机,并带领游客至行李转盘处取托运的行李。但是,团队中的游客基本都已领到自己的行李,只有李女士在行李转盘处始终没有看到自己的行李。于是,李女士向小陈求助,希望能帮其找回行李。

问题:面对这种情况,小陈应该如何处理?

任务 5.10　回国后续工作

任务描述

回国后续工作是指带团出国旅游结束后，海外领队还需要做的归国后的后续工作。本任务主要是分组实施以下内容：回旅行社进行工作交接，向旅行社进行汇报，提交相关日志和表单，依据旅行社的财务规定进行报账，同时处理好游客接待服务过程中遗留的后续问题。

任务目标

1. 能落实回国后的交接工作。
2. 能做好后续的报账工作。
3. 能处理游客接待服务中遗留的后续问题。

任务详解

1. 回旅行社交接工作

（1）提交领队工作日志

海外领队按照要求每天填写的领队工作日志记载着团队从出发到归来的主要情况，海外领队将其交给计调人员后，应当归入该团的档案中。对于海外领队在领队工作日志中反映的问题，旅行社要及时进行处理，避免类似问题重复出现。对于其中的重要问题，应向部门经理汇报。

（2）提交旅游服务质量评价表

海外领队将出团说明会上发给游客的旅游服务质量评价表回收后，需交给计调人员。该表通常由旅行社的客户服务部门留存。

（3）对接团工作进行总结

海外领队应对本次带团工作进行总结，包括对所带团队的认识、对目的地的讲解要点，以及对改进产品线路的建议等，这对于提高业务能力十分重要。

（4）提交特殊事情的书面报告

对于带团期间发生的一些重要情况，如行程变更、行李丢失、游客特殊诉求等，海外领队应当提供单独的书面报告，对事情的整个过程进行详细记录，并附上游客签字的单据等凭证，用于归档和日后查询。

2. 报账

海外领队应按旅行社的规定整理好相关收据和凭证，并在规定的时间内到财务部门报账。报账时需要交付出团计划，按照旅行社的规定领取出团补助。

3. 处理游客接待服务中遗留的后续问题

有些游客会对旅行社的行程安排不满意并致电或致函表达诉求，海外领队对于相关问题应积极通过客服部门给予答复。后续也可以通过邮件、微信等方式与游客保持沟通，维护好关系。

任务小结

回旅行社交接工作 → 报账 → 处理游客接待服务中遗留的后续问题

相关链接

领队工作日志

团号		领队		行程		人数	
		地陪					

游客对服务情况（导游、司机、餐饮、住宿、游览、购物等情况）的评价：

游客对旅行社服务及产品的批评及建议：

团队运行过程中发生的问题、经过及处理情况：

领队的个人建议（包括经验及教训）：

行前沟通评价及总结：

注意事项	1. 领队必须按格式认真填写，内容真实、字迹清楚； 2. 领队带团结束，报账时应将此表交给领导审阅，否则不予报账； 3. 如有特殊情况需要说明，可写于此表背面

任务评价

根据任务完成情况，各小组相互进行考核评价(表5-10-1)。

表5-10-1 评价表

任务内容	完成情况			
	好	较好	一般	差
回旅行社交接工作				
报账				
处理游客接待服务中遗留的后续问题				

案例分析

填写领队工作日志，总结经验

小陈为上海某旅行社的海外领队，带领旅游团进行了为期7天的欧洲游。行程总体较为顺利，但是在第四天的行程中发生了一个小插曲：一名游客在法国某景区走失了，拨打手机也联系不上。小陈和全陪分头寻找，最终1小时后找到了这名游客。原来是游客忙着拍照，跟丢了，再加上手机没电了，也没有携带移动电源。小陈把这次事件写进了领队工作日志，进行了经验总结。回国后，小陈将其交给计调人员，归入该团的档案中，以便今后引以为戒。

问题1：领队工作日志起到什么作用？

_____

_____

问题2：针对此插曲，小陈在领队工作日志中应如何总结经验？

_____

_____

_____

课后习题

一、判断题

1. 我国领队服务的主要服务对象为中国公民。　　　　　　　　　　　　　（　　）
2. 领队从事领队业务，无须组团社委派。　　　　　　　　　　　　　　　（　　）
3. 海关通道分为红色通道和绿色通道两种。不清楚海关规定或不知如何选择通道的游客，应选择红色通道通关。　　　　　　　　　　　　　　　　　　（　　）
4. 海关检查一般询问是否有需要申报的物品，或填写旅客携带物品入出境申报单，

必要时海关有权开箱检查所携带物品。　　　　　　　　　　　　　　(　　)

5. 来自疫区的人员，入境须出示有效的有关疾病预防接种证明，无证明者卫生检疫机关可对其施以10天的强制留验。　　　　　　　　　　　　　　(　　)

6. 安全检查事关游客人身安全，所以游客必须无一例外要经过检查才能登机。
　　　　　　　　　　　　　　　　　　　　　　　　　　　　(　　)

7. 中国游客出境旅游办理的旅游签证属于普通签证。　　　　　　　　(　　)

二、单选题

1. 我国出境人员携带人民币出境限额为(　　)。
   A. 1000元　　　　　　　　　　　　B. 5000元
   C. 1万元　　　　　　　　　　　　　D. 2万元

2. 在检查全团游客的证件、签证及机票时，应着重对(　　)进行检查。
   A. 有效期　　　　　　　　　　　　B. 签发日期
   C. 姓名　　　　　　　　　　　　　D. 护照

3. 领队在游览过程中的主要作用是组织协调，因而领队应始终在(　　)。
   A. 团队的最前面　　　　　　　　　B. 团队的中间
   C. 团队的最后　　　　　　　　　　D. 团队间前后穿梭

4. 团队在接受边防检查时，领队应始终在(　　)。
   A. 团队的最前面　　　　　　　　　B. 团队的中间
   C. 团队的最后　　　　　　　　　　D. 团队间前后穿梭

5. 对中国公民实行免签的地方是(　　)。
   A. 英国伦敦　　　　　　　　　　　B. 韩国济州岛
   C. 法国巴黎　　　　　　　　　　　D. 日本东京

6. 办理回国入境手续的大致流程是(　　)。
   A. 离开飞机抵达机场→通过卫生检疫→通过海关→通过边防检疫→团队解散
   B. 离开飞机抵达机场→通过海关→通过卫生检疫→通过边防检疫→团队解散
   C. 离开飞机抵达机场→通过卫生检疫→通过边防检疫→通过海关→团队解散
   D. 离开飞机抵达机场→通过海关→通过边防检疫→通过卫生检疫→团队解散

7. 持有外交签证或礼遇签证的人员，可选择(　　)通关。
   A. 红色通道　　　　　　　　　　　B. 黄色通道
   C. 绿色通道　　　　　　　　　　　D. 白色通道

三、多选题

1. 护照是一国主管机关发给本国公民出国或在国外居留的证件，证明其(　　)。
   A. 身份　　　B. 年龄　　　C. 性别　　　D. 居住地
   E. 国籍

2. 我国护照种类有(　　)。
   A. 外交护照　　B. 留学护照　　C. 工作护照　　D. 公务护照
   E. 普通护照

3. 安全检查的内容主要是检查旅客及其行李物品中是否携带(　　)等危险物品。

A. 枪支　　　　B. 易爆　　　　C. 有毒放射性　　D. 液体

E. 腐蚀

4. 安全检查的环节主要有(　　)。

A. 托运行李物品检查　　　　　B. 手提行李物品检查

C. 出入境登记卡检查　　　　　D. 旅客证件检查

E. 旅客身体检查

数字资源

项目6

导游讲解语言运用

项目描述

导游讲解语言运用是指导游在讲解时,运用合适的语言帮助游客增强对景区(点)的了解与认识。语言表达的合适与否对于导游服务效果的好坏具有很大的影响。导游讲解语言从性质上划分,可分为口头语言、副语言、态势语言和书面语言;从功能上划分,可分为劝服语言、回绝语言以及道歉语言。本项目主要是了解导游讲解语言的运用技巧,提高讲解服务的水平。

学习目标

1. 熟练掌握运用各类语言进行讲解的方法与技巧。
2. 基本达到导游口头语言讲解的要求。
3. 能够将所学习的理论知识运用于导游服务实践中,更好地理解和巩固所学的内容。

知识导入

狭义的导游讲解语言,是导游与游客交流思想感情、指导游览、传播文化时使用的一种生动形象、具有丰富表达力的口头语言。广义的导游讲解语言,是导游在导游服务过程中必须熟练掌握和运用的所有含有一定意义并能引起互动的一种符号。

(1) 从性质上划分

导游讲解语言不仅包括口头语言,还包括副语言、态势语言和书面语言。

①口头语言 其构成应包括语音、词汇、语义和语法。在口头语言交流中,语音最富有表现力,可借助音量、语调、语气和语速的变化,使同样的词汇和语法产生语义上的差异。掌握好口头语言的运用技巧,导游的讲解就能富有较强的感染力。

②副语言 又称为伴随语言,共有两种类型:一种是伴随有声语言出现的语音特征,如音域、音速、特殊停顿等;另一种是具有表意的功能性发声,如笑、哭、叹息、呻吟、叫喊等。导游必须控制、驾驭自己的声音,在音量强弱、语调抑扬、语速快慢以及停顿上下功夫,塑造一个"声音形象"。

③态势语言　又称为体态语言、人体语言或动作语言，是通过人的表情、动作、姿态等来表达语义和传递信息的一种无声语言。同口头语言一样，态势语言也是导游服务中的重要语言艺术形式之一，常常在导游讲解时对口头语言起着辅助作用，有时还能起到口头语言难以企及的作用。

④书面语言　主要表现为旅游宣传资料的文字内容，可以帮助游客了解游览目的地的概况，进一步理解和记忆导游讲解的内容，还可以作为一种纪念品。书面语言通常在语法、结构和词汇方面较口头语言复杂，表达方式更为优美，但不如口头语言直接和通俗易懂。在讲解过程中，很多书面语言可经过导游理解、消化，转化为口头语言，成为讲解内容的一部分。

(2) 从功能上划分

导游讲解语言可以分为劝服语言、回绝语言和道歉语言。

①劝服语言　是指导游利用口头表达，在以自愿为原则的基础上沟通和说服游客参与某项活动、选购特定商品或服务、了解某一景点或文化背景的语言技巧和方法。劝服语言的运用涉及沟通技巧、知识传递、情感表达和说服能力，目的在于吸引游客的注意力、提供信息、增强游客的体验以及促进游客做出特定的行为或选择。在导游行业中，这种语言能力非常重要，会直接影响游客对景点或活动的认知和体验。

②回绝语言　是指导游在某些情况下拒绝（或拒绝推荐）游客参与某项活动、购买特定商品或服务，或拒绝回答某些问题的语言技巧和方法。这可能发生在导游认为某项活动不适合游客、不安全或涉及不适宜透露的信息的情况下。导游运用回绝语言需要谨慎和专业，既要尊重游客的需求和意愿，又要在必要时给予坚定的拒绝，以确保游客的安全和良好的旅游体验。

③道歉语言　是指导游用于向游客表达歉意的语言技巧和方式。这种语言通常用于解释和道歉由于某种情况或原因引起的不便、失误或问题。导游可能需要道歉的情况包括但不限于：行程安排上的失误、景点关闭或变更、服务不如预期、信息提供错误或不准确等。导游在道歉时应表达诚挚的歉意，并尽可能提供解决问题的方案或补救措施，以使游客感到被重视和关心。

任务6.1　口头语言运用

任务描述

在导游服务中，口头语言是使用频率最高的一种语言形式，是导游做好导游服务工作最重要的手段和工具。导游不仅要了解正确、生动、富有逻辑性和层次感的口头语言要求，还要学会口头讲解的具体方法，并正确地运用到导游服务工作中。本任务主要是分组实施以下内容：运用陈述法、问答法、情景法、类比法、虚实结合法、悬念法、重点法以及巧用数字法进行导游讲解。

> **任务目标**

1. 熟悉导游口头语言的具体要求。
2. 掌握导游口头语言的运用技巧。
3. 能够将口头讲解方法运用于导游服务工作实践中。

> **任务详解**

运用8种口头讲解方法进行导游讲解，具体如下。

1. 运用陈述法

陈述法是根据游览景物的顺序，按所述事件的来龙去脉进行系统讲解的一种方法，是导游讲解中使用较广泛的方法。其特点是平铺直叙，语调起伏较小。

(1) 简述法

用简洁的语言对景区(点)景物做概括性的介绍，虽寥寥数语，却起到画龙点睛的作用。

示例："今天我们将要参观浏览的景点是被誉为'中国第一水乡'的周庄。民间曾有'上有天堂，下有苏杭，中间有一个周庄'的说法。周庄四面环水，景色宜人，环境优雅。著名画家吴冠中曾高度评价周庄：'黄山集中国山川之美，周庄集中国水乡之美。'下面就请大家跟我一起走进周庄，去领略那'小桥流水人家'的水乡特色吧！"此段讲解简洁朴实，没有冗长的语言和华丽的修饰，却道出了周庄水乡的基本概况。

(2) 详述法

用生动、详尽的语言对景区(点)景物做较为全面、细致的描绘。

示例："外滩，简单地说，就是过去上海老城厢外的一块芦苇丛生的荒滩地。1840年鸦片战争以后，紧锁的国门被殖民者的洋炮轰开，上海被迫辟为商埠。从那时起，各式各样的西洋建筑随着殖民者的抢滩而纷纷涌现。大家请看中山东一路2号的建筑，过去是远东闻名的英国总会，是一座典型的英国古典建筑……中山东一路12号以前是大名鼎鼎的汇丰银行，该建筑建于1923年，为仿古希腊式的圆顶建筑……紧邻12号的是……"此段讲解较为细致地介绍了外滩建筑。

2. 运用问答法

问答法是导游在讲解过程中通过向游客提问题并进行解答或通过解答游客提出的问题来传播知识的一种讲解方法。该方法有助于吸引游客的注意，加深游客的记忆。

(1) 自问自答法

这是导游提出问题并自己回答的一种讲解方法。

示例：在游览苏州寒山寺时，导游向游客介绍道："寒山寺自唐朝以来一直名扬中外，究竟是什么原因呢？"导游几乎没有停顿地接着说："第一，唐朝诗人张继的《枫桥夜泊》，使其家喻户晓；第二，寒山寺的僧侣一直相信寒山与拾得两位高僧分别是文殊菩萨和普贤菩萨的化身……"

(2) 我问客答法

这是由导游提出问题并由游客回答的一种讲解方法。

示例： 导游带领游客来到恒山的山脚下，向游客问道："中国古代将高大的山称为'岳'，中国有五岳，这是北岳，有谁能说出其余四岳吗？"一时间，游客七嘴八舌地回答："东岳泰山、南岳衡山、西岳华山和中岳嵩山。"然后，游客在导游的赞许声中充满自信地继续游览。

(3) 客问我答法

这是由游客提出问题，导游依据一定的事实基础给予回答的讲解方式。

示例： 在游览上海的时候，游客问："你能给我们讲解 20 世纪 30 年代上海滩青红帮的情况吗？"游客的问题问得适时适地，导游有义务、有责任给予正确回答。但有些游客会不时地制造麻烦，所提的问题荒诞，具有挑战性。对此，导游千万不能置之不理，必须歪打正着地予以反击，既不刺激或伤害游客感情，又能使多数游客满意。

(4) 客问客答法

这是导游对游客提出的问题并不直截了当地回答，而是有意识地请其他游客来回答的一种讲解方法，也称借花献佛法。导游在为专业团讲解专业性比较强的内容时可运用此法，但前提是必须对游客的专业情况和声望有较深入的了解，并事先打好招呼，切忌因安排不当引起其他游客的不满。如果发现游客回答问题时所讲的内容有偏差或不足之处，导游应见机行事，适当指出。应注意的是，这种讲解方法不宜多用，以免游客对导游的能力产生怀疑，产生不信任感。

示例： 游无锡蠡园的春、夏、秋、冬 4 个亭时。有一名游客问道："这 4 个亭子，到底哪个是春亭，哪个是夏亭，哪个是秋亭，哪个是冬亭？"导游虽然知道答案，但没有立刻回答，想要看看有没有其他游客知道。果然，另一名游客积极地回答："大家看，亭子上都挂着匾额，这个挂着'溢红'的，应该是春亭，不正是表达了春天的形象嘛；那个挂着'滴翠'的是夏亭，绿树成荫嘛；挂着'醉黄'的是秋亭，秋季菊黄蟹肥；最后这个挂着'吟白'的肯定是冬亭了。"其他游客听后纷纷表示赞同。

3. 运用情景法

这是导游在讲解中借景物生情、借题发挥，使游客产生联想的一种讲解方法。

示例： "'轻重权衡千金日利，中西汇兑一纸风行'这副对联把我们带回逝去的岁月，我们仿佛看到日升昌票号昔日的辉煌……如今的平遥，远处工业区机声隆隆，学校读书声琅琅……平遥，已今非昔比，明日的平遥将更加辉煌。"这是导游在介绍古城平遥时，不失时机地抒发自己的思想感情：过去一去不复返，告别昨日，平遥的明天会更为灿烂辉煌。

4. 运用类比法

类比法就是通过用游客熟悉的事物跟眼前的事物进行比较，达到触类旁通效果的讲解方法。

(1) 同类相似类比法

将所见事物与游客熟悉的同类事物进行比较，对两者的相似之处进行类比。

示例：一个年轻的导游向日本游客介绍上海豫园城隍庙地区时，费了很多口舌，游客还是不知所云。这时，一旁经验丰富的导游见状做了补充："城隍庙就如同你们东京的浅草。""喔，原来是这样！"游客听完恍然大悟，简单的一句话起到事半功倍的效果。

(2) 同类相异比较法

将所见事物与游客熟悉的同类事物进行比较，比较两者的相异处。

示例：导游在讲解农耕文化时，经常会讲到炎帝，也很自然地会把炎帝与舜帝进行比较："这两位都是中华民族的始祖，但各有不同。炎帝是中华农耕文化的创始人，为中华民族的始兴和繁衍做出了开创性的伟大贡献。他教人耕种、发明工具、开创医药、制作陶器、始造明堂、开辟市场等，大家今天的衣、食、住都源于炎帝的创造发明。舜帝是中华民族的道德始祖，他推行孝道，'父义、母慈、兄友、弟恭、子孝'，倡导诚信、实施德政、协和万邦。"

5. 运用虚实结合法

在中国，几乎每一个景点都有一个美丽的传说，如杭州西湖有"西湖明珠自天降，龙飞凤舞到钱塘"的传说。虚实结合法是将典故、传说与景物介绍有机结合（即编织故事情节）的一种讲解方法。这里的"实"是指景物实体、史实、艺术价值等。"虚"指的是与景点有关的民间传说、神话故事、轶闻趣事等。"虚"与"实"必须有机结合，以"实"为主，以"虚"为辅，并以"虚"加深"实"的存在。

在导游讲解过程中，虚实结合法运用得好可以产生艺术感染力，使气氛变得轻松、愉快，增添游客的游兴。但在虚实结合法的使用过程中，典故、传说等的运用必须以客观存在的事物为依托，切忌胡编乱造、无中生有。

6. 运用悬念法

悬念法是指导游在讲解景物的过程中，说到关键时刻，故意收住话题，引而不发，使游客产生急于了解下文的心理，从而起到欲擒故纵艺术效果的一种讲解方法。

(1) 提问法

运用这种讲解方法时，导游所提问题要有一定的难度，突出"悬"字。游客轻而易举就可答出的问题没有悬念可言。

示例：在游览镇江金山寺时，导游充分利用小说《白蛇传》的故事情节，以法海这个传奇人物作为悬念，提出"法海曾贵为丞相之子，为何剃发为僧？"等。这些问题像一块块磁石牢牢地吸引着游客，游客急于知道答案，期待导游的"下回分解"，悬念就此产生了。

(2) 引而不发法

在游览点前，导游针对景点的有关内容布置一些思考题，暂不做回答，让游客在游览时自己寻找答案。

示例：在游览北京颐和园的谐趣园时，导游说："谐趣园为何取此名？答案可以在你们游览过程中找到。"在游览结束后,导游公布答案:"正确的答案应该是时趣、水趣、桥趣、书趣、楼趣、画趣、廊趣、舫趣。"当导游指明其中的奥妙时,游客异口同声地赞叹造园主的绝妙构思。

7. 运用重点法

这是指导游在讲解时避免面面俱到,而是着重介绍参观游览点的特点和与众不同之处的一种讲解方法。往往每个景点需要讲解的内容都很多,导游必须根据时空条件和对象的不同,做到重点突出、详略得当,目的是在有限的时空里给游客最深的感受和印象。

(1)代表性景点法

游览大型景点前,导游必须做好周密的计划,确定重点景观。这些景观既要有自己的特征,又能概括全貌。现场讲解时,导游主要讲解这些具有代表性的景观。

(2)与众不同法

面对同类景点,导游在讲解时应突出介绍其与众不同之处,以有效地吸引游客的注意力,避免产生雷同的感觉。如同为佛教寺院,其历史、宗派、规模、结构、建筑艺术、供奉的佛像各不相同。

(3)"之最"法

面对某一景点,导游可根据实际情况介绍"这是世界(中国、某省、某市、某地)最大(最长、最古老、最高、最小)的"。例如,介绍洛阳的白马寺时,可以说它是中国最早的佛教寺院等。有时第二、第三也值得一提,如长江是世界第三大河,但一定要注意划定之最的范围,千万不能弄巧成拙。有时范围划定不同,比较的结果也不一样。如云南的抚仙湖是云南省第一深水湖,在中国则是第二深水湖。

(4)兴趣法

导游在查阅旅游团的资料时,要注意游客的职业和文化层次,以便在游览时重点讲解旅游团大多数成员感兴趣的内容。投其所好的讲解方法往往能产生良好的效果。

8. 运用巧用数字法

巧用数字法就是巧妙地运用数字来说明景观内容,促使游客更好地理解的一种讲解方法。导游讲解离不开数字,数字是帮助导游精确地说明景物的年代、历史、形状、大小、功能、特性等方面内容的重要手段之一,但是使用数字必须恰当、得法。如果运用得当,就会使平淡的数字发出光芒,否则会令人产生索然寡味的感觉。

在实践中,导游常用数字换算来帮助游客了解景观内容,还可以通过数字来暗喻中国传统文化。

示例:"北京天坛祈年殿殿内柱子的数目,据说是按照天象建立起来的。其中,内围的4根'龙井柱'象征一年四季,即春、夏、秋、冬;中国的12根'金柱'象征一年12个月;外围的12根'檐柱'象征一天12个时辰。中层和外层的柱子相加为24根,象征一年24个节气。三层共28根柱子,象征天上28个星宿。再加上柱顶端的8根钢柱,共36根,象征36天罡。"

任务小结

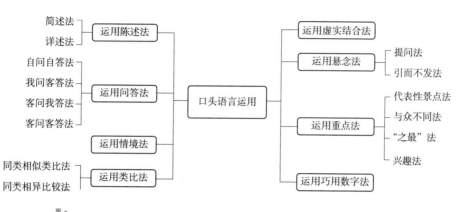

任务评价

根据任务完成情况,各小组相互进行考核评价(表6-1-1)。

表6-1-1 评价表

任务内容	完成情况			
	好	较好	一般	差
运用陈述法				
运用问答法				
运用情景法				
运用类比法				
运用虚实结合法				
运用悬念法				
运用重点法				
运用巧用数字法				

案例分析

讲解中的时代对比

在带领英国游客游览北京故宫博物院时,导游若说故宫建于明永乐十八年,游客可能会不知道这究竟是哪一年。如果说故宫建成于公元1420年,会让游客感觉历史久远。但如果说在莎士比亚诞生前144年,中国人就建成了面前的宏伟宫殿建筑群,这样不仅便于游客记住故宫的修建年代,还会给游客留下中国人了不起、中华文明历史悠久的印象。

问题：该案例用了哪一种讲解方法？

任务6.2　副语言运用

任务描述

副语言是导游在讲解过程中，随着口头讲解的有声语言一起出现的语言特征，包括语音、语调、语速和停顿。在口头语言讲解过程中，导游要根据不同的场景、不同的游客对象来配合使用副语言。本任务主要是分组实施以下内容：在导游讲解中，正确运用语音、语调、语速和停顿。

任务目标

1. 了解副语言的概念。
2. 掌握副语言的内容。
3. 会正确使用语音、语调、语速和停顿。

任务详解

1. 运用语音

语音是指一个人讲话时的声音强弱程度。导游在进行导游讲解时要注意控制自己的音量，力求做到音量大小适度。具体有两点要求：一是恰当、适度。声音当大则大，当小则小，当平则平。既不可大到声嘶力竭的程度，也不可小到游客无法听清的地步。二是顺畅、自然。音量不可没有根据地忽大忽小，生硬地变换音量，否则不仅听起来不自然、不舒服，还可能引起误会。

一般来说，导游音量的大小应以每名游客都能听清为宜，但在游览过程中，音量大小往往受到游客人数、讲解内容和所处环境的影响，导游应根据具体情况适当进行调节。当游客人数较多时，导游应适当调大音量；反之，则应把音量调小一点。在嘈杂的室外环境中讲解，导游的音量应适当放大；在安静的室内环境中，则音量应适当减小一些。对于讲解中的一些重要内容、关键性词语或要特别强调的信息，导游要加大音量，以提醒游客注意，加深游客的印象。

2. 运用语调

语调是指一个人讲话的腔调，即讲话时语音的高低起伏和升降变化。一般分为升调、降调和直调3种。语调有着十分重要的表达情感的作用，被称为"情感的晴雨表"。高低不同的语调往往伴随着不同的感情状态，导游如果能根据讲解的具体内容对语调进行适当处理，使语调随着讲解内容的变化而呈现高潮、低潮的升降起伏，就会使讲解声情并茂。但是，在实地导游讲解中，要注意避免因一味地追求"抑扬顿挫"而出现的"诗歌朗诵式讲解"。

（1）升调

升调多用于表达兴奋、激动、惊叹、疑问等。

譬如："大家快看，前面就是美丽的长白山天池了！"（表示兴奋、激动）

又如："你也知道我们湖北咸宁有个神秘的131工程？"（表示惊叹、疑问）

（2）降调

降调多用于表达肯定、赞许、期待、同情等。

譬如："我们明天早晨10:00准时出发。"（表示肯定）

又如："希望大家有机会再来我们厦门，再来鼓浪屿。"（表示期待）

（3）直调

直调多用于表达庄严、稳重、平静等。

譬如："这儿的人都很友好。"（表示平静状态）

又如："武汉红楼是中华民族推翻帝制、建立共和的历史里程碑。"（表示庄严、稳重）

3. 运用语速

语速是指讲话速度的快慢程度。要使讲解语言入耳动听，就必须注意控制语速。导游在讲解或同游客谈话时，要力求做到缓急有致、快慢相宜。

一般来说，讲解的语速应该掌握在每分钟200个字左右。但对年老的游客，要注意放慢语速，以他们听得清为准。在导游讲解中，尤为重要的是，要善于根据讲解内容控制语速，该快则快，该慢则慢，以增强导游语言的艺术性。控制语速的技巧：把音节拉长，语速就慢；把音节压缩，语速就快。

4. 运用停顿

这里所说的停顿，是指语句之间、层次之间及段落之间的间歇。据统计，最容易使听众听懂的讲话，其停顿时间的总量占全部讲话时间的35%~40%。

（1）语义停顿

导游可根据语句的含义做停顿。一般来说，一句话说完要有较短的停顿，一个意思表达完则要有较长的停顿。

（2）暗示省略的停顿

不直接表示肯定或否定，只用停顿来暗示，让游客自己判断。

示例："请看，那边起伏的山峦像不像一条龙？//后边的几座小山丘像不像9只小乌龟？//这就是/'一龙赶九龟'的自然奇观。"

（3）等待游客反应的停顿

先说出让游客好奇的话，再停顿下来，使游客处于应激状态。

示例："现在，这里仍保留着用人祭祀河神的习俗，他们每年都要举行一次祭祀盛典。祭祀时，众人将一位长得十分漂亮的小姑娘扔进河水之中。"导游说到这里，故意停了下来。此时，游客脸上现出了惊疑的神情，难道如今如此地还保留着如此野蛮不人道的风俗？停了一会儿，导游接着说："不过，这位小姑娘是用塑料制作的。"这时，游客恍然大悟。

恰到好处的停顿,能使后续的话语产生惊人的效果。

(4)强调语气的停顿

导游讲解时,每讲到重要的内容,为了加深游客的印象,可做停顿。

示例:"黄鹤楼外观为5层建筑,里面实际上有9层,为什么要这样设计呢?"导游讲到这里,故意停下来,然后带游客上楼参观,使游客在参观过程中对这个问题进行思考。

任务小结

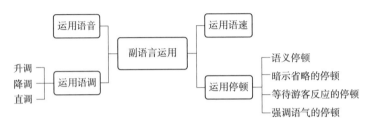

任务评价

根据任务完成情况,各小组相互进行考核评价(表6-2-1)。

表6-2-1 评价表

任务内容	完成情况			
	好	较好	一般	差
运用语言				
运用语调				
运用语速				
运用停顿				

案例分析

泰山讲解

泰山至今保护较好的古建筑群有22处,/总建筑面积逾14万平方米。//在古建筑群之间,/还有12处石坊、6座石桥、7座石亭、1座铜亭和1座铁塔。//泰山刻石有200多处,/因此泰山被誉为"中国摩崖刻石博物馆"。//这里有中国历史上最早的刻石——/泰山秦刻石,/有珍贵的汉代张迁碑、衡方碑和晋代孙夫人碑,/有被誉为"大字鼻祖""榜书之宗"的北齐经石峪刻石,/有唐玄宗的《纪泰山铭》和唐代双束碑等。//

问题:本案例使用的停顿是哪一种停顿?

任务6.3 态势语言运用

任务描述

导游态势语言是通过导游的表情、动作、姿态等来表达语义和传递信息的一种无声语言,也是导游服务中重要的语言艺术形式之一,在讲解中常起着辅助作用。本任务主要是分组实施以下内容:在导游讲解中,正确使用常用的首语、表情语、目光语和手势语。

任务目标

1. 了解各种态势语言的运用要求。
2. 能够在导游服务中正确运用态势语言。
3. 培养用真情实感服务游客的意识。

任务详解

导游态势语言,按身体表达部位的不同,可分为4类:首语、表情语、目光语和手势语。

1. 运用首语

首语是通过头部活动来表达语义和传达信息的一种态势语言,包括点头和摇头。

(1)点头

在带团过程中,对于游客提出的要求、建议等,导游根据带团原则和实际情况,表达接受的意愿时,除了口头答应,还可借助点头来表示应允、赞许和同意等。

(2)摇头

在带团过程中,如果游客提出的要求、建议既不符合合同约定,也不符合合理且可能原则,导游可通过摇头来表示委婉拒绝、不赞同。

需要注意的是,因民族习惯的差异,同一种首语在不同国家和地区有不同的含义。如印度、泰国等地某些少数民族奉行的是"点头不算摇头算"的原则,即同意对方意见时用摇头来表示,不同意则用点头表示。

2. 运用表情语

表情语是指通过眉、眼、耳、鼻、口及面部肌肉运动来表达情感和传递信息的一种态势语言。

(1)多使用微笑表情

微笑是一种富有特殊魅力的面部表情,是人际关系的"永恒通行证"。导游在导游服务中,要尽量多微笑。微笑时,要保持眼部肌肉放松,面部两侧笑肌收缩,口轮匝肌放松,嘴角含笑,嘴唇似闭非闭,以露出半牙为宜,这样才能使游客感到和蔼、亲切。

(2) 适时使用安慰、同情表情

游客在游览过程中遇到困难,如遭遇不公正待遇、碰到不开心的事情,导游知晓后,要第一时间使用理解、同情的表情,让游客感受到来自导游的共情,体会到温暖和支持。

3. 运用目光语

目光语是通过视线接触来传递信息的一种态势语言。导游讲解是导游与游客之间的一种面对面的交流,游客往往可以通过导游的一个眼神、一个动作加强对讲解内容的认识和理解。

(1) 联结目光

导游在讲解的同时,要做到与游客进行目光接触。一般目光接触的时间为1~2秒,以免引起游客的厌恶和误解。

导游与游客进行对视,一般采用正视(平视),表示"理解和平等"等含义,让游客从中感受到自信、坦诚、亲切和友好。

(2) 移动目光

导游在讲解某一景物时,首先要用自己的目光把游客的目光牵引过去,再及时收回目光并继续将目光投向游客。这种方法可使游客集中注意力,并使讲解内容与具体景物和谐统一,给游客留下深刻的印象。

(3) 分配目光

导游在讲解时,应注意让目光统摄全部的游客。既可把视线落点放在最后边两端游客的头部,也可不时环顾周围的游客,切忌只用目光注视面前的部分游客,使其他的游客感到自己被冷落,产生遗弃感。

(4) 统一目光与讲解内容

导游在讲解传说和轶闻趣事时,讲解内容中常常会出现甲、乙两人对话的场景,需要加以区别。导游应在说甲的话时,把视线略微移向一方,在说乙的话时,把视线略微移向另一方,这样可使游客产生一种逼真的临场感,犹如身临其境一般。

4. 运用手势语

手势语是通过手的挥动及手指的动作来传递信息的一种态势语言,包括握手、招手、手指动作等。

(1) 手势

在导游讲解中,手势不仅能强调或解释讲解的内容,而且能生动地表达口头语言所无法表达的内容,使导游讲解生动形象。导游讲解中手势的运用有以下3种情况,导游讲解时,在什么情况下用何种手势,应视讲解的内容而定。

① 表达情意 用来表达导游讲解的情感。例如,在讲到"我们湖南的社会主义新农村建设一定会取得成功"时,导游用握拳的手有力地挥动一下,既可渲染气氛,也有助于情感的表达。

② 表达指示 用来指示具体对象。例如,导游讲到某农庄菜地里的各种蔬菜时,可用指示手势来一一加以说明。

③模拟象形　用来模拟物体或景物形状。例如，当导游讲到"5千克重的西瓜"时，可用手比一个球形。

> **小贴士**
>
> **其他服务时运用手势**
>
> 　　导游为游客提供其他服务时也要善于运用手势。例如，当游客提出询问时，如果导游脸上马上露出笑容，并且用手表示出一种关怀的姿态，这会使游客心里感到愉快，因为这让游客感觉自己得到了导游的尊重和关注。又如，当游客询问洗手间在何处时，较文明的方式是用手掌（手心朝上）指明方向。此外，在导游服务中，用带尖的锐器指向别人也是不礼貌的。例如，把餐刀递给别人时，不能用刀尖直指对方，而应把刀横着递过去；在餐桌上，用刀叉或筷子指着别人进行让菜也是不友善的。

（2）手指语

手指语是一种较为复杂的伴随语言，是通过手指的各种动作来传递信息的手势语。由于文化传统和生活习俗的差异，在不同的国家和地区、不同的民族中，手指动作的语义有较大区别。导游在接待工作中，要根据游客所在国家和地区、所属民族的特点选用恰当的手指语，以免引起误会和尴尬。

①竖起大拇指　在世界上许多国家和地区包括中国都表示"好"，用来称赞对方高明、了不起、干得好，但在有些国家和地区则表示其他的语义，如在韩国表示"首领""部长""队长"或"自己的父亲"，在日本表示"最高""男人"或"您的父亲"，在美国、墨西哥、澳大利亚等则表示"祈祷幸运"，在希腊表示叫对方"滚开"，在法国、英国、新西兰等是请求"搭车"。

②伸出食指　在中国常表示数字"1"，在新加坡表示"最重要"，在缅甸表示"拜托""请求"，在美国表示让对方"稍等"，而在澳大利亚则是"请再来一杯啤酒"的意思。

③伸出中指　在墨西哥表示"不满"，在法国表示"下流的行为"，在澳大利亚表示"侮辱"，在美国和新加坡则是"被激怒和极度不愉快"的意思。

④伸出小指　在韩国表示"女朋友""妻子"，在菲律宾表示"小个子"，在日本表示"恋人""女人"，在印度和缅甸表示"要去卫生间"，在美国和尼日利亚则是"打赌"的意思。

⑤伸出食指往下弯曲　在中国表示数字"9"，在墨西哥表示"钱"，在日本表示"偷窃"，在东南亚一带则是"死亡"的意思。

⑥用拇指与食指指尖形成一个圆圈并手心向前　这是美国人爱用的"OK"手势，在中国表示数字"0"，在日本则表示"金钱"，在希腊、巴西和阿拉伯地区则表示"诅咒"。

⑦用食指和中指构成"V"并手心向前　西方人常用此手势来预祝或庆贺胜利。如果把手背对着观众做这一手势，则被视为下流的动作。

任务小结

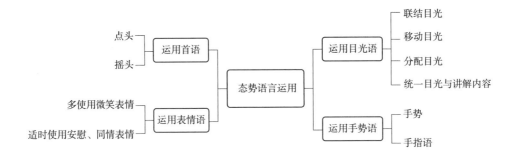

任务评价

根据任务完成情况，各小组相互进行考核评价(表6-3-1)。

表6-3-1 评价表

任务内容	完成情况			
	好	较好	一般	差
运用首语				
运用表情语				
运用目光语				
运用手势语				

案例分析

手势语辅助讲解

导游小张带领6名游客到上海豫园进行参观游览。团队走到一处长廊时，小张指着一块造型独特的石头向游客进行介绍："大家请看，这块石头名为美人腰，造型像一个柔腰的女子，临水顾盼。"小张一边说着，一边用手进行比画，勾勒出柔腰女子的造型。在一旁的游客纷纷点头。

问题：小张在讲解时运用了怎样的手势语来辅助讲解？能起到什么作用？

任务6.4　书面语言运用

任务描述

导游书面语言通常用于导游词的写作。导游词是导游为引导游客游览而对景区(点)所作的讲解词。一篇好的导游词,不仅能让游客对景区(点)产生浓厚的兴趣,增加知识储备,而且能使游客获得审美享受,留下美好印象。本任务主要是分组实施以下内容:立标题,写引言,写景区(点)概述(总述),写重点讲解(分述),写结语,最后全篇检查并修改完善。

任务目标

1. 熟悉导游词的语言风格。
2. 掌握导游词的具体写作步骤。
3. 能够写一篇富有吸引力的导游词。

任务详解

导游词的写作整体而言多用口语,风格幽默。要求条理清晰、逻辑严密,对景物或事物的介绍多以时间先后、空间方位、事理逻辑的顺序为线索。同时,要求资料翔实、突出亮点,并能挖掘深度、写出新意,从不同的视角发现别样的景致。撰写一篇完整的导游词,通常包含6个基本步骤,具体如下。

1. 立标题

导游词的标题有3种写法:第一种是直接以被介绍的地点、景物或古迹为标题,如"故宫博物院";第二种是以被介绍的地点、景物或古迹加"简介""介绍"为标题,如"桂林市简介""苏州园林介绍";第三种是文章标题法,如"中华文化瑰宝——莫高窟"。

2. 写引言

引言就是开场白。游客都讲究"第一印象",而引言是给游客留下深刻第一印象的极佳机会。好的引言,犹如一篇乐章的序曲、一部作品的序言、一出大戏的序幕,能充分调动起游客的游览兴趣。引言多包括问候语、欢迎语、介绍语、游览注意事项和对游客的希望5个方面内容,放在导游词的最前面。导游致引言时间不能太长,控制在5分钟左右。态度上应亲切、大方,语言上应热情、自然。

3. 写景区(点)概述(总述)

景区(点)概述主要是向游客陈述景区(点)的概况和旅游价值,对所要游览的内容进行总结性介绍。如坐落位置、修建时间、历史沿革、宏观布局与组成景点等。作为对整个游览路线各景点的预告,景区(点)概述起到抛砖引玉的作用。根据游览时间和游客情况,景区(点)概述可长可短、可详可略。

该部分内容的写作要求用语规范，应该避免地方方言等，即便为了增加幽默感而需要运用地方方言，也应该加以解释，让来自全国各地的游客都能听懂。

4. 写重点讲解（分述）

这是导游词最重要、最精彩的组成部分。重点讲解是对旅游线路上的各重点景观从景点成因、历史传说、文化背景、审美功能等方面进行详细说明讲解。要把景点最具魅力、最为传神的文化内涵挖掘出来，引导游客去欣赏、去品味。

该部分内容的写作除了要求语言规范外，还应体现知识化和口语化。所谓知识化，是指要融入各类知识并旁征博引、融会贯通，引人入胜。必须准确无误，令人信服，不能信口雌黄，随意杜撰。所谓口语化，是指要多采用日常生活用语和浅显易懂的书面语词，尽可能避免使用晦涩难懂的词汇和音节拗口的方言词汇，更不能堆砌辞藻。同时，要多用短句，富含真情实感，以便讲起来清楚、顺口，听起来轻松、感人。多以第一人称的方式写作，善于修辞，多用设问、反问等手法，营造强烈的临场氛围。

5. 写结语

引言是为了给游客留下美好的第一印象，结语则是给旅游画上一个完美的句号，给游客留下深刻、持久的印象。结语的写法，既可以是对前面所讲内容进行提炼升华，也可以是总结旅游情况，感谢游客配合，希望游客提出意见，并表示依依惜别之情。

6. 全篇检查并修改完善

按上述步骤写完一篇导游词之后，应进行通篇检查，确保无知识错误、逻辑错误、错别字等，并从遣词造句方面检查导游词是否符合写作要求。

任务小结

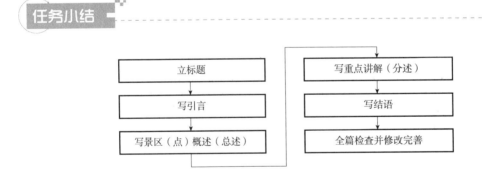

任务评价

根据任务完成情况，各小组相互进行考核评价（表6-4-1）。

表6-4-1 评价表

任务内容	完成情况			
	好	较好	一般	差
立标题				
写引言				

(续)

任务内容	完成情况			
	好	较好	一般	差
写景区(点)概述(总述)				
写重点讲解(分述)				
写结语				
全篇检查并修改完善				

案例分析

故宫的导游词

导游小李在国庆节期间接待了一个来自香港的旅游团,在带领游客参观游览北京故宫博物院的时候,小李的解说给游客留下了深刻的印象。以下为小李的导游词中的3句话:

(1)现今,北京的面积为16 410平方千米,可以说有将近15个香港那么大。

(2)明代万历三十七年重修三大殿,仅采木一项,就花费银子930余万两,约为当时800万名"半年糠菜半年粮"的贫苦农民一年的口粮。

(3)故宫规模宏大。民间一直流传着故宫有9999.5间房的说法,按照这个说法,假如安排刚出生的孩子每天住一间房,当他把所有宫室都住一遍后,他就成了一位27岁的青年。但实际上,经过原故宫博物院院长单霁翔的详细统计,目前故宫有9371间房。

问题1:你从这个案例中得到了什么启示?

问题2:如果你是该团的导游,在解说服务中还可以运用什么样的导游词为游客介绍故宫?

任务6.5 劝服语言运用

任务描述

在导游服务过程中,导游常常会面临各种问题,需要对游客进行劝服,如旅游活动日程被迫改变需要劝服游客接受、对游客的某些不良行为需要进行劝说等。导游在导游服务过程中，在以事实为基础的前提下，应讲究方式、方法，正确使用劝服语言，使游客易于接受。本任务主要是分组实施以下内容：运用诱导式劝服法、迂回式劝服法和暗示式劝服法对游客进行劝服。

任务目标

1. 了解劝服语言的功能和作用。
2. 掌握使用劝服语言的技巧。
3. 能够恰当使用劝服语言。

任务详解

1. 运用诱导式劝服法

诱导式劝服即循循善诱，通过有意识、有步骤的引导，澄清事实，讲清利弊得失，使游客逐渐信服。导游一是要态度诚恳，使游客感受到导游是站在游客的立场上考虑问题；二是要善于引导，巧妙地使用语言分析利弊得失，使游客服从导游的安排。

示例：某旅游团原计划自青岛飞往杭州，因订不上机票，只能改乘火车，游客对此意见很大。这时，导游先诚恳地向游客致歉，再耐心地向游客说明原委并分析利弊。导游说："没有买上机票，延误了大家的旅游行程，我很抱歉。对于大家急于赴杭州的心情，我很理解。但是，如果乘飞机去杭州，得等到明天，这样大家在杭州只能停留一天。如果现在乘火车，大家可在杭州停留两天，可以游览更多的杭州景点。另外，大家一路非常辛苦，乘火车不仅可以观赏沿途的自然风光，还可以得到较好的休息。"导游的这席话使游客激动的情绪开始平静下来，一些游客表示愿意乘坐火车，另一些游客在他们的影响下也表示认可。

2. 运用迂回式劝服法

迂回式劝服是指不对游客进行正面、直接说服，而采用间接或旁敲侧击的方式进行劝说，即通常所说的"兜圈子"。这种劝服方式的好处是既不伤害游客的自尊心，又使游客较易接受。

示例：某旅游团中有一名游客在游览中常常喜欢离团独自活动，出于安全考虑和旅游团活动的整体性，导游走过去对他说："××先生，大家现在休息一会儿，很希望您过来给大家讲讲您在这个景点游览中的新发现，作为我导游讲解的补充。"这名游客听后会心一笑，自动走了过来。导游没有直接把该游客喊过来，因为那样多少带有命令的口气，而是采用间接的、含蓄的方式，用巧妙的语言使游客领悟到导游话中的含义，游客的自尊心也没有受到伤害。

3. 运用暗示式劝服法

暗示式劝服是指导游不明确表示自己的意思，而采用含蓄的语言或示意的举动使游客领悟。

示例：有一名游客在旅游车内吸烟，使得车内空气混浊。导游不便当着其他游客的面伤了这名游客的自尊，在其面向导游抽烟时，导游向他摇了摇头（或捂着鼻子轻轻咳嗽两声），这名游客便熄灭了香烟。导游运用了副语言——摇头、捂鼻子咳嗽，暗示在车内"请勿吸烟"，使游客产生了自觉的反应。

总之，劝服的方式要因人而异、因事而异，要根据游客的不同性格、不同心理或事情的性质和程度，分别采用不同的方法。

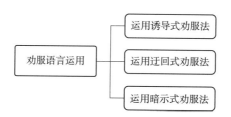

根据任务完成情况，各小组相互进行考核评价（表6-5-1）。

表6-5-1 评价表

任务内容	完成情况			
	好	较好	一般	差
运用诱导式劝服法				
运用迂回式劝服法				
运用暗示式劝服法				

劝说老夫妻坐索道

导游小陈带领一个老年旅游团进行黄山两日游。第一天，他们坐汽车来到了黄山的半山腰。按照原定计划，将从半山腰坐索道至山顶。这时，团队中一对老夫妻向小陈提出他们想要爬上山顶。小陈觉得不妥，不动声色地说道："叔叔、阿姨，从这里爬上山顶至少要花3小时，体力消耗过大，不仅影响后续行程，也不安全。而且这段路程沿路是没有什么美丽的风景的，最好的风景集中在山顶。况且，索道费用已经包含在旅游费用中了，还是跟大家一起坐索道上山吧。"老夫妻觉得有道理，于是服从了安排。

问题：小陈使用了哪种劝服方式？

任务6.6　回绝语言运用

任务描述

在导游服务过程中,游客常常会提出各种各样的问题和要求,其中有一些问题和要求是不合理的或不可能办到的。对于这类问题或要求,导游可根据不同的场景、不同的游客对象,恰当地运用回绝语言进行回绝。本任务主要是分组实施以下内容:运用柔和式回绝法、迂回式回绝法、引申式回绝法和诱导式回绝法对游客的不合理要求进行回绝。

任务目标

1. 了解回绝语言的概念和内涵。
2. 掌握回绝语言的运用技巧。
3. 能够在导游实践中正确使用不同的回绝语言。

任务详解

1. 运用柔和式回绝法

柔和式回绝是导游采用温和的语言进行推托的回绝方式。采取这种方式回绝游客的要求,不会使游客感到太失望,避免了导游与游客之间的对立状态。

示例:有游客向导游提出是否可以把日程安排得紧凑一些,以便增加一两个旅游项目。导游知道这是计划外的要求,不可能予以满足,于是采取了委婉的拒绝方式:"您的意见很好,大家希望在有限的时间内多游览一些景点的心情我也理解,如果有时间能安排的话我会尽力的。"导游没有明确回绝游客的要求,而是借助客观原因(时间),采用模糊的语言暗示了拒绝之意。

2. 运用迂回式回绝法

迂回式回绝是指导游对游客的发问或要求不正面表明意见,而是绕过问题从侧面予以回应或回绝。

示例:游客问道:"这个地方有没有素食提供?"导游说:"啊,这里有许多本地特色美食,有些菜肴可能更适合喜欢素食的朋友,而且我们也会尽量在用餐安排上照顾到各种饮食习惯。当然,如果您有特殊的饮食需求,我们也会尽力帮助您找到合适的菜肴。"这样的回答避免了直接回答是否有素食提供的问题,而且突出了当地的美食文化以及对各种饮食需求的尊重和照顾。

3. 运用引申式回绝法

引申式回绝是导游根据游客话语中的某些词语加以引申从而回绝的方式。

示例:某游客在离别之前把吃剩的零食送给导游并说:"这种零食很贵,进口的,我特别喜欢吃，这些剩下的送给你吧。"导游谢绝说："既然您这么爱吃，送给我太可惜了，还是您自己带回去吧。"导游根据游客的话语进行的引申十分自然，既维护了游客的尊严，又达到了拒绝的目的。

4. 运用诱导式回绝法

诱导式回绝是指导游针对游客提出的问题进行逐层剖析，引导游客对自己的问题进行自我否定的回应方式。

示例：游客说道："这个行程安排太紧凑了，我觉得我们没有足够的时间在景点里停留。"导游说："我们在时间上确实有些紧张，但在这个行程里，我们会尽量安排使您能够全面体验各个景点的特色和魅力。您觉得在这些景点中有哪些特别吸引您的地方呢？或许我们可以重点关注一下您特别感兴趣的部分。"当游客对行程中某个活动或行程安排表示不满意时，诱导式回绝可以帮助导游灵活地引导游客的观点，缓解不愉快的情绪。这种方式不是直接反驳游客的不满，而是尊重并引导游客重新思考行程安排的可能性。通过询问游客对景点的看法，可以重新聚焦游客的兴趣点，减少不满情绪的发生。

总之，导游无论运用哪种回绝方式，其关键都在于尽量减少游客的不满。导游应根据游客的情况、问题的性质、要求的合理性，采用适当的回绝方式和语言表达技巧。

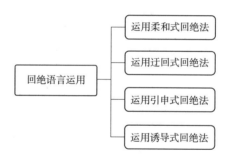

根据任务完成情况，各小组相互进行考核评价（表6-6-1）。

表6-6-1 评价表

任务内容	完成情况			
	好	较好	一般	差
运用柔和式回绝法				
运用迂回式回绝法				
运用引申式回绝法				
运用诱导式回绝法				

案例分析

谢绝好意

一名美国游客邀请导游到其公司工作，导游回答："谢谢您的一片好意！我还没有这种思想准备，也许我的根扎在中国的土地上太深了，一时拔不出来啊！"

问题：该导游使用了哪种回拒绝方法？

任务6.7　道歉语言运用

任务描述

在导游服务过程中，常会因各种原因造成游客不愉快。无论造成不愉快的原因是主观的还是客观的，导游都应妥善处理，采用恰当的语言表达方式向游客致歉，以消除游客的误会和不满情绪，求得游客的谅解，缓和紧张关系。本任务主要是分组实施以下内容：运用微笑式道歉法、迂回式道歉法和自责式道歉法向游客致歉。

任务目标

1. 了解道歉的方式与道歉语言的内涵。
2. 掌握道歉语言使用技巧。
3. 能够在导游服务中正确使用道歉语言。

任务详解

1. 运用微笑式道歉法

微笑是一种润滑剂，不仅可以使导游和游客之间的紧张气氛得到缓和，而且是导游向游客传递歉意的信息载体。

示例：某导游回答游客关于长城的提问时，说长城建于秦朝，其他游客纠正后，导游觉察到这样简单地回答是错误的，于是对提问的游客抱歉地一笑，使游客不再计较。

2. 运用迂回式道歉法

迂回式道歉是指导游在不便于直接、公开地向游客致歉时，采用其他方式求得游客谅解。

示例：某导游在导游服务中过多地接触和关照部分游客，引起了另一些游客的不满。导游觉察后，便主动地多接触这些游客，并给予关照和帮助，逐渐使这些游客冰释前嫌。导游运用体态语言表示了歉意。

导游除了采用改进导游服务的迂回式道歉方式外，还可请示旅行社或同相关接待单位协商后，采用向游客赠送纪念品、加菜或免费提供其他服务项目等方式向游客道歉。

3. 运用自责式道歉法

由于旅游供给方的过错，游客的利益受到较大损害而产生强烈不满时，即使不是自己的责任，导游也要勇于自责，以缓和游客的不满情绪。

总之，无论采用何种道歉方式，首先，道歉必须是诚恳的；其次，道歉必须是及时的，知错必改，这样才能赢得游客的信赖；最后，要把握好分寸，不能因为游客某些不快就道歉，要分清深感遗憾与道歉的界限。

任务小结

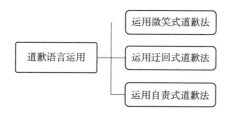

任务评价

根据任务完成情况，各小组相互进行考核评价（表6-7-1）。

表6-7-1　评价表

任务内容	完成情况			
	好	较好	一般	差
运用微笑式道歉法				
运用迂回式道歉法				
运用自责式道歉法				

案例分析

行李箱不见了

某导游接待一个来自法国的旅游团，17:00入住酒店后，团长夫人发现行李箱不见了，非常气愤，连18:30的公务宴请也没有参加。至次日凌晨，行李还未找到，所有团员都在等消息，均未睡觉。陪同的导游一边劝游客早点休息，一边自责地对大家说："十分对不起，这是一件很不愉快的事，对此我心里也很不安，但还是请大家早点休息，我们当地的工作人员还在继续寻找，我们一定会尽力的。"

问题:该导游使用了哪种道歉方式?

_____

_____

课后习题

一、判断题

1. 在旅游团赴景点的高速公路上,为了保证安全,导游可以不做沿途导游讲解,也无须组织娱乐活动。（　　）

2. 导游任何一次言语交际行为,都是为了实现一定的目标而进行的。（　　）

3. 导游讲解问答法中,我问客答法是导游常用的一种提问方式。（　　）

4. 口头语言、副语言和态势语都属于非书面语言的范畴。（　　）

5. 语调基本上有升调、降调、直调 3 类。降调多用于表达庄严、平静、冷漠。（　　）

6. 一般来讲,语速快慢的变化,要适合游客的特点,如对中青年游客来说,语速要快;而对老年游客,则要注意适当放慢语速。（　　）

7. 一般来讲,导游讲解时的音量以在场的每名游客都能听清为宜。（　　）

8. 在游客情绪低落时,导游讲解一般不宜用升调。（　　）

9. 目光语具有同游客交流思想感情的功能,是内在情感的流露,可以调整和控制游客之间的相互关系,也可以作为启发、引导和告诫等的辅助手段。（　　）

二、单项选择题

1. 导游讲解必须建立在自然界或人类社会某种客观现实的基础上,以(　　)为依据。

　A. 科学　　　　B. 事实　　　　C. 客观存在　　　　D. 历史

2. 下列关于陈述法的叙述不准确的是(　　)。

　A. 它是导游讲解中使用最广泛的方法

　B. 它是根据游览景物的顺序、按所属事件的来龙去脉进行系统讲解

　C. 其特点是平铺直叙,起伏较小

　D. 使用该方法时只能系统讲解,不能简洁扼要

3. 下列关于我问客答法叙述正确的是(　　)。

　A. 问题难度适中,似懂非懂最好

　B. 问题有相当的难度,否则就无意义

　C. 问题必须相当容易,让游客有成就感

　D. 此法对旅游团不太适用,适合散客

4. 下列对虚实结合法理解错误的是(　　)。

　A. 要掌握"虚"的尺度

　B. "实"要尊重事实

　C. 使用虚实结合法能增加艺术感染力

　D. 虚实结合,以谁为主视情况而定

5. 提醒游客时要讲究语言艺术。"对不起,您可以……吗?"使用这样的语言属于( )。
A. 委婉式提醒 B. 协商式提醒 C. 幽默式提醒 D. 诱导式提醒

6. 导游在讲解中由景及情、借景抒情、引出话题的讲解方法被称为( )。
A. 虚实结合法 B. 情景法 C. 悬念法 D. 画龙点睛法

7. 导游语言是导游服务工作的重要手段和工具。导游语言能力主要体现在导游的( )。
A. 表达能力 B. 说服能力 C. 应变能力 D. 讲解能力

8. 从某种程度上说,导游带团的过程就是在( )与满足游客要求这对矛盾中进行的。
A. 拒绝 B. 劝服 C. 道歉 D. 提醒

9. "你也知道'梅妻鹤子'的故事?"(惊讶),使用的语调是( )。
A. 升调 B. 降调 C. 直调 D. 平调

三、多项选择题

1. 导游要使语言生动有趣,可以运用的方法有( )。
A. 把握语言节奏 B. 巧用数字 C. 运用比喻 D. 运用幽默
E. 运用传情语言

2. 下面关于导游语言艺术逻辑性的表述正确的是( )。
A. 语言表达要保持连贯性
B. 语言表达要力求简洁明了
C. 表达的内容要分前后顺序,逐层递进
D. 要注意语言表达的时机
E. 讲解内容要与景物相吻合

3. 导游在讲解中使用重点法时,可以重点突出的内容有( )。
A. 代表性景物 B. "……之最" C. 与众不同之处 D. 游客感兴趣的内容
E. 典故和传说故事

4. 在常用的导游讲解方法中,问答法的具体形式有( )。
A. 自问自答法 B. 客问客答法
C. 我问客答法 D. 客问我答法
E. 客问不答法

5. 下面关于道歉语言技巧的说法正确的有( )。
A. 游客因自身不遵守有关规定致使事故发生时,导游绝不能道歉
B. 因旅行社计调人员工作有差错导致旅游故障发生时,导游没必要向游客道歉
C. 当游客怒气十足时,导游不能直接向游客道歉
D. 导游如果没有错,就不应该无原则地向游客道歉
E. 道歉要把握分寸,不要游客一有不快就向游客道歉

数字资源

项目7

导游带团活动技巧

项目描述

导游带团活动技巧是指导游在带团过程中为了组织好旅游活动、为游客提供良好服务，所运用的各种人际沟通与交往的技巧以及组织旅游活动与协调人际关系的技巧，包括为游客提供心理服务、引导游客审美、活跃团队氛围、各方协调和不同类型游客接待等技巧。本项目是导游通过运用各种带团技巧，确保旅游活动顺畅、愉快地进行。

学习目标

1. 熟练掌握为游客提供心理服务的技巧。
2. 熟练掌握引导游客审美的技巧。
3. 熟练掌握组织旅游活动与协调人际关系的技巧。
4. 熟练掌握接待不同类型游客的技巧。

知识导入

1. 导游带团原则

（1）游客至上原则

导游在带团过程中，必须将维护游客的合法权益摆在首位，遇事多从游客的角度进行思考，既要有强烈的责任感和使命感，也要明辨是非，在任何情况下都要严格遵守职业道德。

（2）服务至上原则

"服务至上"既是导游的一条服务准则，也是导游职业道德中一项最基本的道德规范，还是导游在工作中处理问题的出发点。"服务至上"的关键在于要始终将游客放在心上，时时刻刻关心游客。

（3）履行合同原则

导游带团要以旅游合同为基础，是否履行旅游合同约定的内容是评价导游是否尽职的基本依据。导游在旅游合同约定的范围内为游客提供优质服务，同时使旅行社获得应得的利益。

（4）公平对待原则

不管游客是来自境外还是境内，也不管游客的肤色、语言、信仰、消费水平如何，导游都应一视同仁，平等对待每一名游客。

2. 游客心理分析

（1）按地域分析

东方游客：较含蓄、内向，往往委婉地表达意愿，其思维方式一般是从大到小、从远到近、从抽象到具体。

西方游客：较开放，感情外露，喜欢直截了当地表明意愿，其思维方式一般是由小到大、由近及远、由具体到抽象。

（2）按年龄分析

老年游客：比较注重舒适和愉快，以怡情养性为主要的旅游动机；容易思古怀旧，对游览名胜古迹、会见亲朋老友有较大的兴趣；喜欢热闹，希望多与导游交谈；对交通工具和游览活动的安排有一定的要求，尤其关注旅途中的安全问题；由于体力原因，行动一般较迟缓。

中年游客：行事表态都较慎重，一般不轻易发表自己的意见；比较务实，对旅游的态度趋向于享受，喜欢轻松悠闲的游览项目，对导游的水平有较高要求。

年轻游客：喜欢逐新猎奇，多动多看，对热门的社会话题有浓厚的兴趣。

少年儿童：活泼好动，具有较强的求知欲和探索心理；对旅游兴趣浓厚，喜欢各式各样的游戏活动，对导游服务没有特殊要求；由于年龄的限制，对各种危险情况缺乏辨识和防护能力。

（3）按性别分析

男性游客：一般比较开朗，通常不在小事上计较，对引起不愉快的事情容易遗忘；比较务实，考虑问题比较实际，关注旅游产品的质量；敢于探索，旅游过程中常向导游提问，喜欢知识性强和有刺激性的旅游项目。

女性游客：通常行事谨慎，在遵守旅游团的纪律方面往往比男性游客自觉；特别喜欢倾听导游讲故事和风趣幽默的话语；喜欢谈论商品及购物；感情丰富，情绪容易受环境气氛感染，喜怒往往形于色，遇到问题不太善于控制自己的情绪。

任务 7.1　为游客提供心理服务

任务描述

当游客遇到问题时，情绪容易有所波动，甚至出现心理障碍，导游有必要向游客提供心理服务。不同旅游阶段，游客遇到的问题不同，导游提供的心理服务也不同。本任务主要是分组实施以下内容：在旅游初期，消除游客的不安全感，满足游客求新、求奇的心理；在旅游中期，管理游客逐渐出现的懒散心态，妥善处理（疏导）游客的求全心理；在旅游后期，满足游客的合理诉求。

任务目标

1. 掌握不同游客的心理特点。
2. 了解旅游不同阶段游客的心理变化。
3. 掌握调节游客情绪的方法。
4. 培养服务意识和察言观色、灵活应变的能力。

任务详解

1. 消除游客的不安全感

在旅游初期，游客来到一个相对陌生的环境中，在心理上求安全的心态会表现得非常突出，称为求安全的心理。在该阶段，导游主要是主动关心游客，拉近与游客的心理距离，同时通过专业的素养和服务技能让游客产生可信赖、可依靠的感觉，消除游客初到陌生地的心理慌张。

2. 满足游客求新、求奇的心理

游客来到陌生地，会存在对陌生环境的求新心理。面对旅游目的地全新的环境、奇异的景物、独特的民俗风情，游客的猎奇求新情绪会空前高涨，这在旅游初期阶段表现得尤为突出。因此，导游要兼顾游客这方面的心理诉求，在介绍本地概况时可以加入游客感兴趣的特色内容，提前告知游客后续会逐步深入介绍当地的美丽风景与特色文化。

3. 管理游客逐渐出现的懒散心态

随着时间的推移、旅游活动的开展以及游客相互接触增多，游客之间、游客与导游之间越来越熟悉，游客会开始产生一种平缓、轻松的心态。然而，正是受这种心态的影响，有些游客开始出现懒散心态，如时间概念较差，群体观念弱，游览活动中自由散漫、丢三落四，还有些游客甚至出现一些反常言行及放肆、傲慢、无理的行为。在这一阶段，导游的精力要高度集中，对任何事都不得掉以轻心。要加强对旅游团的组织管理，反复提醒游客各种注意事项，尤其是集合的时间。

4. 妥善处理（疏导）游客的求全心理

有些游客的求全心理非常明显，他们往往把旅游活动理想化，希望在旅游目的地能享受到平时在居住地享受不到的服务，希望旅游活动的一切都是美好的，从而产生过高的要求，对旅游各环节的服务横加挑剔，求全责备。针对游客的这一心理，导游要有思想准备和正确的认识。首先，要学会换位思考，理解游客的求全心理。其次，在带团过程中，针对一些可能产生的问题和客观因素要事先向游客说明，适当降低游客的期望，争取得到游客的理解。

5. 满足游客的合理诉求

在旅游活动后期，即将返程时，游客的心理波动较大，开始忙于个人事务。例如，与亲友的联系突然增多。在这一阶段，导游应给游客留出充分的时间处理个人事务，对游客的各种疑虑要尽可能耐心地解答，必要时做一些弥补和补救工作，使前期未得到满足的个别要求得到满足。

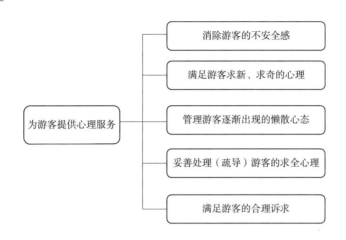

调节游客情绪的方法

（1）补偿法

补偿法是指导游从物质上或精神上给游客进行补偿，从而消除或弱化游客不满情绪的一种方法。例如，如果由于客观原因不能按旅游合同约定的标准为游客提供相应的服务，应给游客一定的物质和精神补偿，以求得游客的谅解，消除游客的消极情绪。

（2）分析法

分析法是指导游将造成游客消极情绪的原委向游客讲清楚，并客观分析事物的两面性及游客得失的一种方法。例如，由于天气等原因不得不改变日程，常常会引起游客的不满甚至愤怒，导游应耐心地向游客解释造成日程变更的客观原因，诚恳地表示歉意，并分析改变日程的利弊，强调其有利的一面或着重介绍新增加的游览内容的特色和趣味。这样，往往能得到游客的谅解，消除游客的不满情绪。

（3）转移注意力法

转移注意力法是指在游客产生烦闷或不快情绪时，导游有意识地将游客的注意力从不愉快、不顺心的事情转移到愉快、顺心的事情上。例如，有的游客因爬山时不慎划破了衣服而沮丧，有的游客因不小心丢失了物品而懊恼，导游除了安慰游客外，还可通过讲笑话、唱山歌或讲述民间故事等形式来活跃气氛，使游客的注意力转移到有趣的事情上。

导游心理服务的要领

（1）尊重游客

尊重别人是人际关系中的一项基本准则。游客对于是否得到尊重非常敏感。他们希望人格得到尊重，意见和建议也得到尊重。游客只有在旅游过程中感受到热情、友好的气氛，自我尊重的需求得到满足，才会对服务感到满意。此外，导游要妥善安排，在旅游过程中让游客进行参与性活动，使其获得成就感，从而在心理上获得满足。

（2）微笑服务

微笑是人际交往的通行证，也是世上最美的语言，虽然无声，却能深深地打动人的心灵。微笑还是人际关系中的"润滑剂"，它能拉近人与人之间的心理距离，帮助人们建立起良好的友谊。在旅游服务中，微笑具有特别的魅力。导游若想向游客提供成功的心理服务，就得学会"笑迎天下客"。

（3）使用柔性语言

导游在与游客交流时，必须注意自己的语言表达方式。与游客说话不能使用刚性语言，而要用商讨的口吻、柔和的语气、委婉的措辞，这样的柔性语言既使人愉悦，又有较强的说服力，往往能达到以柔克刚的效果。

（4）与游客建立"伙伴关系"

在旅游活动中，游客不仅是导游的服务对象，也是合作伙伴，只有游客通力合作，旅游活动才能顺利进行，导游服务才能取得良好的效果。要得到游客的合作，导游应设法与游客建立"伙伴关系"。可通过诚恳的态度、热情周到的服务与游客建立良好的关系。

（5）提供个性化服务

个性化服务是导游在做好规范化服务的同时，针对游客个别要求而提供的服务。虽然个性化服务针对的只是个别游客的个别需求，有时甚至只是旅游过程中的一些琐碎小事，但是做好后往往会起到事半功倍的效果。尤其是对于注意细节的西方游客而言，提供个性化服务可使他们感受到导游求真务实的作风和为游客分忧解难的服务意识，从而对导游产生信任。"细微之处见真情"，讲的就是这个道理。

提供个性化服务并不容易，关键在于将游客"放在心中"，眼中有活，善于把握时机主动服务。只有个性化服务与规范化服务完美地结合，才是优质的导游服务。

任务评价

根据任务完成情况，各小组相互进行考核评价(表7-1-1)。

表7-1-1 评价表

任务内容	完成情况			
	好	较好	一般	差
消除游客的不安全感				
满足游客求新、求奇的心理				
管理游客逐渐出现的懒散心态				
妥善处理(疏导)游客的求全心理				
满足游客的合理诉求				

案例分析

归途心切

导游小李带一个旅游团从上海到北京旅游。离开北京的当天，在前往机场的途中遇到堵车，游客张先生在车上显得很不安，不停地发牢骚，不时地询问小李是否会误机，并告诉小李他还有公事需要回到上海后紧急处理。

问题：导游小李应如何安慰游客？

任务 7.2 引导游客审美

任务描述

引导游客审美是一项寻觅美、欣赏美、享受美的综合性审美活动，不仅能满足游客爱美、求美的需求，而且能起到净化情感、陶冶情操、增长知识的作用。导游在带团旅游时，应重视旅游的美育作用，正确引导游客观赏美景。本任务主要是分组实施以下内容：传递正确审美信息，分析游客审美感受，激发游客想象思维，教会游客观赏美景的方法。

任务目标

1. 了解导游传递审美信息的意义。
2. 掌握引导游客审美的方法。
3. 培养服务意识和审美能力。

任务详解

1. 传递正确审美信息

导游应把正确的审美信息传递给游客，帮助游客在观赏旅游景观时，观察、感觉、理解、领悟其中的文化内涵和内在美。

2. 分析游客审美感受

游客在欣赏不同的景观时会获得不同的审美感受。不同的游客即使在观赏同一审美对象时，其审美感受也不尽相同。我国著名美学家李泽厚将审美感受分为 3 个层次。第一层次是悦耳、悦目，是指审美主体以耳、目为主的全部审美感官所体验的愉快感受。这种美感通常以直觉为特征，仿佛审美主体在与审美对象的直接交融中，不假思索便可以瞬间感受到审美对象的美，同时唤起感官的满足和愉悦。第二层次是悦心、悦意，是指审美主体透过眼前或耳边具有审美价值的感性形象，在无目的中直观地领悟到审美对象某些较为深刻的意蕴，获得审美享受和情感升华。这种美感是一种意会，有时很难用语言加以充分、准确表述。这属于较高层次的审美感受，可以使审美主体的情感升华到一种欢快愉悦的状态，进入较高的艺术境界。第三层次是悦志、悦神，是指审美主体在观赏审美对象时，经由感知、想象、情感、理解等心理功能交互作用，从而唤起的精神意志上的亢奋和伦理道德上的超越感。这属于审美感受的最高层次，审美主体获得了大彻大悟、从小我进入大我的超越感，体现了审美主体与审美对象的高度和谐统一。导游应根据游客的个性特征，分析他们的审美感受，有针对性地进行导游讲解，使具有不同层次审美感受的游客都能获得审美愉悦感。

3. 激发游客想象思维

观赏景色是客观风景与主观情感结合的过程，游客在观赏景物时离不开丰富而自由的想象。因此，导游讲解时，尤其是人文景观的导游讲解，需要制造一定的意境，激发游客的想象思维，才能激起游客的游兴。

4. 教会游客观赏美景方法

（1）动态观赏与静态观赏相结合

任何风景都不是单一的、孤立的画面，而是活泼的、生动的、多变的、连续的整体。游客漫步于景物之中，步移景异，从而获得空间进程的流动美感，这是动态观赏。在某一特定空间，游客停留片刻，选择最佳位置驻足观赏，通过感觉、联想来欣赏美、体验美感，这是静态观赏。动静相结合的观景方式能使游客获得美好的旅游体验。

（2）掌握观赏距离和角度

自然美景千姿百态，特别是变幻无穷的奇峰怪石，只有从一定的空间距离和特定的角度观赏，才能领略其风姿。除空间距离外，观景赏美还应把握心理距离。心理距离是指人与物之间暂时建立的一种相对超然的审美关系。在旅游过程中，导游在带团时要用精彩的讲解吸引游客，让游客摆脱私心杂念，超然物外，这样才能真正获得审美的愉悦感。

（3）把握观赏时机和节奏

万物随着时令的变化而呈现出多姿多彩的自然景色，而变幻莫测的气候景观也是构成自然美景的重要元素。这些自然美景，只有在特定的时机才能呈现，因此观赏美景要掌握好时机，即掌握好季节、时间和气象的变化。例如，春季踏青赏百花，夏季戏水观荷花，秋季登高赏红叶，冬季赏雪观蜡梅。又如，在峨眉山顶看佛光，在黄山欣赏云海，在蓬莱阁观赏海市蜃楼，在吉林松花江岸赏雾凇。

导游在带团时还要把握观赏节奏。首先，导游要根据旅游团成员的实际情况安排有弹性的活动日程，努力使旅游审美活动既丰富多彩，又松紧相宜，让游客在轻松的活动中最大限度地享受美景。其次，导游要视具体情况把握好游览速度，留给游客一定的时间赏景拍照。

任务小结

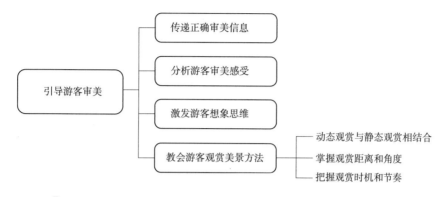

任务评价

根据任务完成情况,各小组相互进行考核评价(表7-2-1)。

表7-2-1 评价表

任务内容	完成情况			
	好	较好	一般	差
传递正确审美信息				
分析游客审美感受				
激发游客想象思维				
教会游客观景赏美方法				

案例分析

带领游客观赏五亭桥

导游小张带领5名游客参观游览扬州瘦西湖景区。小张给游客进行介绍:"瘦西湖景区有一座非常美丽的桥,叫五亭桥,有'中国最美桥梁'之称,也是扬州的标志性建筑。"说着,小张已经带着游客走到了五亭桥上。他接着给游客介绍道:"五亭桥始建于清朝乾隆二十二年(1757年),是仿北京北海的五龙亭和十七孔桥而建的。桥梁全长57.99米,桥身有5个亭子,正桥平面呈'工'字形,正侧共15个桥洞,非常特别。如果把瘦西湖比作一个婀娜多姿的少女,那么五亭桥就是少女身上那条华美的腰带。"小张介绍得很投入,但是游客似乎不是特别有兴致。一名游客问道:"15个桥洞在哪呢?没看到啊……"这时,小张意识到自己犯了一个错误,即观赏的位置和角度不对,站在桥的上方看不到桥的全貌。小张立刻带领游客走下桥,并沿着河道向前100米,从侧面远观五亭桥,使游客可以清楚地欣赏到横跨水面的五亭桥全貌。这时,游客被眼前的五亭桥震撼到了,都不由自主地发出了赞叹声。

问题：小张在带领游客赏景时，应如何引导游客审美？有哪些要点？

任务7.3　活跃团队氛围

任务描述

旅游活动的目的是满足游客身心愉悦的高层次需求。导游要掌握活跃团队氛围的技巧，在带团过程中营造并保持旅游团内愉悦、欢快的气氛。本任务主要是分组实施以下内容：在带团旅游时，学会聊天、讲故事，展示各方面的才艺。

任务目标

1. 了解营造良好团队氛围的意义。
2. 掌握营造良好团队氛围的方法。
3. 培养乐观精神和良好的文化与艺术修养。

任务详解

1. 聊天

导游在带团过程中，与游客聊天可以增进情感交流，使游客较全面地了解旅游目的地的政治、经济、文化和生活，在游山玩水中增长知识。聊天的话题一是文化类的话题。导游可与游客聊历史文化与现代文化、物质文化与精神文化、雅文化与俗文化，也可将中外文化、中国不同地域文化进行比较，如东西方家庭教育的不同、我国南北文化的差异等。二是民生类的话题。游客到达旅游目的地，希望通过与导游的聊天了解当地民众的生活状况、居住环境、医疗保健等。

导游可以与游客聊共性问题，如当日见闻、时事新闻，也可以针对个别游客感兴趣的问题聊专题，如当地的美食、特产等。

2. 讲故事

人人都喜欢听故事，故事可以增加一个人对事物的认识和记忆。故事可分为3类：第一类是历史类故事，指的是史实、典故类故事，一般有历史记载，真实性强，可以加深游客对实体和人物的理解，具有教育意义。第二类是民间传说，指的是传说、戏说、神话类故事，具有虚幻色彩，往往美丽动人，但没有经过考证。这类故事脍炙人口，精彩传神，能够调动游客的形象思维，加深印象。第三类是笑话类故事，这类故事来自民间，幽默风趣，可以调节游客的情绪，保持团队内的欢快气氛。导游应根据游客的国别（地区）、职业、文化层次选择不同的故事。例如，接待公务员团队游览北京故宫博物院时，可以介绍清朝雍正皇帝的廉政故事，加强团队的廉政教育。

3. 展示才艺

导游需要培养一种以上才艺，如唱歌、朗诵、绕口令、单口相声等。才艺展示能让游客在旅途中欣赏到各地的艺术，了解到各地的文化，增加旅行的趣味。例如，在少数民族地区，导游可以唱民歌，让游客了解少数民族文化。除此之外，导游最好能掌握一些才艺，如舞蹈、太极拳、小魔术、口技等。例如，在联欢会上，为旅游团表演一段舞蹈、展示一个小魔术或口技绝活，既活跃了现场气氛，也让游客钦佩不已。

任务小结

相关链接

聊天的技巧

（1）积累素材

导游不仅要有广博的知识，还要注意知识的更新，与时俱进。平时应多关注时事新闻，为景点讲解、与游客聊天积累丰富的素材。

（2）根据游客的不同层次选择不同的话题

由于年龄、受教育程度、生活环境以及从事的工作领域不同，游客会对不同的话题感兴趣。例如，与老年游客聊天，可以选择养老保障的话题；与商务游客聊天，可以聊当地营商环境和经济发展的话题。

（3）合理组织聊天内容

首先，聊天的时候少用"我"，多用"你"。不要自顾自地说话，而是多关心他人，发现他人关注什么。其次，要多赞美别人，适时地向别人表达感谢。

讲故事的技巧

（1）积累知识与素材

想要把故事讲好，首先要积累素材。导游平时要多阅读、多思考，注意长期的素材积累。素材积累越多，选择的余地越大，针对性越强。

（2）根据对象讲故事

导游应根据游客的国别（地区）、职业、文化层次选择不同的故事。

（3）根据景观讲故事

导游引导游客欣赏自然景观时讲的故事，应以美丽的传说、神话故事为主；而在引导游客参观人文景观时所讲的故事,应以名人轶事为主,做到有据可依、有史可查。

任务评价

根据任务完成情况,各小组相互进行考核评价(表7-3-1)。

表 7-3-1 评价表

任务内容	完成情况			
	好	较好	一般	差
聊天				
讲故事				
展示才艺				

案例分析

讲故事调节游客关系

导游小张带一个旅游团到杭州旅游。团队中有2名游客是母子,因琐事吵架,整天都不说话。小张带游客游览灵隐寺时,讲了一个故事:"古时候,有一个人一心向佛,想找一个得道高僧拜他为师。这个人找了很久,终于在很远的地方找到了得道高僧。可是,得道高僧却不肯收这个人为徒,对这个人说:'我的德行不足以做你的师父,你要拜,就应该直接去拜菩萨!'这个人便问:'菩萨在哪里呢?'得道高僧说:'往回走,不要回头,就会看到一个斜披着衣服、反穿着鞋的人,那个人就是菩萨了!'这个人听后便往回走,可是走了3天都没有看见得道高僧所说的斜披着衣服、反穿着鞋的人。眼看就要到家了,又不能回头,他只好怏怏地回到了自己的家。他敲门的时候已经是半夜,他的母亲斜披着衣服,因为听到儿子的声音,连鞋穿反了都不顾就跑出来开门。这个人恍然大悟,原来自己的母亲就是得道高僧所说的菩萨!"听完这个故事,那2名游客中的儿子主动与他的母亲说话,一切恢复正常。

问题:导游应该如何调节团队气氛?

任务7.4 各方协调

任务描述

旅游团能顺利地完成旅游活动,离不开全陪、地陪、领队、司机以及其他相关从业人员的相互配合、团结协作。导游是联系各项旅游服务的纽带和桥梁,只有掌握人际沟通的技巧，学会与各方人员融洽相处，协调好各方关系，才能让游客获得美好的旅游体验。本任务主要是分组实施以下内容：作为地陪、全陪或领队，与其他相关从业人员通力协作，保质、保量地完成本职工作。

任务目标

1. 了解导游服务集体协作的基础。
2. 掌握地陪、全陪与领队合作的要领。
3. 掌握地陪与全陪合作的要领。
4. 掌握导游与司机合作的要领。
5. 掌握导游与相关单位合作的要领。

任务详解

1. 全陪、地陪与领队协作

领队既是境外旅行社的代表，又是游客的代言人，还是导游服务集体中的一员，在境外旅行社、组团社和接待社之间以及游客与全陪、地陪之间起着桥梁作用。全陪、地陪想圆满完成任务，在很大程度上要靠领队的合作和支持。因此，处理好与领队的关系，就成为全陪、地陪带团工作的重要内容。

（1）尊重领队，遇事多与领队磋商

旅游团抵达旅游目的地后，全陪、地陪要尽快与领队商定日程。如果无原则问题，应尽量考虑采纳领队的建议和要求。在遇到问题、处理事故时，全陪、地陪更要与领队磋商，争取领队的理解和支持。

（2）支持领队工作，关心领队生活

全陪、地陪不仅要在工作上给予领队支持，还应在生活上对领队表示关心。特别是当领队的工作不顺利或游客不理解时，全陪、地陪应主动助其一臂之力，尽量给予帮助，或耐心向游客解释，为领队解围。但要注意，全陪、地陪支持领队的工作时应把握好尺度，并不是取代领队。同时，全陪、地陪给领队以照顾或提供方便也应掌握分寸，不要引起游客的误会和心理上的不平衡。

（3）多给领队荣誉，调动其积极性

要想处理好与领队的关系，全陪、地陪还要随时注意给领队面子。在必要的场合，应多让领队出面，使其博得游客的好评。如游览日程商定后，应请领队向全团游客宣布日程。只要全陪、地陪真诚地对待领队，多给领队荣誉，领队一般也会领悟到全陪、地陪的良苦用心，从而采取合作的态度。

（4）灵活应变，掌握工作的主动权

遇到某些为了讨好游客而对全陪、地陪指手画脚、出难题的领队，全陪、地陪应灵活应变，采取措施变被动为主动，选择恰当的时机给予纠正，不能听之任之。

（5）争取游客支持，避免正面冲突

对于工作不熟练、个性突出且难以合作的领队，全陪、地陪要沉着冷静，分清是非，坚持原则，对违反合同内容、不合理的要求不能迁就；对于领队的某些带侮辱性或"过火"的言辞不能置之不理，要根据"有理、有利、有节"的原则讲清道理，使其主动道歉，但要注意避免与其发生正面冲突。

有时领队提出的做法行不通，无论全陪、地陪怎样解释说明，领队仍固执己见。这时，就要向全团游客讲明情况，争取大多数游客的理解和支持。但要注意，即使领队的意见被证明是不对的，也不能把领队"逼到绝路"，要设法给领队台阶下，以维护领队的自尊和威信，争取以后的合作。

2. 全陪与地陪协作

首先，要尊重对方，努力与对方建立良好的人际关系；其次，要善于向对方学习，有事多请教；最后，要坚持原则，平等协商。如果一方提出改变活动日程、减少参观游览时间、增加购物点等不合理的要求，另一方应向其讲清道理，尽量说服并按原计划执行。如果对方仍坚持己见、一意孤行，应采取必要的措施并及时向旅行社反映。

3. 导游与司机协作

旅游车司机在旅游活动中扮演着非常重要的角色。司机一般熟悉旅游线路和路况，经验丰富，导游与司机配合的好坏，是旅游活动、导游服务工作能否顺利进行的重要因素之一。

（1）及时向司机通报相关信息

当旅游线路有变化时，导游应提前告诉司机。特别是到达景点后，导游要将游览结束后的集合时间、地点告诉司机。

（2）协助司机做好安全行车工作

安全工作是旅游过程中的首要工作。导游可以为司机做一些小事情保障行车安全。例如，帮助司机把挡风玻璃擦干净；倒车掉头时帮助司机观察周边情况；不要催促司机超速行驶等。

（3）征求司机对日程安排的意见

导游应与司机商量日程安排，征求司机对日程的意见，从而使司机产生团队观念和被信任感，积极参与导游服务工作，帮助导游顺利完成带团的工作任务。

4. 导游与相关单位协作

（1）及时协调，衔接好各环节的工作

导游在导游服务工作中要善于发现或预见各项旅游服务中可能出现的差错和失误，并通过各种方式及时协调，使各个接待单位的服务能够有序衔接。例如，旅游团的活动日程变更涉及用餐、用房、用车时，地陪要及时通知相关的旅游接待单位并进行协调，以保证旅游团的食、住、行能有序地衔接。

（2）主动配合，争取得到协作单位的帮助

导游服务工作的特点之一是独立性强。导游在外独立带团，常常会有意外或紧急情况发生，仅靠导游一己之力，问题往往难以解决。因此，导游要善于利用与各地旅游接待单位的协作关系，主动与协作单位有关人员配合，争取得到他们的帮助。例如，旅游团离站时，个别游客到达机场后发现自己的贵重物品遗忘在酒店客房内，导游可请求酒店有关人员协助查找，找到后将物品立即送到机场或快递给游客。

任务小结

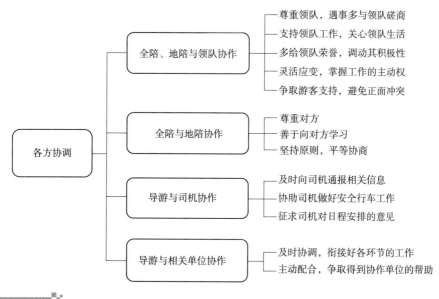

任务评价

根据任务完成情况，各小组相互进行考核评价(表7-4-1)。

表 7-4-1 评价表

任务内容	完成情况			
	好	较好	一般	差
全陪、地陪与领队协作				
全陪与地陪协作				
导游与司机协作				
导游与相关单位协作				

案例分析

游客走失，全陪、地陪共同应对

全陪小张带领某旅游团一行12人按计划从上海乘火车抵达杭州旅游。到达杭州后，由地陪小王负责接待。该团队游览灵隐寺景区时，一名游客不慎走失。

问题：遇到这种情况，全陪小张、地陪小王应如何配合处理？

任务7.5 不同类型游客接待

任务描述

游客的类型是多样的,他们因年龄、职业、宗教信仰、社会地位的不同而存在较大的差异。本任务是分组实施以下内容:针对不同类型的游客运用不同的接待方法与技巧进行接待。

任务目标

1. 了解不同类型游客的特点。
2. 掌握不同类型游客的接待要领。
3. 培养服务意识和应变能力。

任务详解

1. 接待儿童

导游在做好旅游团中成年游客旅游服务工作的同时,应根据儿童的生理和心理特点,做好专门的接待工作。

(1) 注意儿童的安全

儿童天生活泼好动,安全意识比较弱,导游要特别注意他们的安全。导游可以通过讲有趣的童话故事吸引他们,既活跃了气氛,又能避免他们到处乱跑,保证他们的安全。

(2) 掌握"四不宜"原则

不宜为了讨好儿童而给其买食物、玩具;不宜在旅游活动中突出儿童,而冷落其他游客;即使家长同意,也不宜单独带儿童外出活动;儿童生病时,应建议家长及时请医生诊治,不宜建议家长自行给孩子服药,更不能提供药品给儿童服用。

(3) 对儿童多给予关照

对儿童的饮食起居要特别关心,多给一些关照。例如,天气炎热时要提醒家长给儿童多喝水,早晚温差大时要提醒家长及时给儿童增减衣物。又如,带领团队去餐厅吃饭时,提前告知餐厅准备好儿童用的餐具和座椅。

(4) 注意儿童的收费标准

旅游中相关项目的儿童收费标准与儿童的年龄、身高有关,导游在住宿、交通、餐饮等环节要注意事先向随同的成年游客说明。

2. 接待老年游客

(1) 妥善安排日程

导游应根据老年游客的生理特点和身体情况,妥善安排日程。首先,日程安排不要太紧,活动量不宜过大,项目不宜过多。在不减少游览项目的情况下,尽量选择便捷线路和有代表性的景观,少而精,以细看、慢讲为宜。其次,应适当增加休息时间。参观游览时可在上、下午各安排一次中间休息,在晚餐和看节目之前,应安排回酒店休息一会儿,晚间活动后不要安排回酒店太晚。最后,带老年游客团不能用激将法和诱导法,以免消耗过多体力,发生危险。

(2) 做好提醒工作

老年游客由于年龄大,记忆力减退,导游应每天重复讲解第二天的活动日程并提醒注意事项,如根据天气预报提醒增减衣服、带好雨具,穿上旅游鞋等。进入游人多的景点时,要反复提醒游客提高警惕,带好自己的随身物品。

(3) 注意放慢速度

老年游客大多数腿脚不太灵便,有时甚至力不从心。导游在带团游览时,一定要注意放慢行进速度,照顾走得慢或落在后面的游客。在向老年游客讲解时,导游也应适当放慢语速、加大音量,吐字要清晰,必要时要多重复几遍。

(4) 耐心解答问题

老年游客在旅游过程中喜欢提问题,好刨根问底,再加上年纪大,记忆力不好,一个问题可能重复问几遍。遇到这种情况,导游不应表示反感,要耐心、不厌其烦地给予解答。

(5) 预防走失

每到一个地方,导游要不怕麻烦,反复告诉老年游客旅游线路及旅游车停车的地点,尤其是上、下车地点不同时,一定要提醒游客记住停车地点。

(6) 尊重西方传统

许多西方老年游客,在旅游活动中不愿过多地受到导游的特别照顾,认为那是怀疑他们的能力,显得他们是无用之人。因此,对此类游客应尊重传统,注意照顾方式和方法。

3. 接待残障游客

在接待残障游客时,导游要特别注意方式和方法,既要热情周到,尽可能地为他们提供方便,又要不给他们带来压力或伤害他们的自尊心,真正做到让其乘兴而来,满意而归。

(1) 适时、恰当地关心照顾

接到残障游客后,导游应适时地询问他们需要什么帮助,但不宜问候过多。如果当众过多关心照顾,反而会使他们反感。如果残障游客不主动介绍,导游不要打听其残障的原因,以免引起不快。导游在工作中要时刻关注残障游客,注意他们的行踪,并给予恰当的照顾。尤其在安排活动时,要多考虑残障游客的生理条件和特殊需要,如选择线路时尽量不走或少走台阶、提前告知洗手间的位置、通知餐厅安排在一层就餐等。

(2) 提供具体、周到的导游服务

对不同类型的残障游客,导游服务应具有针对性。例如,接待聋哑游客,要安排他们在车辆前排就座,因为他们需要通过导游讲解时的口形来了解讲解的内容。为了让他们获得更多的信息,导游还应有意面向他们,并放慢讲解的速度。对于截瘫游客,导游应根据接待计划分析游客是否需要轮椅,如果需要,应提前做好准备。接团时,要与计调人员或有关部门联系,最好安排能存放大件行李的车辆,以便放轮椅或其他物品。对有视力障碍的游客,导游应安排他们在前排就座。在讲解时,可主动站在他们身边,讲解内容要细致生动，口语表达要准确、清晰，讲解语速也应适当放慢。

任务小结

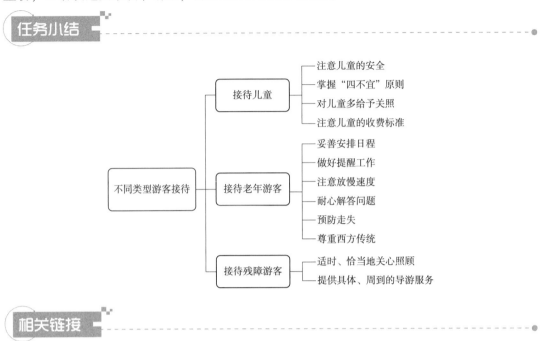

相关链接

中国老年人与西方老年人对待"老"的态度

年老的时候，中国的老年人一般会逐渐淡出社会活动，回归家庭。他们认为，安度晚年最好的生活状态是衣食无忧，儿女绕膝，子孙满堂。虽然在刚开始进行角色转变的时候会有失落感和空虚感，但他们会逐步地接受并适应这种角色的转变，学会享受这种闲暇的时光。在中国，身体状况好的老年人会在家庭中继续发挥自己的作用，这是他们展现自己价值的最主要途径，所以他们对家庭的依赖度很大。而在欧美国家中，70%以上的老年人单独生活。在他们的观念里，"老"意味着生命的尽头，意味着孤独和对社会的无用。为了体现自己仍然有存在的价值，他们不服老，会努力地证明自己像年轻的时候一样，依旧充满了活力。因此，他们认为需要受到特殊照顾不是一件值得炫耀的事情。

任务评价

根据任务完成情况，各小组相互进行考核评价（表7-5-1）。

表7-5-1 评价表

任务内容	完成情况			
	好	较好	一般	差
接待儿童				
接待老年游客				
接待残障游客				

案例分析

行程安排不当致使老年游客受伤

地陪小李带一个老年旅游团在杭州旅游。午餐后,小李接到旅行社通知,该团要比原定时间提前3小时离境。于是,小李加快了游览节奏,以完成余下景点的游览。游览途中,有一名老年游客紧跟小李的步伐,一不小心脚崴了,疼痛难忍。

问题:地陪小李得知旅游团离境时间提前后,应如何合理安排行程,避免老年游客受伤?

_____

_____

_____

课后习题

一、判断题

1. 年轻导游小李非常喜欢孩子,一次所带团中有一个可爱的孩子,小李甚是喜欢,于是每次结束当天的导游活动后,小李都会征得孩子的父母同意带这个孩子去游乐场玩。(   )

2. 导游所带旅游团内若有成年游客携带儿童旅游的情况,可通过给儿童买食品、玩具的方式拉近关系,保证带团顺利。(   )

3. 许多西方老年游客在旅游活动中不愿过多地受到导游的特别照顾,认为那是怀疑他们的能力,证明他们是无用之人。(   )

4. 对宗教界人士在生活上的特殊要求,导游应视情况予以满足。(   )

5. 儿童游客生病,导游不宜建议家长给孩子服药,更不能提供药品给儿童服用。(   )

二、单项选择题

1. 导游在旅游(   )阶段的工作最为艰巨,也最容易出差错。
   A. 准备   B. 初期   C. 中期   D. 结束

2. 提供个性化服务并不容易,关键在于导游(   )。
   A. 心中是否有游客   B. 前期准备是否充分
   C. 对游客的了解是否全面   D. 工作是否突出了个人风格

3. "一句话能把人说笑,也能把人说跳"。导游与游客说话应使用(   )。
   A. 礼貌语言   B. 规范语言   C. 形象语言   D. 柔性语言

4. 以下关于导游带团乘坐飞机的说法中,错误的是(   )。
   A. 率先登机,给游客安排座位   B. 坐在游客中间靠过道位置
   C. 请游客聆听安全知识介绍   D. 率先下机,以便与地陪接洽

5. 某个由天主教人士组成的旅游团,早晨开车前在车上讲经、做祈祷。对此,导游

应(　　)。

A. 与领队联系，让其遵守时间　　B. 报告旅行社，告知相关情况

C. 主动下车，等祈祷完毕再上车　　D. 留在车上，做好相关的服务工作

三、多项选择题

1. 导游带团的特点主要有(　　)。

A. 服务的主动性　　　　　　　　B. 工作的随意性

C. 环境的流动性　　　　　　　　D. 接触的全面性

E. 服务的规范性

2. 导游带团的原则包括(　　)。

A. 游客至上原则　　　　　　　　B. 服务至上原则

C. 履行合同原则　　　　　　　　D. 公平对待原则

E. 合理且可能原则

3. 导游要想确立在旅游团中的主导地位，应做到(　　)。

A. 以诚待人，热情服务　　　　　B. 换位思考，宽以待客

C. 向游客提供心理服务　　　　　D. 树立良好的形象

E. 树立威信，善于"驾驭"

4. 导游要想在游客心目中树立良好的形象，必须做到(　　)。

A. 确立主导地位　　　　　　　　B. 重视"第一印象"

C. 提供心理服务　　　　　　　　D. 维护良好的形象

E. 留下美好的最终印象

5. 导游接待高龄外国游客时，应(　　)。

A. 提醒注意事项　　　　　　　　B. 提醒增减衣服

C. 提醒提高警惕　　　　　　　　D. 提醒准备好零钱

E. 提醒晚间不要外出

数字资源

项目 8

游客个别要求处理

项目描述

导游在带团工作中,经常会遇到游客提出个别要求。常见的游客个别要求,按照内容可以分为住宿、餐饮、购物、游览、交通、娱乐、自由活动、中途退团、延长旅游时间和亲友随团共 10 个方面的要求。本项目是导游针对游客在出行过程中提出的各类个别要求,本着合理且可能的原则进行处理的服务过程。

学习目标

1. 掌握处理游客个别要求的准则。
2. 能够识别游客常见个别要求的类型。
3. 能处理游客在住宿、餐饮、购物、游览、交通、娱乐、自由活动、中途退团、延长旅游时间、亲友随团等方面的个别要求。

知识导入

1. 游客的个别要求

游客的个别要求是指参加团队旅游的游客提出的各种计划外的特殊要求。

2. 合理且可能原则

合理且可能原则是导游处理问题、满足游客要求的依据。对于游客在旅游过程中提出的个别要求,只要是合理的,并且是有可能办得到的,即使有一定困难,导游也要设法办到。

3. 自由活动时间

游客的自由活动时间包括旅行社在旅游行程中预留的自由活动时间、游客不参加旅游行程的活动时间,以及游客经导游或领队同意暂时离队的个人活动时间。

任务 8.1　游客住宿个别要求处理

任务描述

住宿是旅游要素之一，住宿体验是影响游客满意度的重要因素。处理好游客住宿方面的个别要求，有利于带团工作的顺利开展。本任务主要是分组实施以下内容：作为导游，及时、合理地处理 3 种较为常见的游客住宿个别要求。

任务目标

1. 能识别游客住宿个别要求的类型。
2. 能根据不同的游客住宿要求给出不同的解决方案。
3. 能随机应变，善于与游客及酒店人员沟通协调。

任务详解

游客住宿个别要求主要分为 3 种，即要求调换房间、要求住单间、要求调换房型，导游要有针对性地提供具有可行性的解决方案。

1. 要求调换房间

如果游客对客房朝向、楼层不满意，导游应与酒店前台联系，确认是否还有空房。若酒店有空房且不涉及价格调整，应予以满足。若酒店虽有空房，但因为朝向不同、房型不同，使得价格不同，导游要向游客讲明差价。如果游客对于补差价没有异议，则可以满足其换房需求。如果酒店没有空房，应向游客做好解释工作。

2. 要求住单间

参团游客一般的住宿标准为标间。但是，在散拼的团队中，同住一室的游客由于生活习惯的差异可能会产生矛盾，提出住单间的要求。针对这种情况，导游可以在团队内部进行调解。若调解不成，并且酒店有空房，可以满足其要求，但必须事先说明，房费由游客自理（一般是谁提出住单间，谁付房费）。

3. 要求调换房型

游客在旅游之前，一般会与旅行社签订合同，约定好房型，但是到了旅游目的地之后，游客的住宿需求往往会发生变化，要求更换房型。这种要求一般都是来自亲子家庭，有的家庭要将标间换为大床房，有的要将大床房换为标间。如果游客在导游与酒店核定房型之前告诉导游，那么导游便可在核定房型时与酒店沟通，尽可能满足游客需求；如果在住宿现场提出调换房型的需求，则需要先与酒店沟通。若有房间且不涉及价格调整，或虽然有价格调整，但游客对于差价没有异议，可满足要求，为其调换房型。在后续的住宿核对房型时，不要忘记该游客的房型偏好，帮助游客调换房型。

在处理住宿方面游客个别要求时，若因为旺季房源紧张等，最终无法协调解决，应该向游客耐心解释说明，获得游客的理解。

任务小结

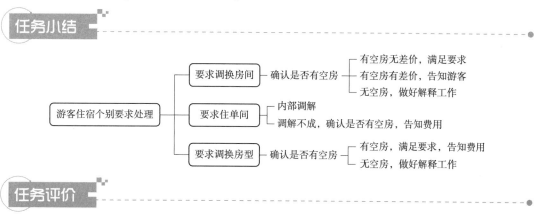

任务评价

根据任务完成情况，各小组相互进行考核评价（表 8-1-1）。

表 8-1-1　评价表

任务内容	完成情况			
	好	较好	一般	差
解决游客调换房间的要求				
解决游客住单间的要求				
解决游客调换房型的要求				

案例分析

女儿影响自己睡觉，需要调换房型

导游小张带一个为期 7 天的亲子游学团，游客王女士带着女儿一起参团。由于女儿只有 8 岁，故王女士在报名的时候报了大床房。行程的第二天早上，王女士找到小张说："我女儿晚上睡觉太不老实了，跟她一张床没有办法睡觉，能不能后面都给我换成标间？"

问题：导游小张接下来要如何处理王女士的换房要求？

任务 8.2　游客餐饮个别要求处理

任务描述

餐饮是旅游要素之一，餐饮体验是影响游客满意度的重要因素。处理好游客餐饮方面的个别要求，有利于带团工作的顺利开展。本任务主要是分组实施以下内容：作为导游，及时、正确地处理5种较为常见的游客餐饮个别要求。

任务目标

1. 能识别游客餐饮个别要求的类型。
2. 能根据不同的游客餐饮要求给出不同的解决方案。
3. 能随机应变，善于与游客和餐饮单位沟通协调。

任务详解

游客餐饮个别要求主要分为5种，即要求退餐、要求换餐、要求加餐、要求房内用餐、要求用餐推荐，导游要有针对性地提供具有可行性的解决方案。

1. 要求退餐

若游客要求退餐，导游要及时通知餐厅，讲明原因，表达歉意。若退餐不会给餐厅造成大的影响，在餐厅允许的情况下，可代表旅游团进行退餐。若退餐影响了餐厅的经营成本，可以与餐厅协商解决方案。必要时，请旅行社产品人员出面协调解决。

2. 要求换餐

游客到达旅游目的地之后，会有品尝当地美食的愿望。但是，如果旅游目的地的多家餐厅都是提供本地特色餐食，就会令游客产生味觉疲劳而提出换餐，或换菜品，或换菜的口味，如不要太甜或不要太辣。导游要注意落实好换餐的细节，保证游客的用餐体验。

首先，看是否有充足的时间换餐。如果旅游团在用餐前3小时提出换餐，地陪应尽量与餐厅联系，询问餐厅能否提供换餐服务，但须事先向游客说明，如果能换妥，差价由游客自理现付。如果是接近用餐时间，或到餐厅后提出换餐要求，应视情况而定。若餐厅有该项服务，地陪应协助解决。如果情况复杂，餐厅又没有此项服务，一般不接受此类要求，但应当向游客做好解释工作。若游客坚持换餐，可建议其到附近餐厅点菜或点外卖，费用自理，并告知原餐费不退。

此外，导游要关注游客换餐的后续反映，以确保游客用餐的满意度。

3. 要求加餐

游客在用餐的过程中，有时候会提出加餐要求。在不影响正常游程的前提下，导游应尽量为提出加餐的游客提供方便。导游要联系餐厅帮助游客加餐，同时要向游客说明加餐的注意事项，告知游客所有加餐是需要费用自理的。

4. 要求房内用餐

游客提出房内用餐要求时，若游客是因为身体不适有此要求，导游应主动联系酒店为游客提供送餐服务。若游客无特殊原因，导游应建议游客尽量集体用餐。若游客坚持房内用餐，导游应告知游客送餐服务费用自理，原餐费不退也不折入。

5. 要求用餐推荐

前面4种情况经常发生在团队用餐的过程中。目前，较多的旅游线路为了保证游客的个别用餐需求,往往不安排集体用餐,而是采用工作人员为游客推荐用餐的方式。在为游客推荐用餐时,导游要注意从网上找出评价较高的餐厅。如果有条件,最好自己也去用过餐。推荐时,要说明以下信息:餐厅的位置,距离酒店的距离;餐厅的菜系风格;餐厅的人均消费;餐厅的明星菜品等。另外,在旅游旺季,推荐餐厅的时候不要忘记提醒游客可能需要等待的时间,让游客做到心里有数。

任务小结

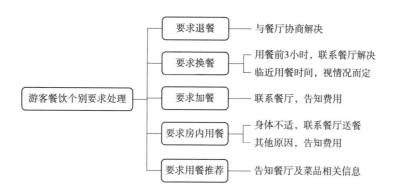

任务评价

根据任务完成情况,各小组相互进行考核评价(表8-2-1)。

表8-2-1 评价表

任务内容	完成情况			
	好	较好	一般	差
处理游客退餐的要求				
处理游客换餐的要求				
处理游客加餐的要求				
处理游客房内用餐的要求				
处理游客用餐推荐的要求				

案例分析

参加万圣节活动,原定的晚餐取消

导游小张带领由30名游客组成的旅游团前往常州恐龙园参加为期2天的旅游活动。旅行社已经事先将第一天的晚餐安排在恐龙园外面的酒店,结果当天14:00左右,该团队领队小王致电小张说,恐龙园在晚上有大型活动,他们要留在景区参加晚上的活动,晚上就不去原定酒店用餐了。

问题：如果你是小张，该如何处理？

给游客推荐餐厅

导游小张接到某旅行社以"丝绸之路"为主题的带团任务。为了提升游客的用餐体验，旅行社在日程中每天晚上均不安排团队餐，由领队负责为游客推荐美食。到达敦煌当天，游客在观看了18:00~19:30场次的《又见敦煌》实景演出之后，于20:00左右回到了位于祥云路的酒店，然后表示希望导游小张推荐敦煌当地的美食。

问题1：小张给游客推荐美食时，要注意哪些事项？

问题2：如果你是小张，会给游客推荐哪几家餐厅？完成表8-2-2。

表8-2-2　餐厅推荐表

餐厅名称	人均价格	距酒店距离	菜品特色	推荐菜品	推荐理由
餐厅1					
餐厅2					
餐厅3					

任务8.3　游客购物个别要求处理

任务描述

购物是旅游要素之一，购物满意与否是影响游客旅游体验的重要因素。处理好游客购物方面的个别要求，有利于带团工作的顺利开展。本任务主要是分组实施以下内容：作为导游，及时、正确地处理4种较为常见的游客购物个别要求。

任务目标

1. 能识别游客购物个别要求的类型。
2. 能根据不同的游客购物要求给出不同的解决方案。
3. 了解旅游地的特色商品，能够根据游客的需要进行商品推荐。

任务详解

游客购物个别要求主要分为 4 种，即要求单独外出购物、要求退换商品、要求购买古玩或仿古艺术品、要求推荐商品，导游要有针对性地进行处理。

1. 要求单独外出购物

游客要求单独外出购物时，导游要予以协助，当好购物参谋，如给出购物点、乘车建议，告知游客自己的联系方式以便随时联系等。但如果旅游团当天要离开当地，导游应劝阻游客单独外出购物，以防误机(车、船)，可以建议游客通过网络的方式购买。

2. 要求退换商品

游客购物后发现商品是残次品、计价有误或对商品不满意，要求导游帮其退换时，导游应积极协助，必要时陪同前往。

3. 要求购买古玩或仿古艺术品

有的海外游客想要购买古玩或仿古艺术品，导游应带其到正规的商店购买，并提醒其保存发票，不要将物品上的火漆印(如果有)去掉，以便海关查验。

根据《中华人民共和国文物保护法》的规定：携带我国出口的文物(包括古旧图书、字画等)，应向海关递交中国文物管理部门的鉴定证明，否则不准携带出境。地摊老板是无法为游客提供这种证明的。因此，如果游客要在地摊上选购古玩，导游应进行劝阻。若发现个别游客有走私文物的可疑行为，导游须及时报告有关部门。

4. 要求推荐商品

游客到达旅游目的地后往往有购物的需求，所购物品或自用，或送人。由于游客对于旅游目的地的特色商品不够了解，所以需要导游了解当地的特色商品，向游客做介绍，游客则根据自身需要决定是否购买。通常导游向游客介绍的信息应包含商品名称、主要特色、购买场所、是否可以快递邮寄等，以便游客做出购买决策。

任务小结

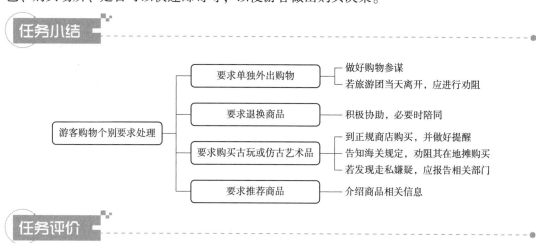

任务评价

根据任务完成情况，各小组相互进行考核评价(表 8-3-1)。

表 8-3-1　评价表

任务内容	完成情况			
	好	较好	一般	差
处理游客单独外出购物的要求				
处理游客退换商品的要求				
处理游客购买古玩或仿古艺术品的要求				
处理游客推荐商品的要求				

案例分析

在敦煌可以买什么？

上海导游小张接到某旅行社以"丝绸之路"为主题的带团任务。在去参观莫高窟的路上，几名游客找到小张说，他们仰慕敦煌已久，这次能游览莫高窟感到无比的激动，非常想买一些礼品带回去给自己的朋友，但是不知道该买些什么，能不能推荐一些特色商品。

问题：作为导游，小张该推荐什么商品呢？完成表 8-3-2。

表 8-3-2　购物推荐表

商品名称	价格	购买渠道	推荐理由
商品 1			
商品 2			
商品 3			
商品 4			

任务 8.4　游客游览个别要求处理

任务描述

游览是旅游要素之一，游览体验是影响游客满意度的重要因素。处理好游客游览方面的个别要求，有利于带团工作的顺利开展。本任务主要是分组实施以下内容：作为导游，及时、正确地处理两种较为常见的游客游览个别要求。

游客个别要求处理 项目 8

任务目标

1. 能识别游客要求变更或增减游览项目的原因。
2. 能够与游客和旅行社进行有效沟通，合理地处理游客游览方面的个别要求。

任务详解

游客游览方面个别要求主要分为两种，即要求更换或取消游览项目、要求增加游览项目，导游要有针对性地进行处理。

1. 要求更换或取消游览项目

凡是计划内的游览项目，导游一般应该不折不扣地按计划执行。若全团统一提出更换或取消游览项目，导游需请示接待社计调部门，请其与组团社联系，经同意方可更换或取消；若个别游客提出更换游览项目，地陪应向游客耐心解释，不能随意更换。

2. 要求增加游览项目

在游览的过程中，游客往往会临时提出增加游览项目的要求。在时间允许的情况下，导游应请示旅行社并积极协助，与接待社计调或者产品部门联系，将接待社的对外报价报给游客。若游客认可，则地陪陪同前往，并将游客交付的费用上交接待社，同时将发票交给游客。

有的时候，在旅游车行进的过程中，会有游客突然提出在附近有一个景点非常值得一看，要求增加游览项目。发生此种情况，导游首先要判断新增项目距离远近，然后与司机沟通时间上是否可行。在征得司机正面回应之后，导游还应请示接待社以获得批准和相应的帮助。如果时间不允许，则对游客婉言拒绝，并说明理由。

任务小结

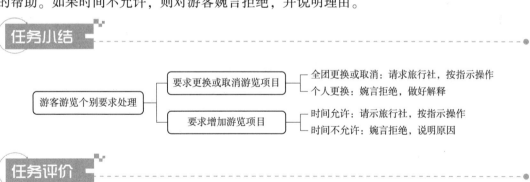

任务评价

根据任务完成情况，各小组相互进行考核评价（表 8-4-1）。

表 8-4-1 评价表

任务内容	完成情况			
	好	较好	一般	差
处理游客更换或取消游览项目的要求				
处理游客增加游览项目的要求				

案例分析

八里沟没有水，要换一个景点参观

河南某旅行社的导游小张带领由36名游客组成的旅游团前往新乡市辉县八里沟景区游览。旅游车快要行驶到景区大门时，有2名游客看到车窗外的河沟里没有水，于是大声对小张说："这个河沟没有水，这个景区肯定也没有水，我们换个景点参观吧。"其他游客听到后，纷纷看向车窗外，果然河沟里没有水，于是附和道："对，我们换个景点参观吧，这个景点没有水，没啥意思！"小张听到这么多人要求更换景点，一时间慌了神，连忙打电话给旅行社产品人员征求意见。

问题1：小张的行为有哪些不妥之处？

问题2：如果你是小张，会如何处理游客的更换景点要求？

游客想看大熊猫

导游小张接到一个来自东南亚的旅游团，该旅游团的游客国籍不同，但都是华侨或外籍华人。该旅游团在北京的游览时间为4天，游览景点为故宫、八达岭长城、明十三陵、颐和园和天坛。按照计划，最后一天的行程是上午游览天坛，然后吃午饭，送游客乘坐15:30的飞机出境。前两天的观光游览进行得很顺利，在第三天早晨，小张到酒店接游客去颐和园游览，游客突然提出一个要求：想去观看国宝大熊猫。他们七嘴八舌地说："我们之前在祖国观光游览了几个大城市，始终没有机会看大熊猫，到了北京如果还是看不到大熊猫，实在遗憾。明天我们就要离开祖国了，请务必带我们看一眼大熊猫。"小张心想：今天的行程是颐和园，刚好时间比较宽裕，幸好你们今天提了出来。

问题：面对游客的要求，小张该如何处理？

任务8.5 游客交通个别要求处理

任务描述

交通是旅游要素之一，交通体验是影响游客满意度的重要因素。处理好游客交通方面的个别要求，有利于带团工作的顺利开展。本任务主要是分组实施以下内容：作为导游，及时、合理地处理4种较为常见的游客交通个别要求。

> **任务目标**

1. 能分析游客提出交通个别要求的原因。
2. 能够与游客进行有效沟通，合理地处理游客交通方面的个别要求。

> **任务详解**

游客交通个别要求主要分为4种，即要求更换交通工具类型、要求提高交通工具等级、要求推荐大交通、要求推荐景区内部交通，导游要有针对性地进行处理。

1. 要求更换交通工具类型

如将火车改为飞机或将普通列车改为动车、高铁等。旅途中票务预订、退换非常烦琐，短时间内很难完成。因此，除非出现自然灾害、误车(机、船)等特殊情况，这种要求一般都不能满足。游客要求更换出行时间，处理方式与上述相同。如果游客坚持要更换，则应该请示旅行社，按照旅行社指示操作。

2. 要求提高交通工具等级

导游遇到提升舱位、座位等级等要求时，应与接待社计调或者产品部门联系。若有游客所要求等级的舱位、座位，可帮忙更换，但差价及其他相关费用由游客自理。

3. 要求推荐大交通

旅行社在设计旅游线路的时候，会根据不同的情况设置集合地。游客在从始发地前往集合地时，往往会因为各种原因在始发地误机。常见的是游客自己安排的出发时间不合理、路上遭遇堵车等故障导致误机，还有的是因为恶劣的天气状况而误机。无论何种原因，都会导致游客赶不上集合时间而错过一部分游程。作为导游，有义务向游客推荐合理的交通路线，帮助游客以最快的速度赶到集合地。

导游在向游客进行交通路线推荐之前，要与游客进行沟通，了解游客的购票要求。之后，通过购票平台帮助游客查询机票(车票、船票)的信息并推送给游客。确定大交通之后，还要对于游客如何从机场(车站、码头)赶到集合地给出合理的建议，如果刚好顺路，可以请旅游车司机前去接人。

4. 要求推荐景区内部交通

为了提高游客的游览体验，景区经常会设计多样化的交通工具和路线供游客选择。有的景区，乘坐景区小交通本身就是游览项目，如江南古镇里的游船体验等。游客在景区游览过程中，往往需要导游提供内部交通的相关信息，以帮助自己决策是否乘坐。游客关注的主要信息有：该交通路线的票据购买渠道和价格、沿途的风景、主要特色等。导游应该对以上信息了然于胸，进行有针对性的介绍。

要注意的是，如果这个交通路线是旅游线路包含的，那么必须不折不扣地执行。如果该交通路线没有包含在旅游线路里，是游客可自由选择、另行付费的项目，那么导游在给游客推荐或者帮游客购买票据之后,要提醒游客注意安全,同时带领没有购票的游客前往景点,不能置这部分游客于不顾。

任务小结

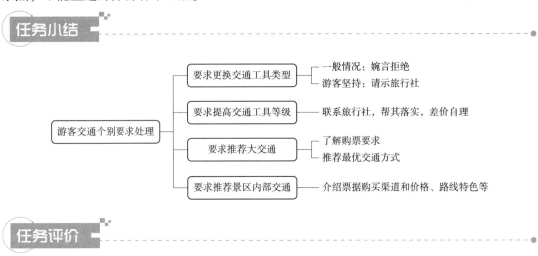

任务评价

根据任务完成情况,各小组相互进行考核评价(表8-5-1)。

表8-5-1 评价表

任务内容	完成情况			
	好	较好	一般	差
处理游客更换交通工具类型的要求				
处理游客提高交通工具等级的要求				
处理游客推荐大交通的要求				
处理游客推荐景区内部交通的要求				

案例分析

我们不差钱,就想体验中国高铁

一个法国的旅游团到中国旅游,该旅游团的行程依次是北京、上海、桂林、西安4个城市。旅游团到达北京之后,找到导游小张说:"听说中国的高铁建设得很好,我们很想体验一下,可否把后面从北京飞往上海的航班改为高铁?"小张思考了一下说:"我们的机票已经订好了,这样不仅会损失退票费,还要支付购买高铁票的费用,并且也会影响后面的行程。"可游客却表示,好不容易来中国一趟,损失机票退票费可以接受,新的订票费用也可以自理。

问题:小张该如何处理旅游团改乘高铁的要求?

游客要体验景区交通

导游小张接到某旅行社的派团任务，带来自上海宝山区某公司的游客前往江苏省溧阳市的天目湖南山竹海景区进行为期两天的疗养。在前往景区的路上，几名游客对小张说："听说南山竹海景区爬山挺累的，里面有电瓶车、缆车，还有轻轨，我们想去体验一下，可以帮我们买票吗？"

问题1：小张推荐景区内交通时有哪些注意事项？

_____

_____

_____

问题2：小张推荐景区内交通时要给游客提供哪些信息？完成表8-5-2。

表 8-5-2　南山竹海景区交通推荐

交通工具名称	价格	主要特色
电瓶车		
缆车		
轻轨		

任务8.6　游客娱乐个别要求处理

任务描述

娱乐是旅游要素之一，娱乐体验是影响游客满意度的重要因素。处理好游客娱乐方面的个别要求，有利于带团工作的顺利开展。本任务主要是分组实施以下内容：作为导游，及时、合理地处理两种较为常见的游客娱乐个别要求。

任务目标

1. 能识别游客娱乐方面的个别要求。
2. 能够与游客和旅行社进行有效沟通，合理地处理游客娱乐方面的个别要求。

任务详解

游客娱乐个别要求主要分为两种，即要求更换计划内的文娱节目、要求自费观看文娱节目，导游要有针对性地进行处理。

1. 要求更换计划内的文娱节目

一般情况下，凡在旅游计划内注明有文娱节目的旅游团，地陪应按计划准时带游客到指定娱乐场所观看文艺演出。若游客提出调换文娱节目，地陪应针对不同情况，本着合理且可行的原则，做出如下处理。

如果全团游客提出更换文娱节目的要求，地陪应与接待社计调或产品部门联系，尽可能调换节目，但不要在联系妥当之前进行许诺；如果无法调换节目，地陪要向游客耐心解释，如说明票已订好，不能退换，请其谅解。

如果部分游客要求观看别的演出，处理方法同上。若可以满足要求，在交通方面，导游可做如下处理：若两个演出地点在同一线路上，导游要与司机商量，尽量为观看其他演出的少数游客提供方便，送他们到目的地；若在不同路线，则应为观看其他演出的少数游客安排车辆或者给出建议的乘车路线，但车费由游客自理。

2. 要求自费观看文娱节目

在时间允许的情况下，导游应积极协助满足要求。以下两种方法，地陪可酌情选择：一是与接待社有关部门联系，请其报价。将接待社的对外报价（其中包括节目票费、车费、服务费）报给游客，并逐一解释清楚。若游客认可，请接待社订票，同时地陪要陪同前往，将游客交付的费用上交接待社并将收据交给游客。二是导游帮助游客购票，或指导游客在网上购票平台自行购票，游客自行乘坐车前往演出地点，一切费用由游客自理。

无论采用哪种方式，都应该提前告知游客观看演出的注意事项。以观看《又见敦煌》演出为例，安检处要求不能随身携带较大的箱包，不能带水进入；前面几幕剧都没有固定座位，转场时要跟着工作人员走，剧场内部光线昏暗，要注意人身和财产安全，同去的人应彼此牵手照应，避免被人流冲散。

此外，还应提醒游客记好酒店地址和导游的联系方式。

任务小结

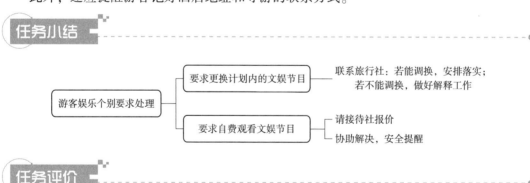

任务评价

根据任务完成情况，各小组相互进行考核评价（表8-6-1）。

表8-6-1 评价表

任务内容	完成情况			
	好	较好	一般	差
处理全团游客全体更换计划内文娱节目的要求				
处理团队中部分游客更换计划内文娱节目的要求				
处理游客自费观看文娱节目的要求				

案例分析

游客要求参加篝火晚会

导游小张带领一个由 26 名游客组成的旅游团前往贵州黔东南苗族侗族自治州旅游。到达凯里市后,按计划,上午游览西江千户苗寨,下午自由活动,晚上观看文艺演出,次日乘早班飞机离开。当天,适逢当地侗族居民举行民族节庆活动,晚上的篝火晚会上有歌舞等精彩文艺节目。部分游客提议下午去参加民族节庆活动,晚上放弃观看计划中的文艺演出而参加篝火晚会,并希望导游能够帮助他们解决交通问题。

小张的处理方法是:满足这部分游客的要求,下午协助安排车辆,费用由游客自理;晚上篝火晚会的地点与计划中的文艺演出的地点在同一线路上,且演出开始时间基本相同,于是安排了旅游车一同送达,但游客要自己回酒店。提醒游客尊重当地民族的风俗习惯,文明参与活动;提醒游客记住回酒店的路线、酒店名称及电话号码;提醒游客最好不要分散活动,注意安全;提醒游客不要太晚回酒店,更不能通宵逗留,以免耽误第二天早晨的航班。

问题:小张的处理方法是否妥当?请说明理由。

观看演出游客兵分两路

导游小张带团到九寨沟旅游。根据旅游行程安排,在九寨沟的第一天晚上观看藏族风情文艺演出。白天的行程结束后,小张拿到了演出票,这时有几名游客提出想要观看另外一场羌族风情文艺演出。两场演出同时开始,而且演出地点不在同一线路上。小张立即退掉了这几名游客的藏族风情文艺演出票,并安排游客乘出租车前去观看羌族风情文艺演出,自己则跟"大部队"一起观看藏族风情文艺演出。

问题:小张的处理方法是否妥当?请说明理由。

任务8.7　游客自由活动个别要求处理

任务描述

自由活动是由游客自主安排活动项目,对于游客放松身心有重要作用。处理好游客自由活动方面的个别要求,有利于带团工作的顺利开展。本任务主要是分组实施以下内容:

作为导游，分清楚需要劝阻游客自由活动和允许游客自由活动的几种情况，正确处理游客自由活动方面的个别要求。

任务目标

1. 能识别游客要求自由活动的具体情形。
2. 能根据游客不同的自由活动需求给出不同的解决方案。
3. 能够与游客进行有效沟通，使游客自由活动不影响行程，且确保游客人身安全。

任务详解

对于游客自由活动个别要求，主要分为应劝阻和允许两种情况，导游要有针对性地进行处理。

1. 应劝阻游客自由活动的情况

①旅游团即将离开当地时，导游应劝游客不要自由活动，特别是需要花费较长时间的活动(如到热闹的地方购物)，以避免误机(车、船)。

②在治安不理想的地方，导游要劝阻游客外出活动，特别是单独活动，并要向游客说明不单独外出的理由。

③不宜让游客单独去人生地不熟、车水马龙的街头游玩。

④游河(湖)时，若游客提出希望划小船或在非游泳区游泳的要求，导游不能答应，更不能置旅游团于不顾而陪少数游客去划船、游泳。

⑤游客想去不对外开放的地区、机构参观游览，导游不能答应此类要求，并向游客解释具体理由。

2. 允许游客自由活动的情况

(1) 不随团活动

有些游客已来旅游城市多次，或已游览过行程计划中的某一景点，不想重复游览，因而会要求不游览某一景点或一天、数天离团自由活动。如果其要求不影响整个旅游团的活动，可以满足要求并提供必要帮助。导游可按照以下程序处理：

①提前说明如果不随团活动，自由活动的各项费用自理。不参团期间已经预缴的费用，根据旅行社规定进行处理：扣除已经发生的费用，将尚未发生的费用退还游客。

②告诉游客用餐的时间和地点，以便其归队时用餐。

③做好安全及相关信息的提醒。如提醒游客注意安全，保护好自己的财物；提醒游客带上酒店卡片(卡片上有酒店中文和英文名称、地址、电话)备用。

④为游客写好中文和英文便条，注明游客要去的地点的名称、地址、问询时常用的简短对话及导游的联系方式等，以备不时之需。

(2) 在游览点自由活动

到达某一游览点后，有时会有个别游客不想按规定的线路游览而希望自由游览。若环境许可(游人不太多，秩序不乱)，可满足其要求，但应做好告知和提醒工作。如告知游客集合时间、地点及旅游车的车牌号，提醒游客注意安全。必要时留下字条，上面写着集合时间、地点和旅游车的车牌号以及酒店名称和导游的联系方式，以备不时之需。

少数游客在游览点自由活动时，导游应与大多数游客在一起，而且要确保旅游计划的全面贯彻实施。

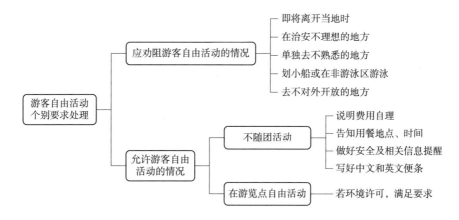

根据任务完成情况，各小组相互进行考核评价（表8-7-1）。

表8-7-1 评价表

任务内容	完成情况			
	好	较好	一般	差
劝阻游客自由活动				
处理游客全天或某一景点不随团活动的要求				
处理游客在游览点自由活动的要求				

案例分析

游客临时不去莫高窟

导游小张接到某旅行社的"丝绸之路"亲子游学带团任务。第四天行程为上午参加敦煌研究院的研学活动，下午参观敦煌莫高窟。第三天上午，游客王女士找到小张说，自己以前去过敦煌莫高窟，这次不想再去了，已经在网上购买了鸣沙山月牙泉拍飞天写真的套餐，明天下午和晚上要在鸣沙山拍摄写真，晚饭也不跟团吃了。

问题：小张该如何回应王女士的要求？

打牌太累不想游玩,可以回去睡觉吗?

导游小张带领由 36 人组成的旅游团前去浙江省丽水市缙云县的仙都风景区游览。第三天的游览景点是芙蓉峡,在买好门票准备检票时,有 4 名年轻的男性游客找到小张说:"昨天晚上通宵打牌,今天感觉特别累,不想爬山了,可以去旅游车上睡觉吗?"

问题:小张是否应该答应这 4 名游客的请求?

任务 8.8　游客中途退团个别要求处理

任务描述

中途退团是指游客由于各种原因需要提前离开旅游团。处理好游客中途退团个别要求,有利于带团工作的顺利开展。本任务主要是分组实施以下内容:作为导游,及时、合理地处理两种较为常见的游客中途退团个别要求。

任务目标

1. 能识别游客要求中途退团的原因。
2. 能够与游客和旅行社进行有效沟通,合理地处理游客中途退团个别要求。

任务详解

游客中途退团个别要求主要分为两种,即有特殊原因要求中途退团和没有特殊原因要求中途退团,导游要有针对性地进行处理。

1. 有特殊原因要求中途退团

游客因患病,或家中有事,或工作上急需,或其他特殊原因,要求提前中止旅游活动时,导游要上报接待社,经接待社与组团社协商可予以满足。剩余的旅游费用按旅游合同中的约定部分退还或不予退还。

2. 没有特殊原因要求中途退团

游客无特殊原因,只是某个要求得不到满足而提出中途退团时,导游要配合领队做好说服工作,劝其继续随团旅游。若接待社确有责任,应设法弥补。若游客提出无理要求,要做耐心解释。若劝说无效,游客仍执意要求退团,导游要上报旅行社,根据旅行社的指示操作。

外国游客无论因何种原因要求提前离开中国,导游都要在旅行社领导指示下协助游客进行重订航班、座位,办理分离签证及其他离团手续,所需费用由游客自理。

任务小结

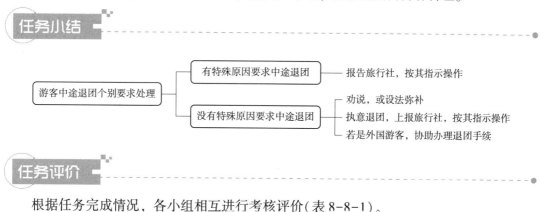

任务评价

根据任务完成情况,各小组相互进行考核评价(表8-8-1)。

表8-8-1 评价表

任务内容	完成情况			
	好	较好	一般	差
处理游客有特殊原因提前退团的要求				
处理游客没有特殊原因提前退团的要求				

案例分析

露营遭遇下雨

上海某旅行社的导游小张带领常住上海的16名美国游客前往崇明岛参加为期2天的露营活动。

第一天白天,游客在露营基地举行了草坪音乐会,晚上篝火晚会结束后住在帐篷里。夜里,突然风雨交加,大风几乎将帐篷吹倒,游客的被子也被进入帐篷的雨水打湿。小张第一时间联系露营基地,要求拿出备用被子给游客,同时与露营基地负责人一起在雨水淋不到的地方重新搭建帐篷。部分游客表示,不想继续住在露营基地了,想去附近酒店住宿。于是,安顿好其他游客之后,小张又带领这些游客去了附近酒店并帮助他们办理了入住登记手续。回到露营基地之后,原来继续住在帐篷的游客表示太冷了,没有办法继续睡觉,于是小张联系了旅游车司机并请他把旅游车的空调打开,带领游客到旅游车上休息。

第二天风和日丽,小张正准备带领游客去东平森林公园骑行,游客对小张说:"昨天晚上没有睡好,今天太累了,不想继续活动了,可以提前回去吗?"小张看到游客疲惫的面容,打电话向旅行社请示是否可以提前结束行程。旅行社产品人员表示可以提前结束行程,但是需要游客签署一个自愿放弃第二天活动的承诺书,并且第一天住酒店的费用需要游客自行承担,没有发生的费用后续会统一结算。游客对小张的行为赞不绝口。

问题：小张的行为有哪些值得称赞的地方？

任务8.9 游客延长旅游时间个别要求处理

任务描述

游客出于各种原因，有时会提出延长旅游时间的要求。合理处理好游客延长旅游时间个别要求，有利于带团工作的顺利开展。本任务主要是分组实施以下内容：作为导游，及时、正确地处理游客延长旅游时间的个别要求。

任务目标

1. 能识别游客要求延长旅游时间的原因。
2. 能够与游客进行有效沟通，合理地处理游客延长旅游时间的个别要求。

任务详解

游客延长旅游时间个别要求主要分为以下两种情况，导游要有针对性地进行处理。

1. 由于某种原因中途退团，但继续在当地逗留

对于无论何种原因中途退团并要求延长在当地旅游时间的游客，导游应帮其办理一切相关手续。对于因伤病住院，不得不退团并需延长在当地逗留时间的游客，除了帮其办理相关手续外，还应前往医院探视，并协助解决游客和其陪伴家属在生活上的困难。

2. 原计划的游览活动结束后，不随团离开或出境

旅游团的游览活动结束后，由于某种原因，游客不随团离开或出境，要求延长逗留期限时，地陪应酌情处理：若不需办理延长签证，一般可满足其要求；若无特殊原因，游客要求延长签证期限，原则上应予婉拒；若确有特殊原因需要留下，但需办理签证延期，地陪应请示旅行社领导，并向游客提供必要的帮助。可视需要协助游客重新购买机票(车票、船票)、订酒店等，并向其讲明费用需自理。

任务小结

游客延长旅游时间个别要求处理
- 由于某种原因中途退团，但继续在当地逗留
  - 协助办理相关手续
  - 若因病，协助办理相关手续，关心生活
- 原计划的游览活动结束后，不随团离开或出境
  - 若不需延长签证期限，可以满足要求
  - 若无特殊原因需延长签证期限，婉言拒绝
  - 若有特殊原因需延长签证期限，请示旅行社领导

任务评价

根据任务完成情况,各小组相互进行考核评价(表8-9-1)。

表8-9-1 评价表

任务内容	完成情况			
	好	较好	一般	差
处理游客因生病等原因延长旅游时间的要求				
处理游客在游览活动结束后不随团离开或出境的要求				

案例分析

游客因突然生病放弃行程

一对来自美国的老夫妇报名参加了为期11天的中国之旅,他们的行程是北京、上海、西安3个城市。第七天,夫妇俩完成了上海的游览,将于次日上午去虹桥机场乘飞机飞往西安。导游小张与夫妇俩约好次日7:30在酒店大厅集合。次日早上小张提前到达酒店大厅等待,结果等到7:35还没有见到夫妇俩,于是请前台打电话到房间。原来,老先生昨天夜里感觉胸闷气短,非常难受,今天是没有办法坐飞机去西安了。于是,小张赶紧带领夫妇俩到最近的医院就诊,并协助他们在医院里办理了报销所需的相关材料。看完病之后老先生感觉好多了,但是决定不再继续西安的行程了,准备在上海休息几天后直接回国。

问题:小张还应该做哪些工作?

任务8.10 游客亲友随团个别要求处理

任务描述

游客希望带亲友随团是导游工作中较为常见的情况。处理好游客亲友随团个别要求,有利于提高游客的旅游满意度。本任务主要是分组实施以下内容:作为导游,及时、合理地处理游客亲友随团的个别要求。

任务目标

1. 能根据游客亲友的身份决定随团后续事宜。

2. 能与领队和其他游客沟通好游客亲友随团事宜。
3. 能清楚地告知游客及其亲友需办理的随团相关手续。

任务详解

游客亲友随团个别要求主要分为以下两种情况，导游要有针对性地进行处理。

1. 要求中国籍亲友随团活动

若游客提出希望旅行社准许其中国籍亲友参加旅游团在当地的活动，甚至随团一起到其他城市旅游，在条件允许(如旅游车上有空位、不影响其他游客)的情况下，可满足游客要求。

首先，要征得领队和旅游团其他游客的同意；然后，到旅行社办理入团手续，并交付各种费用。导游对游客随团活动的亲友应热心服务，一视同仁，并根据情况给予照顾。

如果游客的亲友不办理入团手续、不交纳费用就直接随团活动，导游应有礼貌地向游客及其亲友解释旅行社的有关规定，请其谅解，说明他们必须先办理入团手续，再随团活动。

2. 要求外国籍亲友随团活动

若游客提出希望其外籍亲友随团活动，一般情况下，应在征得领队和旅游团其他游客的同意后方可允许，但外籍亲友须出示有效证件，并且也要办理入团手续，交付必要的费用。

对亲友是使、领馆人员的随团活动要求，导游要了解其姓名、身份、活动的内容。如果亲友是外交人员，还应提供相应的外交礼遇。对他们的接待和活动安排应严格按我国政府的有关规定办理。如果游客的在华亲友以记者身份参加旅游团的活动，一般不予同意，若情况特殊，必须向旅行社有关部门请示。

任务小结

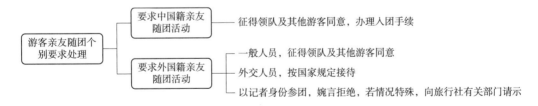

任务评价

根据任务完成情况，各小组相互进行考核评价(表8-10-1)。

表8-10-1　评价表

任务内容	完成情况			
	好	较好	一般	差
处理游客中国籍亲友随团活动的要求				
处理游客外国籍亲友随团活动的要求				

游客个别要求处理 项目 8

案例分析

游客的亲友要参团

导游小张带领上海某公司员工到无锡进行为期2天的游览活动。游览景区有：鼋头渚景区、灵山大佛景区和拈花湾景区。小张在旅游车上清点人数、致欢迎辞并介绍行程安排后，一名游客说她有一个好朋友在无锡工作，行程里的几个景区都没有去过，是否可以带着这个好朋友一起。小张看到旅游车上还有好几个空位，便爽快地答应了该游客的请求。

问题：小张的做法是否妥当？请说明理由。

课后习题

一、判断题

1. 少数人自由活动时导游应该与大多数游客在一起，不可置大多数游客于不顾。
（　　）
2. 如果旅游团在用餐前2小时提出换餐的要求，地陪应尽量与餐厅联系换餐。
（　　）
3. 某旅游团离开当地的前一天，一名游客要求外出自由活动半天，且不随团用餐，地陪应婉言拒绝，并耐心做好解释工作。（　　）
4. 游客要求去不对外开放的地区（机构）参观游览，导游应尽可能提供帮助。（　　）
5. 游客购物后发现商品是残次品，要求导游帮其退换时，导游应积极协助，必要时陪同前往。
（　　）

二、单项选择题

1. 下列情况中，当游客提出换房，导游应立即满足其要求的是(　　)。
A. 客房无窗，采光不好　　　　B. 客房紧挨电梯间
C. 在客房内发现蟑螂　　　　　D. 认为原客房条件差，要求提高客房档次
2. 一名游客购物之后，对商品颜色不满意，要求导游陪同去退换，导游应该(　　)。
A. 请游客自己去退换　　　　　B. 积极协助，陪同前往
C. 婉拒并做好解释工作　　　　D. 告诉游客商品一经出售不能退换
3. 下列原则中，(　　)是导游处理问题、满足游客要求的依据和准绳。
A. 合理且可能原则　　　　　　B. 公平对待原则
C. 符合法律原则　　　　　　　D. 游客至上原则
4. 一名游客与团内其他游客产生矛盾后，要求在房间用餐，且酒店可以提供此项服务，此时导游(　　)。

A. 不允许其脱离团队，搞特殊化　　B. 满足其要求，并告知服务费自理

C. 让其自己到餐厅打包带回房间　　D. 满足其要求，并代为支付服务费

5. 游客提出提高交通工具等级的要求时，导游应(　　)。

A. 婉言谢绝

B. 与接待社计调部门联系，若有所要求的等级可更换，告知游客全部费用自理

C. 立即与旅游交通运输部门联系并安排更换事宜

D. 请游客自行更换

6. 个别游客要求自费观看计划外的文娱项目时，导游应(　　)。

A. 婉言拒绝　　　　　　　　　　B. 报告旅行社等待通知

C. 协助解决，提醒游客注意安全　　D. 断然拒绝

7. 游湖时，个别游客提出希望租借渔民的小船自由活动，并承诺责任自负。对此，导游的正确做法是(　　)。

A. 婉拒并做好解释工作　　　　　B. 立即答应

C. 做好协助工作　　　　　　　　D. 请示旅行社有关部门

三、多项选择题

1. 以下导游对游客用餐方面个别要求的处理中，正确的是(　　)。

A. 游客要求外出自费品尝风味餐，应予以协助

B. 游客在抵达餐厅后提出特殊餐饮要求，应婉言拒绝

C. 健康的游客要求在房间内用餐，可满足，但服务费自理

D. 旅游团在将要用餐时提出换餐要求，应尽量满足，但差价自理

E. 游客不想吃团队餐，请导游帮忙推荐餐厅，导游可积极协助

2. 导游应劝阻游客自由活动的情形包括(　　)。

A. 旅游团即将离开当地赴另一地时

B. 到治安不理想、复杂、混乱的地方

C. 游客单独去车水马龙的街头

D. 去治安环境理想的大型购物中心

E. 去不对外开放的地区(机构)参观游览

3. 在引导游客购买古玩时，导游应(　　)。

A. 建议游客去文物商店

B. 提醒游客保管好发票

C. 劝阻游客在地摊上选购古玩，并告知中国的有关规定

D. 告知游客不要去掉古玩上的火漆印

E. 对个别游客走私文物的行为进行劝说

4. 某旅游团到北京颐和园游览时，一名爱好摄影的游客看到颐和园景色十分美丽，于是就向地陪提出自行活动。地陪与全陪商量后同意了其要求，但需要向其告知(　　)。

A. 旅游车的停车地点和车牌号　　B. 颐和园的游览景观

C. 自己的联系电话　　　　　　　D. 集合时间和地点

E. 摄影中的安全注意事项

5. 带团过程中，一名游客说家中母亲重病，要马上回家，希望能够办理退团手续，导游正确的做法是(　　)。

A. 建议游客完成行程后再回家　　B. 报告旅行社
C. 听取组团社和接待社的安排　　D. 尚未发生的费用不予退还
E. 将尚未发生的费用退还该游客

数字资源

项目 9

常见问题和旅游事故预防及处理

项目描述

导游在带团过程中经常会遇到各种问题和旅游事故,常见的有旅游行程变更、接送机(车、船)事故、住宿事故、餐饮事故、游客遗失物品、游客走失、游客患病、交通问题和事故、治安事故及灾害事故共计 10 类。本项目主要针对这些旅游事故提出相应的预防措施和解决方案,以确保旅游行程的顺利进行。

学习目标

1. 掌握旅游过程中常见事故的类型。
2. 能分析各种旅游事故发生的原因。
3. 能处理旅游行程变更、接送机(车、船)事故、住宿事故、餐饮事故、游客遗失物品、游客走失、游客患病、交通事故、治安事故和灾害事故等常见问题和旅游事故。

知识导入

旅游事故

旅游事故是指因旅游服务部门运行机制出现故障造成的事故,一般可分为责任事故和自然事故两种。责任事故是由于接待方的疏忽、计划不周等原因造成的事故,如漏接、错接、误机(车、船)。自然事故也称非责任事故,是指天气变化、自然灾害或非接待部门的原因造成的事故。

任务 9.1　旅游行程变更处理

任务描述

由于各种人为或非人为的原因,有时需要对已经制订的旅游行程进行修改或调整。本任务主要是分组实施以下内容:处理缩短或取消在某地的游览时间、延长在某地的游览时间、改变部分旅游计划 3 种较为常见的旅游行程变更问题。

常见问题和旅游事故预防及处理　项目 9

任务目标

1. 能分析行程变更的具体情况。
2. 能随机应变，善于与游客及相关工作人员沟通协调，为不同的行程变更问题提供具有可行性的解决方案。
3. 能遵循我国《旅游法》的规定，牢固树立法律意识，按照规定流程调整旅游行程。

任务详解

1. 缩短或取消在某地的游览时间

在旅游过程中，由于客观原因（如天气变化、交通问题等），导致游客比原定时间晚到达某地或提前离开某地，会造成缩短或取消在某地的游览时间。出现这种情况时，地陪应采取如下措施：

①与全陪、领队商量，尽可能采取补救措施。如调整活动时间，抓紧时间将计划内的游览项目完成。可以压缩在每个景点的活动时间，尽量不减少计划内的游览项目。若无法完成计划内所有游览项目，应选择有代表性的景点进行游览。

②落实有关事宜。与接待社有关部门或有关人员联系，办理退房、退车、退餐等，并落实离开的机票（车票、船票）。

③做好游客工作。待与领队、全陪制订新的游览方案后，向游客实事求是地说明情况，并将变更后的安排解释清楚，争取游客的认可和支持。必要时可以给予游客适当的补偿，如经接待社领导同意采取加餐、加菜、赠送小纪念品等物质补偿的方法。

④如果提前离开某地，及时通知下一站接待社。

2. 延长在某地的游览时间

在旅游过程中，由于客观原因（如天气变化、交通问题等），导致游客比原定时间早到达某地或推迟离开某地，会造成在某地的游览时间延长。出现这种情况时，地陪应采取如下措施：

①与全陪、领队商量，迅速调整活动日程。适当延长在主要景点的游览时间，也可经组团社同意酌情增加游览景点或晚上安排健康的文体活动，努力使旅游活动充实。

②落实有关事宜。与接待社有关部门或有关人员联系，重新落实游客用房、用餐、用车情况，并落实离开的机票（车票、船票）。

③做好游客工作。新的旅游计划确定之后，与领队、全陪商量好如何向团内游客解释说明，以取得他们的谅解和支持。必要时可以给予游客适当的补偿，如经接待社领导同意采取加餐、加菜、赠送小纪念品等物质补偿的方法。

④如果推迟离开某地，及时通知下一站接待社。

3. 改变部分旅游计划

在某地逗留时间不变，但是改变部分旅游计划，出现这种情况，一般是客观原因造成的，如大雪封山、维修改造、进入危险地段等。这时，导游应采取如下措施：

①实事求是地向游客讲清情况,求得谅解。
②提出景(区)点替代方案,与游客协商。
③以精彩的导游讲解、热情的服务激起游客的游兴。
④按照有关规定给予相应的补偿,如适当加菜、赠送小礼品等,尽量让游客高高兴兴地结束行程。

任务小结

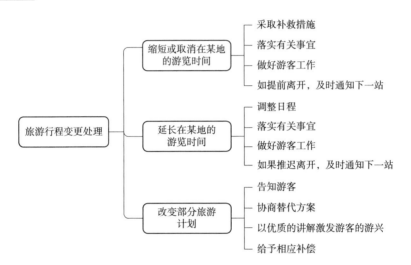

任务评价

根据任务完成情况,各小组相互进行考核评价(表9-1-1)。

表9-1-1 评价表

任务内容	完成情况			
	好	较好	一般	差
根据在某地游览时间缩短或取消的实际情况调整行程				
根据在某地游览时间延长的实际情况调整行程				
根据在某地旅游计划变更的实际情况调整行程				

案例分析

遭遇沙尘暴

导游小张带一个亲子游学团进行为期7天的旅游。旅游团队到达敦煌后,当天行程为13:00~16:00参加敦煌研究院的研学活动,16:00~20:00去鸣沙山月牙泉游玩。15:00左右,沙尘暴来临,突然间漫天黄沙,瞬间天黑。着急的小张查看了鸣沙山月牙泉的公众号,发现公众号第一时间发布了景点暂停开放的通知。由于次日的行程是参观莫高窟和观看《又见敦煌》演出,没有办法调整时间,因此只能祈祷沙尘暴尽早停下来。16:00左右,天空能见度有了提高,沙尘暴停了,但还是不能外出,于是小张建议游客回酒店休息,不去鸣沙山月牙泉游览了。游客激动地说:"我的孩子最期待去鸣沙山玩沙子了,我们可以再等等,反正风已经停了,晚点去,我们晚点回来。"17:00左右,小张怀着试试看的心理拨通了鸣沙山景点的电话,得知鸣沙山景点重新开放了,游客听后欢呼了起来。

问题:小张接下来要如何调整行程让游客游玩尽兴?

任务9.2 接送机(车、船)事故预防及处理

任务描述

接送机(车、船)事故主要包括接机(车、船)时漏接、错接和送机(车、船)时误机(车、船),即由于某些客观原因或旅行社有关人员的工作失误,没有及时、正确接到旅游团,或者没有将旅游团及时送达机场(车站、码头)。做好接送机(车、船)事故预防,处理好接送机(车、船)事故,有利于带团工作的顺利开展。本任务主要是分组实施以下内容:预防和处理漏接、错接和误机(车、船)3种较为常见的接送机(车、船)事故。

任务目标

1. 理解漏接、错接、误机(车、船)的含义。
2. 能分析漏接、错接、误机(车、船)的原因。
3. 能根据漏接、错接、误机(车、船)的情况给出可行的解决方案。
4. 能树立危机意识,做到"游客至上",预防接送机(车、船)事故的发生。

任务详解

接送机(车、船)事故主要分为以下3种,导游要有针对性地进行处理。

1. 漏 接

漏接是指旅游团抵达某站之后,无导游迎接的现象。

(1)漏接原因

①由于导游主观的原因造成的漏接

• 搞错旅游团抵达的日期、时间、地点。

●导游迟到,即没有按预定的时间提前抵达接站地点。

●由于某种原因,航班(车次、船次)变更,旅游团提前到达,接待社有关部门在接到上一站通知后,在接待计划中注明,但导游没有认真阅读,仍按原计划接站。

●导游没有查看新的时刻表,特别是新、旧时刻表交替时,仍按旧时刻表的时间接站。

●导游举牌接站的地方选择不当。

②由于客观原因造成的漏接

●由于种种原因,上一站接待社变更旅游团原定的航班(车次、船次)使旅游团提前抵达,但未给本站接待社发变更通知。

●接待社已接到旅游团航班(车次、船次)的变更通知,但有关人员没有及时通知该团地陪。

●司机迟到,未能按时到达接站地点。

●发生交通堵塞或其他预料不到的情况,未能及时抵达机场(车站、码头)等。

(2)漏接预防

①认真阅读接待计划　导游接到接待任务后,应了解旅游团抵达的日期、具体时间和接站地点,并一一核对。

②核实交通工具到达的准确时间　旅游团抵达的当天,导游应与旅行社有关部门联系,确认航班(车次、船次)是否有变更,并及时与机场(车站、码头)联系,核实交通工具抵达的确切时间。

③提前抵达接站地点　导游应与司机商定好出发时间,保证提前30分钟到达接站地点。

(3)漏接处理

①实事求是说明情况,诚恳赔礼道歉。如果不是自身的原因造成漏接,要立即与接待社联系,请其查明原因,并耐心向游客解释,消除误解。

②尽量采取弥补措施,使游客的损失降到最低限度。如果产生费用(如游客乘出租车到酒店的车费),应主动赔付给游客。

③提供更加热情周到的服务,高质量地完成计划内的全部活动内容,尽量弥补漏接给游客带来的不快。

④必要时可酌情给游客一定的物质补偿,如赠送小礼品。

2. 错　接

错接是指导游接错了旅游团。错接属于责任事故,是导游接站时未认真核实造成的,要尽量避免。在旅游热点地区和旅游旺季,有的旅行社会同时派出一个以上的团队前往同一旅游目的地,或多个旅行社的团队乘同一航班抵达旅游目的地,容易发生错接。

(1)错接预防

①导游应提前到达接站地点迎接旅游团。

②接团时认真核实。地陪与组团社核对旅游团的代号、人数、领队姓名(无领队的团要核实游客的姓名)、下榻酒店等。

③提高警惕,严防社会其他人员非法接走旅游团。

(2)错接处理

①发现错接后马上向接待社领导或有关人员报告,查明两个错接团的情况后再做处理。如经查实,错接发生在同一接待社的两个旅游团之间,两个导游都是地陪,并且两个旅游团行程一样,可将错就错,交换接待计划之后继续带团。如经查实,错接的旅游团分属两家接待社,则必须交换旅游团。

②向游客说明情况,诚恳道歉。

3. 误机(车、船)

误机(车、船)是指因故造成旅游团没有按照原定航班(车次、船次)离开本站而导致的暂时滞留。

(1)误机(车、船)原因

误机(车、船)发生的原因:一是导游工作上的差错,如安排日程不当或过紧,没能按时带领旅游团抵达机场(车站、码头);没有认真核实票据,将时间或地点搞错。二是其他原因,如游客走失,或发生其他意外事件(交通事故、天气变化等)。

(2)误机(车、船)预防

①认真核实航班(车次、船次)、日期、时间及在哪个机场(车站、码头)乘机(车、船)等。

②如果票据未落实,带团期间应随时与接待社有关人员保持联系,确认票务情况。

③离站当天谨慎安排活动,不要安排旅游团到地域复杂的景点游览,也不要安排自由活动。

④留有充足的时间去机场(车站、码头),将交通堵塞或突发事件等因素考虑进去。

⑤保证按规定的时间到达机场(车站、码头)。乘坐国际航班,提前3小时到达机场;乘坐国内航班,提前2小时到达机场;乘坐火车或轮船,提前1小时到达火车站或码头。

(3)误机(车、船)处理

①立即向接待社领导及有关部门报告并请求协助。

②地陪和接待社尽快与机场(车站、码头)联系,争取让游客乘最近航班(车次、船次)离开本站,也可包机(车、船)或改乘其他交通工具前往下一站。

③稳定游客的情绪,安排好游客在当地滞留期间的食宿、游览等事宜。

④及时通知下一站对日程做相应的调整。

⑤向游客赔礼道歉。

⑥写书面报告,查清事故的原因和责任,责任者应承担经济损失并受到相应的处分。

任务小结

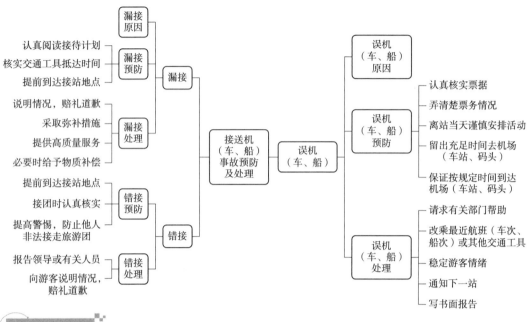

任务评价

根据任务完成情况，各小组相互进行考核评价（表 9-2-1）。

表 9-2-1　评价表

任务内容	完成情况			
	好	较好	一般	差
预防和处理漏接				
预防和处理错接				
预防和处理误机(车、船)				

案例分析

漏接之后，如何平息游客怒火？

导游小张和旅游车司机王师傅提前 2 小时从上海市普陀区出发前往虹桥机场接团，在距离机场还有 3 千米的地方遇到了严重的交通事故，旅游车被堵在了路上。待交警处理完事故，疏通交通之后，两人赶到机场，迟到了 20 分钟，游客早已拿着行李集合在停车场等候。于是小张赶紧一边帮游客安放行李，一边请游客上车。在车上，小张向游客解释自己迟到的原因并表示歉意，可是仍有几名游客面露愠色。到达下榻的酒店后，小张熟练地分好房间，然后查看了游客的住宿情况，询问游客的意见。

晚餐时，小张等在餐厅门口，热情地欢迎游客用餐，并把游客引到餐桌边，详细地介绍每一道菜，还细心地打听团队中有无特殊要求或饮食禁忌。在旅行社领导的同意下，小张还给每桌加了两个菜。在用餐过程中，小张来巡视用餐情况，询问游客对菜品是否满意。游客被小张的热情所感动，对小张的态度开始变好，在后面的行程中，对于小张的各项安排也表现得非常配合。

问题：小张的处理是否妥当？说出你的理由。

_____

_____

_____

任务9.3　住宿事故预防及处理

任务描述

住宿事故是在游客住宿的过程中，由于软件或硬件不达标而造成的事故。做好住宿事故的预防及处理，有利于带团工作的顺利开展。本任务主要是分组实施以下内容：预防和妥善处理不同类型的住宿事故。

任务目标

1. 能区分住宿事故的类型。
2. 能预防住宿事故的发生。
3. 能根据不同情况分类处理住宿事故。

任务详解

1. 住宿事故预防

一般来说，住宿是游客到达旅游目的地时较关心的事情，住宿方面的任何缺陷和事故都容易引起游客的不满，以致产生投诉。住宿事故的预防要做到"五要"：接团前，要按计划与酒店核实住宿预订情况（客房数、房型等），避免漏订或少订；入住酒店时，要按客房预订数，协助办理入住登记手续，解决出现的问题；入住后，要提醒游客注意住宿安全，保管好财物；住店期间，要关心客房服务情况，听取游客对酒店服务的反馈意见；一旦发现服务问题或安全隐患，要立即转告酒店，采取弥补措施，并及时报告旅行社。

2. 住宿事故处理

（1）与合同不符，更换酒店

如果接待社未按协议安排酒店或协议中的酒店确实存在卫生、安全等问题而致使游客提出更换酒店的要求，地陪应与接待社联系，接待社应负责予以更换。如确有困难，按照接待社提出的具体办法妥善解决，并向游客阐述有说服力的理由，同时提出补偿条件。

（2）数量不达标，敦促酒店尽快如数安排

若酒店不能如数安排游客住宿，导游应出示相关证据（接待计划、出团通知书等），与酒店交涉，要求其遵守合同约定，满足预订要求，力争当场安排全团游客入住。若情况复杂，应该及时报告接待社或组团社，请其出面解决。

（3）质量不达标，换房、改进或修理

若客房不符合相应等级标准或有所损坏，导游应请酒店立即调换。若无法更换，应马上采取措施，如改进卫生条件，或修理相关设备，或免费升级。

（4）服务不达标，做好沟通，争取尽早解决

如果发生严重的服务缺陷，导游要与酒店方沟通，要求其尽快改进服务质量，避免事态扩大。

（5）安全不达标，及时上报有关部门

如果发生财物失窃等事故，造成游客物质与精神上的损害，导游要及时摸清情况，报告旅行社，由旅行社上报公安、外事等主管机关，力争尽快解决，避免事态扩大。

任务小结

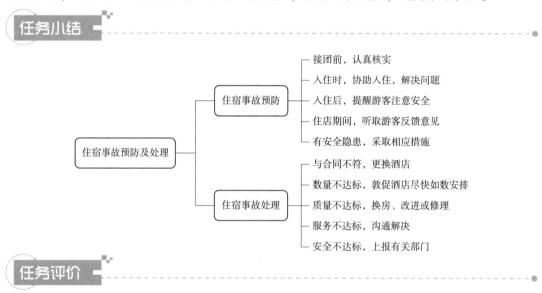

任务评价

根据任务完成情况，各小组相互进行考核评价（表9-3-1）。

表9-3-1 评价表

任务内容	完成情况			
	好	较好	一般	差
区分住宿事故的类型				
预防住宿事故的发生				
处理住宿事故				

案例分析

卫生间积水，游客要求换房

上海导游小张接待了一个来自浙江温州的研学团，参与研学的是温州某初中二年级的学生。安排好学生的房间后，小张到各个房间巡查有无问题。有一名学生找到小张说，他所在

的房间卫生间马桶漏水，现在卫生间地面积满了水，希望能够换个房间。小张随这名学生来到房间，发现卫生间确实积满了水，于是到前台反映了该房间的问题，希望能够换一间房。酒店前台查看房态后，发现同类型房间房源所剩不多，觉得还是请工程部先去维修一下比较好。小张犹豫了一下答应了，于是前台打电话给工程部报修，结果工程部的电话一直打不进去。前台通过各种方式找到工程部之后，已经过去30分钟了。工程部维修的过程中发现部分零件缺乏，于是安排人员去购买，等彻底修理好卫生间水管，已经过去2小时了……

问题：小张的处理方法是否妥当？请说明理由。

任务9.4 餐饮事故预防及处理

任务描述

餐饮事故是指在游客用餐过程中，由于餐饮质量不达标导致游客投诉或食物中毒的事故。处理好餐饮事故，有利于保障游客生命安全和带团工作的顺利开展。本任务主要是分组实施以下内容：处理餐饮质量问题和食物中毒两种较为常见的餐饮事故。

任务目标

1. 能处理餐饮质量问题。
2. 能处理游客食物中毒事故。
3. 树立"以人为本，生命至上"的理念。

任务详解

常见餐饮事故主要分为两种，即餐饮质量问题和食物中毒事故，导游要有针对性地进行预防和处理。

1. 餐饮质量问题预防及处理

导游在带团过程中，往往会碰到某些餐食不新鲜、餐品里有杂物（如头发、苍蝇、蟑螂）等问题，影响游客用餐体验。

（1）餐饮质量问题预防

①旅行社计调或者产品部门在选择餐饮合作伙伴时，要选择质量优、卫生达标的餐厅。

②在游客用餐之前，导游要与餐厅联系，告知质量及环境卫生要求，讲明游客特殊餐饮要求，促进餐厅落实。

（2）餐饮质量问题处理

①在游客用餐的过程中，要至少巡视3次，以便发现问题。

②及时与餐厅沟通，解决问题。如果菜品出现质量问题，要督促餐厅及时更换菜品或者采取补救措施。

③导游要及时将用餐过程出现的问题(分量不足、菜品不新鲜等)上报旅行社,便于旅行社做好供应商管理。

④如果游客出现情绪激动的情况,要设法安抚,可以请示旅行社以获得支持,如给游客加菜或者赠送纪念品等。

2. 食物中毒事故预防及处理

(1)食物中毒事故预防

①安排游客到卫生有保障的餐厅就餐。

②提醒游客不要在小摊上购买食物。

③如果用餐时发现食物、饮料不卫生或有异味或变质,应立即要求更换,并要求餐厅人员出面道歉,必要时向旅行社领导汇报。

(2)食物中毒事故处理

①拨打急救电话120　出现集体食物中毒时,不要慌乱,也不要延误时间,应立即拨打急救电话120,切不可向游客随意提供药物。

②设法催吐　对于中毒者,导游应帮助其多次催吐,直至呕吐物变清为止。要封存中毒者的食物或呕吐物,以备查验,分清责任。

③补充体液　在吐泻之后,人体的电解质会大量丧失,这时需要及时补充体液。一般补充适量白糖和盐掺兑的糖盐水,以补充流失的电解质和能量。

④送往医院,报告旅行社　紧急处理后,中毒者可能没有出现缓解迹象,甚至出现四肢冰凉、腹痛和腹泻加重、面色苍白、大汗、意识模糊等症状,此时应立即将其送医院救治,并请医生开具诊断证明,写明中毒原因。同时,导游要将中毒事件尽快报告给旅行社。

⑤做好善后工作　若旅游团多人中毒,须立即报告卫生防疫部门和旅游主管部门,追究供餐单位的责任。此外,食物中毒可能会导致游客不能参加某些旅游活动,应注意费用问题。

任务小结

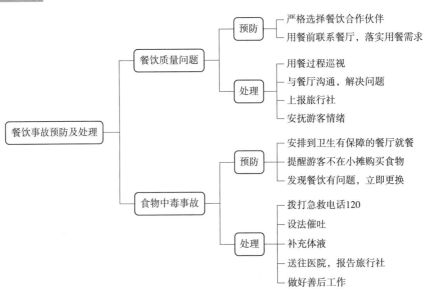

任务评价

根据任务完成情况,各小组相互进行考核评价(表9-4-1)。

表9-4-1 评价表

任务内容	完成情况			
	好	较好	一般	差
预防餐饮质量问题				
处理餐饮质量问题				
预防游客食物中毒事故				
处理游客食物中毒事故				

案例分析

游客食物中毒

上海某旅行社组织游客前往云南旅游。第一天,结束了上午的行程之后,导游小张带领游客去附近一家旅游定点酒店用午餐。用餐结束后继续游览,结果还没有到达旅游景点,有几名游客就说肚子痛,想去上厕所。十几分钟之后,更多的游客出现肚子痛、恶心想呕吐的情况。小张见状,立即让司机将旅游团成员送到最近的医院进行救治。庆幸的是,游客得到了及时救治,症状缓解了。经过调查,发现是中午的饭菜出现了问题。于是,小张立即联系了酒店经理,酒店经理得到消息后,及时赶到医院探望游客,并垫付了部分医疗费。团队行程结束后,旅游团向旅游主管部门发起了投诉,主张组团社退还部分旅游费并赔偿损失。

问题1:小张的处理方法是否妥当?

问题2:游客的主张是否会得到支持?

任务9.5 游客遗失物品预防及处理

任务描述

在旅游过程中,财物丢失会影响游客的心情,进而影响整个行程。处理好游客物品遗失的事故，有利于带团工作的顺利开展。本任务主要是分组实施以下内容：处理游客证件遗失和行李遗失两种较为常见的游客遗失物品事故。

任务目标

1. 能运用游客证件遗失处理流程处理证件遗失问题。
2. 能处理游客来华途中、在中国境内行李丢失的事件。
3. 能够树立以人为本的理念，保证游客旅途愉快。

任务详解

1. 游客证件遗失预防及处理

（1）游客证件遗失预防

①多做提醒工作　在参观游览和购物时，提醒游客保管好自己的证件等随身物品；离开酒店时，提醒游客带好个人物品；下车时，提醒游客不要将贵重物品留在车上。

②不代为保管游客证件　导游在工作中需要使用游客的证件时，用完之后立即归还，不要代为保管。

③提醒司机关好门窗　每次游客下车后，导游都要提醒司机关窗并锁好车门。

（2）游客证件遗失处理

①协助游客寻找　若游客证件丢失，请游客冷静地回忆，详细了解丢失情况，找出线索，尽量协助寻找。

②如确已丢失，协助游客补办　马上报告公安部门、接待社领导和组团社，并记下游客的详细地址、电话，再根据接待社有关人员的安排，协助游客办理补办手续，所需费用由游客自理。

2. 游客行李遗失预防及处理

（1）游客行李遗失预防

①多做提醒工作　离开酒店时，要提醒游客带好随身行李物品；下车时，提醒游客不要将贵重行李物品留在车上。

②切实做好每次的行李清点、交接工作。

③每次游客下车后，导游都要提醒司机清车、关窗并锁好车门。

（2）来华途中遗失行李的处理

海外游客在来华途中丢失行李，虽然不属于导游的责任，但应帮助游客找回。

①带领游客到机场失物登记处办理行李丢失和认领手续。请游客出示机票及行李牌，说明始发站、转运站，说清楚丢失行李件数及行李的大小、形状、颜色等特征，填写失物登记表，尤其要写清楚下榻酒店及联系方式；记下有关航空公司的联系电话，以便联系。

②游客在当地游览期间，导游要不时打电话给有关方询问寻找行李的情况。若找不回行李，要协助游客购置必要的生活用品。

③如果离开本地前行李还没有找到，导游应帮助失主将接待社的名称、全程旅游线路以及各地下榻的酒店名称转告有关航空公司，以便行李找到后及时运往相应地点交还游客。

④如果行李确已丢失，可建议游客向有关航空公司索赔。

(3) 在中国境内遗失行李的处理

①仔细分析，找出行李遗失的线索或环节。如果游客在领取行李时找不到行李，全陪应马上带领失主凭机票和行李牌到机场行李查询处办理行李丢失登记或认领手续。地陪向接待社领导或有关人员汇报，安排有关人员与机场、上一站接待社、航空公司等单位联系，积极寻找。如果抵达酒店后游客没有拿到行李，地陪应采取以下措施：先在本团内寻找；如果没有找到，立即与酒店行李部联系，请其帮忙查找；如果仍找不到行李，向接待社有关部门汇报，请其派人了解旅行社行李员的情况，请求帮忙查找。

②主动关心游客，对丢失行李给游客带来的不便表示歉意，并协助购买生活用品，帮助其解决因行李丢失而带来的生活困难。

③随时与有关方联系，询问查找行李的进展。

④若行李找回，及时归还失主；若确定行李已丢失，应向游客说明情况，建议游客根据有关规定或惯例向有关部门索赔。

⑤写书面报告，内容包括行李丢失的原因、查找经过、赔偿情况等。

任务小结

```
                            ┌─ 预防 ─┬─ 多做提醒工作
                            │       ├─ 不代为保管游客证件
                  ┌─ 游客证件遗失 ─┤       └─ 提醒司机关好门窗
                  │         └─ 处理 ─┬─ 协助游客寻找
                  │                 └─ 协助游客补办
游客遗失物品      │
预防及处理 ───────┤
                  │         ┌─ 预防 ─┬─ 多做提醒工作
                  │         │       ├─ 做好行李清点、交接工作
                  └─ 游客行李遗失 ─┤       └─ 提醒司机关好门窗
                            │                    ┌─ 办理失物登记手续
                            │       ┌─ 来华途中遗失行李 ─┼─ 协助购买生活用品
                            │       │                    ├─ 告知航空公司相关信息
                            └─ 处理 ─┤                    └─ 若丢失，建议索赔
                                    │                        ┌─ 找出行李遗失的线索或环节
                                    │                        ├─ 协助购买生活用品
                                    └─ 在中国境内遗失行李 ─┼─ 与有关方联系，关注进展
                                                             ├─ 若找回，归还失主；若丢失，建议索赔
                                                             └─ 写书面报告
```

任务评价

根据任务完成情况，各小组相互进行考核评价（表 9-5-1）。

表 9-5-1　评价表

任务内容	完成情况			
	好	较好	一般	差
提醒游客不要遗失证件				
帮助游客找回或补办证件				
处理游客来华途中行李遗失问题				
处理游客在中国境内行李遗失问题				

案例分析

雪穗小姐的行李哪儿去了？

日本某旅游团一行15人来到上海观光。导游小张在浦东机场接到该旅游团，并将游客带到下榻的酒店。小张协助领队快速地办理了入住登记手续后，游客陆续进入自己的房间。这时，小张接到了一个朋友的电话，说有重要的事情需要他帮忙办理。碰巧同事导游小王也在该酒店，于是小张对小王说："我的团队已经入住了，基本上没有啥事了，我离开一会，有事你帮我处理一下啊。"小王欣然同意，于是小张离开了酒店。不久，该旅游团的雪穗小姐非常焦急地赶到大堂找小张。得知小张不在，雪穗小姐有点不高兴。导游小王见状，主动找到雪穗小姐问明情况。原来，行李员并未把雪穗小姐的行李送至其房间。小王经过核对行李票，发现小张在机场就未领到雪穗小姐的行李。

问题1：小张应该如何处理此次行李遗失事件？

问题2：小张在此次带团工作中存在哪些不妥之处？

任务9.6　游客走失预防及处理

任务描述

游客走失不仅会给游客自身安全带来威胁，还会影响旅游团的整体旅游进程。处理好游客走失事故，有利于确保游客安全和带团工作的顺利开展。本任务主要是分组实施以下内容：预防和处理游客走失事故。

常见问题和旅游事故预防及处理　项目 9

任务目标

1. 能在各种场合提醒游客，防止游客走失。
2. 能根据实际情况选用合理的方法找到走失的游客。
3. 能与游客进行合理沟通，确保各项行程安排顺利开展，保障游客生命安全。

任务详解

1. 游客走失预防

造成游客走失的原因有 3 种：一是导游没有向游客讲清旅游车的车牌号、停车位置或景点的游览线路；二是游客对某种现象或事物产生兴趣，或在某处滞留时间较长而脱离团队；三是在自由活动、外出购物时，游客没有记清酒店地址和线路。预防游客走失要做好以下工作。

①做好提醒工作　提醒游客记住接待社的名称，旅游车的车牌号和标志，以及下榻酒店的名称及位置等。与游客互留手机号码或者微信号等联系方式。团体游览时，提醒游客不要走远；自由活动时，提醒游客不要走得太远，不要回酒店太晚，不要去热闹、拥挤、秩序混乱的地方。

②做好各项活动的安排和预报　在出发前或旅游车离开酒店后，要向游客预告第二天的行程，上、下午游览点及午餐、晚餐餐厅的名称和地址。到达游览点后，在景点示意图前，要向游客介绍游览线路，告知旅游车的停车地点，强调集合时间和地点，再次提醒游客记住旅游车的特征和车牌号。

③时刻与游客在一起，经常清点人数。

④地陪、全陪和领队应密切配合　全陪和领队要主动负责做好旅游团的善后工作。

⑤地陪要以高超的导游技巧和丰富的讲解内容吸引游客。

2. 游客走失处理

①了解情况，迅速寻找　应与走失游客联系，获知游客的位置，根据实际情况对其进行帮助。如果通过电话无法取得联系，向其他游客、景点工作人员了解情况并迅速寻找。地陪、全陪和领队要密切配合，一般情况下是全陪、领队分头去找，地陪带领其他游客继续游览。

②寻求帮助　若经过认真寻找仍然找不到走失的游客，应立即向游览点辖区的派出所求助。特别是面积大、范围广、地段复杂、进出口多的游览点，因寻找工作难度较大，争取当地有关部门的帮助尤其必要。

③向旅行社报告　如果采取了以上措施仍找不到走失的游客，地陪应向旅行社及时报告并请求帮助，必要时请示领导，听从旅行社安排。

④找到走失的游客后，做好善后工作　分析游客走失的原因，如果属于导游的责任，导游应向游客赔礼道歉；如果责任方为走失的游客，导游不应指责或训斥游客，而应对其进行安慰，并在后续的带团过程中对该走失的游客多加关注，提供必要的帮助(如将集合

时间、集合的地点提前发给该游客,快到集合时间时与该游客提前联系)。

⑤写书面报告　若发生严重的走失事故,导游要写书面报告,详细记述游客走失的原因、寻找经过、善后处理情况等。

任务小结

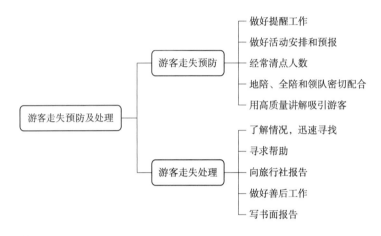

任务评价

根据任务完成情况,各小组相互进行考核评价(表9-6-1)。

表9-6-1　评价表

任务内容	完成情况			
	好	较好	一般	差
预防游客走失				
选用合适的方法寻找走失的游客,找到后与游客进行有效沟通,确保行程顺利				

案例分析

游客不见了,该去哪里找?

导游小张带领某旅行社组织的亲子团进行为期7天的以"丝绸之路"为主题的旅游。在嘉峪关景区出口处,小张组织摄影师为游客拍照留念。就在快要结束拍照的时候,小张清点人数,发现少了游客花女士和她的儿子小浩。小张拨打了花女士的手机号,无人接听。于是,小张向团队成员求助,请他们回忆最近一次是在哪里见过两位。花女士的朋友说:"刚才听到小浩说要去骑骆驼,可以去骑骆驼那里看看。"小张听后,为了不让其他游客白白等着,请摄影师继续组织大家拍照,并请小朋友们拍一些有创意的集体照，自己则与花女士的朋友一起去找花女士和小浩，最终在骑骆驼处找到了他们，小张生气地对花女士说："我不是跟你们说过在这里骑骆驼很没意思吗？我们到鸣沙山月牙泉再骑骆驼。你们让大家等这么久，以后要注意集合时间，不能再迟到了。"花女士非常尴尬地低下了头。

问题：小张的做法是否妥当？

___

___

___

任务9.7　游客患病预防及处理

任务描述

游客患病不仅会影响游客的旅游体验，还可能会影响整体旅游进度。处理好游客患病事故，有利于确保游客生命安全和带团工作的顺利开展。本任务主要是分组实施以下内容：预防及处理游客患一般疾病和心脏病猝发两种较为常见的游客患病事故。

任务目标

1. 能进行游客患一般疾病和心脏病猝发的预防。
2. 能处理游客患一般疾病和心脏病猝发事故。
3. 树立"预防为主，防治结合"的理念，确保游客生命健康。

任务详解

1. 游客患一般疾病预防及处理

（1）游客患一般疾病预防

①有针对性选择游览项目　导游应根据旅游团成员的具体情况，选择适合该团游客的游览线路。

②安排活动日程要留有余地　根据实际情况，尽量不要将每天的游览活动安排得太满，也不要将体力消耗大的景点集中安排。提醒游客晚上早点休息，不要熬夜。

③提醒游客注意饮食卫生，尽量不要在路边摊购买食物，不要暴饮暴食。

④及时报告天气变化　应提醒游客随着天气的变化及时增减衣服、带雨具等；气候干燥的季节，提醒游客多喝水、多吃水果；在炎热的夏季，要提醒游客注意预防中暑。

（2）游客患一般疾病处理

①劝患病的游客及早就医，不要强行游览　在游览过程中，导游要多关注游客的状

态。如果看起来患病较为严重，可以建议其留在酒店休息，同时可以建议其到医院就医，切不可劝其强行游览。

②关心患病游客　对于因病没有参加游览活动、留在酒店休息的游客，导游要不时关心其身体状况、是否用餐等，必要时通知餐厅为其提供送餐服务。

③必要时导游可陪同患病游客前往医院就医，提醒其保存诊断证明和收据。

④严禁导游擅自给患病游客用药。

2. 游客心脏病猝发预防及处理

心脏病猝发的症状为胸口突感剧痛或紧缩，或两种不适症状都有，而且持续数分钟。

（1）游客心脏病猝发预防

①提醒游客健康饮食。

②提醒游客避免过度疲劳。

③提醒游客健康作息，避免熬夜。

④提醒游客随身携带药物。

（2）游客心脏病猝发处理

①使患病游客就地平躺，头部略高　切忌马上将游客抬或背去医院。

②服自备药　询问病发游客有无自备药物，如无自备药，也可服用亲人或领队所携带的药物。

③寻求救助　地陪立刻拨打120或110寻求救助。

④心肺复苏　如果在医生到达前病发游客心脏停止跳动，导游应对其实施心肺复苏术。

任务小结

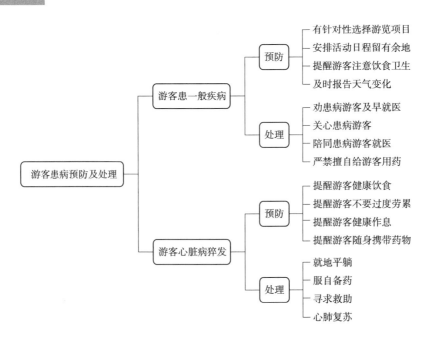

相关链接

户外旅行常见病防治

(1) 感冒

旅行途中气温变化较大,忽冷忽热,容易感冒,但一般可以预防。即使感冒,早些服药可以很快治愈。

(2) 中暑

夏日旅行,如果中暑,要立即到通风凉爽的地方休息,并服用仁丹、十滴水等,在太阳穴、人中处涂风油精。最好充分休息,不要勉强旅行。

(3) 肠胃病

在旅游过程中,因居住地与游览地饮水和食物中元素不同,游客不适应新环境,容易腹胀、腹泻。如果再暴饮暴食,还易引起胃肠炎。患肠胃病需及时服用药物医治。

(4) 水土不服

气候、水质、饮食等条件都有变化时,一些人往往不习惯,会出现头昏无力、胃口不好、睡眠不佳等现象,这是水土不服的表现。水土不服时,要多吃水果,少吃油腻食物,还可服用一些多酶片和维生素 B_2。

(5) 酸过多症

旅行中体力消耗很大,休息不好,有时会感到腰酸腿疼、浑身无力,这种现象常称酸过多症。最好的办法是多吃酸,"以毒攻毒",这有助于体内的乳酸氧化,保证新陈代谢顺利进行。

(6) 咬伤

若被昆虫咬伤,用碱性液体冲洗伤口,可以消除疼痛。若被蛇咬伤,要注意看伤口上的牙印。如果伤口留有".."状牙印,表明是被毒蛇咬伤,须用绑带把伤口上部扎紧(每过几分钟松一下),防止毒素扩散,然后将血液吸出或挤出,再用肥皂水清洗伤口,尽快前往医院诊治。

任务评价

根据任务完成情况,各小组相互进行考核评价(表9-7-1)。

表9-7-1 评价表

任务内容	完成情况			
	好	较好	一般	差
预防及处理游客患一般疾病				
预防及处理游客心脏病猝发				

案例分析

游客生病借药

导游小张带领上海游客来到江苏省无锡市拈花湾景区旅游。吃完午饭,一名游客跑过来问小张是否有药,说拉肚子非常难受。小张虽然知道不允许擅自将药物给游客服用的规定,但是看着游客难受的样子于心不忍,刚好自己也有治疗腹泻的药,于是就拿出自己的药物给了游客。过了一会儿,这名游客觉得好多了,小张也松了一口气。

问题:小张的做法是否妥当?

_____
_____

任务9.8 交通问题和事故预防及处理

任务描述

交通问题和事故不仅会给游客带来损失,还会影响整体旅游进程。处理好旅游过程中的交通问题和事故,有利于确保游客生命安全和带团工作的顺利开展。本任务主要是分组实施以下内容:预防及处理堵车、交通安全事故两种较为常见的旅游交通问题和事故。

任务目标

1. 能处理堵车问题。
2. 能处理交通安全事故。
3. 树立"安全第一,生命至上"的理念。

任务详解

常见旅游交通问题和事故主要有堵车和交通安全事故,导游要有针对性地进行处理。

1. 堵车预防及处理

(1)堵车预防

①合理安排时间和路线　行车时间尽量避开城市交通拥堵时间,如早、晚高峰时段,行车路线尽量避开城市拥堵路段。

②及时关注交通运行信息　通过电视、广播、网络媒体等及时关注交通运输部门发布的信息,了解旅游目的地行车路线交通管制措施和实时路况信息,合理安排或调整行程。

(2)堵车处理

①如果旅游团在前往下一站的途中在高速公路上遭遇堵车，全陪要及时将信息告知下一站地陪。同时，为了缓解游客的焦躁情绪，可以在旅游车上组织适合的活动，以转移游客的注意力。

②如果旅游团在前往景点的途中遇到堵车，地陪应及时报告接待社，必要时还要告知餐厅人员，协调用餐时间。同时，在车上组织适合的活动，活跃气氛。

③如果在送旅游团去机场的途中遇到堵车，导游要根据实际情况迅速做出反应。时间紧迫时，要立即与航空公司和旅行社通报情况，以协商应急方案。

④在市内观光时，如果发生交通拥堵，导游应参考导航软件与司机协商改变路线，必要时可以调整行程安排。如果需要改变行程，一定要如实将情况向游客讲明。难以改变路线时，也要如实向游客讲明情况，以期得到游客谅解。

2. 交通安全事故预防及处理

交通安全事故在旅游活动中时有发生，不是导游所能预料、控制的。如果发生交通安全事故，导游应立即采取措施，冷静、果断地处理相关事宜，并做好善后工作。

(1)交通安全事故预防

①司机开车时，不要与司机聊天，以免分散其注意力。

②安排游览日程时，在时间上要留有余地，不催促司机开快车，避免为抢时间、赶日程而造成司机违章超速行驶。

③如遇天气不好(下雪、下雨、有雾)、交通堵塞、路况不好，尤其是在狭窄道路、山区行车时，导游要提醒司机注意安全，小心驾驶。

④必须把安全放在第一位　如果天气恶劣，地陪可适当灵活地对日程安排加以调整；如遇道路不安全的情况，可以调整行程。

⑤阻止非本车司机开车。

⑥提醒司机在工作期间不要饮酒　如遇司机酒后开车，绝不能迁就，要立即阻止，并向领导汇报，请求改派其他车辆或换司机。

(2)交通安全事故处理

①立即组织抢救　出现人员伤亡时，导游应立即拨打急救电话120，并立即组织现场人员抢救受伤的游客。如果有可能，应立即将伤员送往距出事地点最近的医院抢救。

②保护现场，立即拨打110报案　事故发生后，应尽量保护事故现场，以备警方到场后勘查。

③迅速向旅行社汇报　在将受伤游客送往医院救治的同时，导游应迅速向接待社领导报告情况，请求派人前来帮助和指挥事故的处理。

④做好全团游客的安抚工作　交通事故发生后，导游应做好团内其他游客的安抚工作，安排好后续参观游览活动。事故原因查清后，要向全团游客说明情况。

⑤写书面报告　交通安全事故处理结束后，导游要写书面报告，内容包括：事故的原因和经过、伤员抢救过程；事故责任及对责任者的处理；游客的反应及对处理结果的态度等。

任务小结

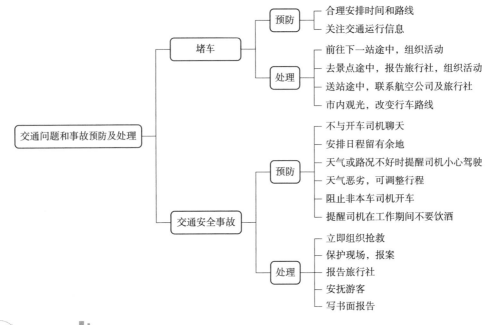

任务评价

根据任务完成情况，各小组相互进行考核评价（表9-8-1）。

表9-8-1 评价表

任务内容	完成情况			
	好	较好	一般	差
预防及处理堵车问题				
预防及处理交通安全事故				

案例分析

堵车了，调整行程行不行？

导游小张带领一个亲子团开启名为"丝绸之路"的旅程。第一天的行程是上午游览张掖七彩丹霞景区，中午在景区门口用午餐，然后12:00出发去嘉峪关市，车程约3小时，15:00~16:00游览天下第一墩景区，16:00~18:00游览嘉峪关关城。下午，当旅游车快要抵达天下第一墩景区时，前方发生交通事故，造成了严重堵车，短时间内无法通行。于是小张连忙打通了旅行社产品经理的电话，产品经理告诉小张："设计行程的考虑是夏天西北气候炎热，下午先去天下第一墩景区，因为该景区室内参观较多，有空调，比较凉快；门票方面，买嘉峪关关城门票送天下第一墩景区门票。也就是说，天下第一墩景区是一个可以根据实际情况调整行程的景点。"小张听完之后决定直接带游客去嘉峪关关城。

问题：小张接下来应如何处理该堵车事故？

任务9.9　治安事故预防及处理

任务描述

治安事故不仅会给游客带来损失，还会影响旅游团的整体旅游进程。处理好旅游过程中的治安事故，有利于确保游客安全和带团工作的顺利开展。本任务主要是分组实施以下内容：预防和处理治安事故。

任务目标

1. 能预防治安事故的发生。
2. 能处理治安事故。
3. 能树立"以人为本，安全第一"的理念，保障游客的生命和财产安全。

任务详解

1. 治安事故预防

①提醒游客不要将房间号码告诉陌生人，也不要让陌生人或自称酒店维修人员的人随便进入房间。出入房间时锁好房门，尤其是夜间不可贸然开门，以防意外。

②入住酒店后，应建议游客将贵重物品存入酒店保险柜，不宜随身携带或放在房间内。

③提醒游客不要与私人兑换外币。

④离开旅游车时，提醒游客不要将证件或贵重物品遗留在车内。游客下车后，要提醒司机关好车窗、锁好车门。

⑤在旅游活动中导游要始终与游客在一起，注意观察周围的环境，经常清点人数。

⑥旅游车行驶途中，不得停车让无关人员上车；若有不明身份者拦车，导游要提醒司机不要停车。

2. 治安事故处理

①保护游客的人身和财产安全　若歹徒向游客行凶、抢劫财物，导游应挺身而出，保护游客。如果有游客受伤，应立即组织抢救。

②立即报警　治安事故发生后，导游应立即向当地公安部门报案并积极协助破案。报案时要讲清楚事故发生的时间、地点、案情和经过，提供作案者的特征，以及受害者的信息。

③及时向旅行社领导报告　导游要及时向旅行社领导报告治安事故发生的情况并请求指示，情况严重时请领导前来指挥、处理。

④安抚游客的情绪　治安事故发生后，导游应采取措施安抚游客的情绪，以确保旅游活动能够顺利地进行下去。

⑤写书面报告　导游应写出详细、准确的书面报告，内容包括案件整个经过、案件的性质、采取的应急措施以及受害者和其他游客的情况等。

任务小结

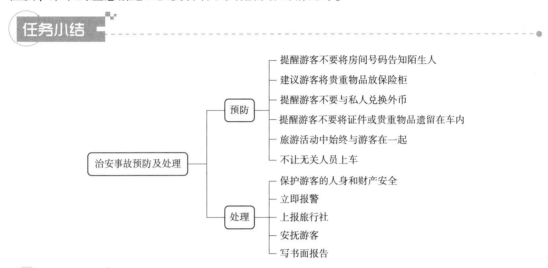

任务评价

根据任务完成情况，各小组相互进行考核评价(表 9-9-1)。

表 9-9-1　评价表

任务内容	完成情况			
	好	较好	一般	差
预防治安事故				
处理治安事故				

案例分析

见义勇为的楷模

某旅行社导游小张负责接待来自澳大利亚的一个旅游团，在西安旅游期间他们遭遇了匪徒挟持事件。在事发之时，团队游客陷入慌乱和惊恐之中，小张保持沉着、冷静，和地陪一起与绑匪周旋谈判；为了保障游客的人身安全，小张成功说服绑匪陆续释放了 9 名人质；警方全面介入后，小张不顾个人安危，主动留下陪伴被劫持的最后一名人质；在绑匪提出换车前往机场的过程中，小张坚持与游客在一起，始终陪伴游客，不仅为当事人做翻译，更成为当事人的精神支柱；在途中小张不断与绑匪交流，在很大程度上稳定了人质和绑匪的情绪，为警方办案创造了条件；当绑匪被警方击毙后，小张第一时间将人质接下车，并伴随其返回西安市区配合警方的后续工作。

其中一名被劫持的受害者事后安全返回澳大利亚，在接受《星期日邮报》采访时说："我不知道他姓什么，但我知道他是真正的英雄。如果有需要，他会为我们挡子弹……"

问题：从该案例中，你能获得什么启示？

任务 9.10　灾害事故防范及处理

任务描述

灾害事故不仅会影响旅游进程，还有可能威胁游客的生命安全。做好灾害事故的防范和处理，有利于保障游客生命安全和带团工作的顺利开展。本任务主要是分组实施以下内容：做好火灾、泥石流、地震、台风和海啸5种较为常见的灾害事故的防范和处理。

任务目标

1. 能对游客做出提醒和进行有效沟通，做好旅游过程中火灾、泥石流、地震、台风和海啸等灾害事故的各项防范工作。
2. 能正确地处理旅游过程中遇到的火灾、泥石流、地震、台风和海啸等灾害事故。
3. 牢固树立"预防为主，安全第一"的意识，确保各项行程顺利开展，保障游客安全。

任务详解

1. 火灾防范及应急处理

(1) 火灾防范

①导游应提醒游客不携带易燃、易爆物品，不乱扔烟头。

②每到一个地方，导游应尽快熟悉安全出口、安全楼梯的位置及安全逃生路线，并及时向游客做介绍。

(2) 火灾应急处理

①立即拨打消防救援电话119。

②迅速通知领队及全团游客，配合酒店、景区等所在地工作人员迅速、有序地通过安全出口疏散游客(不可使用电梯)。

③安抚游客情绪，引导游客开展自救　若身上衣服着火，可就地打滚或用厚重衣物压灭火苗。穿过浓烟区时，用浸湿的衣物披裹身体，用湿毛巾捂着口鼻，贴近地面顺墙爬行。大火封门无法逃出时，用浸湿的衣物、被褥堵塞门缝或泼水降温，等待救援。摇动色彩鲜艳的衣物，呼唤救援人员。

④协助处理善后事宜　游客撤离火灾现场后，导游应立即组织抢救受伤者；若有重伤者，应迅速将其送至医院救治；如果有人死亡，按有关规定处理。解决因火灾造成的生活方面的困难，设法使旅游活动按照计划继续开展。

2. 泥石流防范及应急处理

(1) 泥石流防范

①提前注意天气变化　到山区旅游，要提前注意天气变化。特别是在雨季，除了要事

先收看或收听天气预报外，进入山区后还要时刻留心沟谷上游是否下雨和突然发生的天气变化，以便提前采取防范崩塌、滑坡、泥石流的措施。

②设计安全的游玩路线　要提前了解清楚当地的地理环境，设计安全的游玩路线，避开有可能发生崩塌、滑坡、泥石流的地段。

③提醒游客结伴而行　导游应提醒游客在旅游过程中结伴而行，防止发生意外。

④安全扎营　应选择平整的高地作为营地，避开有滚石和大量堆积物的山坡，不要在山谷和山沟底部扎营。

⑤及时调整行程　沿山谷徒步时，一旦遭遇大雨，要迅速转移到安全的高地，不要在谷底过多停留。

（2）泥石流应急处理

①安全逃生　发生泥石流时不要在山沟停留，迅速向山坡坚固的高地或连片的石坡撤离。切勿与泥石流同向奔跑，要沿与泥石流流向垂直的方向逃生。抛掉一切重物，跑得越快越好，爬得越高越好。

②等待救援　到了安全地带，将游客集中在一起等待救援。

3. 地震应急处理

（1）室内避险

发生地震时就地躲避。尽量躲在窄小的空间内，如卫生间、厨房、内墙角，或者躲在桌、床等结实的家具下。在两次震动之间迅速撤至室外。

（2）室外避险

旅游团在游览时遇到地震，导游应迅速引导游客撤离建筑物、假山，集中在空旷、开阔地域。提醒游客注意保护头部，防止被砸伤。

（3）遭灾者自救

地震时被压在废墟下、神志尚清醒的幸存者，非常重要的是不能在精神上崩溃，应争取创造条件脱离险境或设法保存体力等待救援。不要乱喊，听到外边有人时再呼救。若能找到水和食物，有计划地食用，尽可能地维持生命。

4. 台风防范及应急处理

（1）台风防范

①关注天气动态，提前调整出行安排，避免前往受台风影响的地区。密切关注"三防"和气象、海洋、水文部门联合发布的预报预警信息及防御指引，提高防灾避险意识。

②做好提醒工作　如果确定近期有台风，导游应提醒游客避免外出。提醒游客不要在危旧住房、厂房、工棚、临时建筑、在建工程、市政公用设施（如路灯等）、吊机、施工电梯、脚手架、电线杆、树木、广告牌、铁塔等地方躲风避雨。提醒司机不要把车停在地下车库或者地势低矮的地方，尽量停往高处。

（2）台风应急处理

①若在室内，最好躲在地下室或坚固房屋的小房间内，避开重物。不能躲在野外小木屋、破旧房屋和帐篷内。若被困在普通建筑物内，应立即紧闭临风方向的门窗，打开另一侧的门窗。

②若被飓风困在野外，不要在狂风中奔跑，应平躺在沟渠或低洼处，但要避免水淹。

③若旅游团在旅游车上，司机应立即停车，导游组织游客尽快撤离，躲到远离汽车的低洼地或紧贴地面平躺，注意保护头部。

5. 海啸防范及应急处理

（1）海啸防范

①利用时间差逃生　地震是海啸发生的最早信号，从地震到海啸的发生有一个时间差，要利用时间差进行避险和逃生。

②发现异常，提高警惕　如果发现潮汐突然反常涨落，海平面显著下降或者有巨浪袭来，应提高警惕。海啸退去时往往会把鱼、虾等许多海洋生物留在浅滩，千万不要去捡鱼、虾，应迅速离开海岸，向陆地高处转移。

（2）海啸应急处理

①快速撤离海岸　海啸来临时应立即离开海岸，快速到高地等安全处避难。

②指导游客自救和互救　提醒游客要尽量抓住大的漂浮物，注意避免与其他硬物碰撞。提醒游客在水中不要举手，也不要乱挣扎，尽可能浮在水面随波漂流；海水温度偏低，不要脱衣服；尽量不要游泳，以防体内热量过快散失；不要喝海水，海水不仅不能解渴，反而会让人出现幻觉，导致精神失常甚至死亡；尽可能向其他落水者靠拢，以扩大目标，容易让救援人员发现。

③落水者被救上岸后，最好躺在温水里恢复体温，没有条件时应尽量裹上被、毯、大衣等保温。适当喝一些糖水，可以补充体内的水分和能量。要及时清除落水者鼻腔、口腔和腹内的吸入物。

④对于受伤落水者，应采取止血、包扎、固定等急救措施。对于重伤员，则要及时送往医院救治。

任务小结

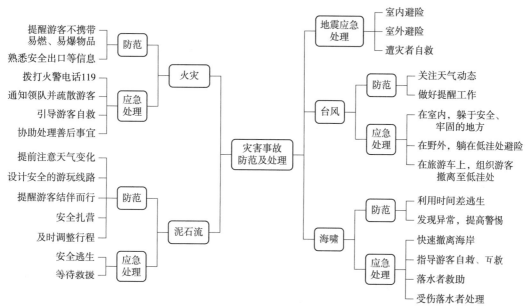

相关链接

山区旅游有哪些危险？

除了泥石流以外，山区旅游还有以下危险：

(1) 滚石

山区多岩石，即使是很小的石块，从高处滚落也会使人受伤。如果恰好较大岩体崩裂滚落，其后果更是不可想象。

遇到滚石，应随机应变，利用身处的地形或物体保护自己，如躲于身边的石块或树木之后。当处于谷底时，若一侧山坡发生滚石，可以逃向另一侧山坡。当处于半山腰时，可以横向转移，躲开石块下冲的方向。如果遇到大面积的滚石发生，要尽快离开滚石下落的路径并用随身物品保护好头部，以减少伤害。

如果被滚石砸伤，要对伤口进行紧急处置。如果伤口出血，在清除污染物之后可用随身的毛巾、手帕、上衣等进行包扎。如有骨折发生，应用树枝、竹片等加以固定。如果伤及腰部或头部，更要注意不可随意乱动，应由他人抬（或背）下山，就近求医。如果伤者伤势较重或昏迷不醒，应就地取材制好简易担架运送伤者。

(2) 山洪

在山区突遇暴雨，一定要防范山洪的发生。躲雨时要避开山沟、河道，以防雨水急聚其间形成山洪。遇到山洪发生要保持头脑冷静，尽量使自己的头部露出水面，保证呼吸。尽力冲出水面，抓住岸边任何可救命之物，如树枝、石头或枯藤之类，或抱住水中漂浮之物，然后逐渐靠岸以脱离险境。如果集体处于洪水之中，要互相搀扶，手拉手，共同行动，也可利用背带、腰带互相牵连，一同冲出洪水包围。

对于被洪水冲走的同伴，要积极救助。可将手边的物件如背包带子或长棍之类伸向落水者，使其抓住而获救。如果落水者较远，可以给其扔木板、树干等，使其借助木板、树干等产生的浮力获得生存的机会。

任务评价

根据任务完成情况，各小组相互进行考核评价（表9-10-1）。

表9-10-1 评价表

任务内容	完成情况			
	好	较好	一般	差
告知游客预防常见灾害事故的方法				
应对旅游过程中的灾害事故				
指导游客开展常见灾害事故的自救				

案例分析

旅游突遇台风

小张一家参加了某旅行社组织的海边休闲度假5日游。出游的前几天非常顺利，到了第四天晚上，当地天气预报提示行踪变幻莫测的台风将在明天到来。导游确定了天气信息的准确性后，向旅行社汇报，然后通知游客原计划的第五天返程无法按计划进行。游客不得不暂时滞留，旅行社帮助游客安排了合作酒店的房间。到了第五天，台风没有如期到来，小张独自跑到海边玩耍。导游知道后联系小张，让小张尽快离开海边。

问题1：该导游的做法是否正确？

问题2：如突遇台风，应采取哪些防范措施？

课后习题

一、判断题

1. 导游在送机时，如果是国际航班，要提前2小时到达机场。（　　）
2. 为防止食物中毒事故的发生，应严格执行在旅游定点餐厅就餐的规定。（　　）
3. 旅游团被迫缩短旅游活动日程安排，在时间允许的范围内，导游应选择有代表性、具有特色的景点游览。（　　）
4. 当火灾事故发生时，导游应首先报警，并迅速组织游客乘坐电梯有序撤离。（　　）

二、单项选择题

1. (　　)是指旅游团抵达后，无导游迎接的现象。
   A. 漏接　　　B. 空接　　　C. 错接　　　D. 误接

2. (　　)是指导游接了不应由他接的旅游团(者)的现象。
   A. 漏接　　　B. 空接　　　C. 错接　　　D. 误接

3. 旅游团乘坐国内航班离开，为了防止发生误机事故，导游应带团提前(　　)分钟到机场。
   A. 40　　　B. 60　　　C. 120　　　D. 180

4. 下列不属于导游为防止游客走失应当提醒的内容的是(　　)。
   A. 提醒游客不要走得太远
   B. 提醒游客不要回酒店太晚

C. 提醒游客不要走散

D. 提醒游客不要去热闹拥挤、秩序混乱的地方

5. 游客下飞机后，如果在机场找不到自己的托运行李，全陪应首先(　　)。

A. 与接待社联系，请协助查找

B. 向航空公司索赔

C. 给该航班所属的航空公司打电话，请协助查找

D. 带游客到机场行李查询处登记，凭机票和行李牌办理行李丢失或认领手续

6. 由于大雪封山被迫改变部分旅游计划，导游必须首先(　　)。

A. 提出以另一景点代替的方案，与游客协商

B. 实事求是地向游客讲清情况，求得谅解

C. 以精彩的导游讲解、热情的服务激起游客的游兴

D. 按照有关规定做些相应的补偿

7. 假如发生交通事故，导游应首先(　　)。

A. 组织好现场人员迅速抢救受伤的游客

B. 立即报警

C. 保护好现场

D. 迅速向接待社汇报

三、多项选择题

1. 为预防漏接事故，导游应该(　　)。

A. 认真阅读接待计划　　　　B. 提前抵达接站地点

C. 核实交通工具到达的准确时间　　D. 提供更加热情周到的服务

E. 提醒司机不要迟到

2. 导游处理漏接事故的措施包括(　　)。

A. 向游客赔礼道歉　　　　B. 尽量采取弥补措施

C. 提供更加热情周到的服务　　D. 酌情给游客一定的物质补偿

E. 通知下一站地陪

3. 地陪接待老年团时，应(　　)。

A. 适当缩减旅游项目，放慢旅游节奏

B. 尽量选择适合老年人的交通工具

C. 安排活动要放慢节奏

D. 随时提醒游客注意饮食卫生，不要购买小贩的食品，不要喝生水

E. 及时预报天气变化

4. 某旅游团在海南旅游时突遇台风，导游正确的做法有(　　)。

A. 带领游客平躺在沟渠或低洼处

B. 带领游客到坚固的小房间躲避

C. 带领游客朝台风的反方向跑

D. 带领游客寻找地下室躲避

E. 如果在行驶途中，请司机立即停车

5. 为了保证游客在旅游过程中的身体健康，导游正确的做法有(　　)。
A. 安排项目不要过于紧凑
B. 提醒游客不要食用路边摊售卖的食品
C. 及时进行天气预报
D. 游客生病没有带药，导游将自己的药给游客服用
E. 提醒游客早点休息

数字资源

项目 10

应急救护服务

项目描述

导游员服务过程中常见的应急状况包括：中暑、高热、动物咬伤、晕动症、高原反应、游客骨折和游客溺水。导游应掌握基本的应急救护服务技巧，灵活处理在带团过程中出现的突发状况，以确保旅游行程的顺利进行。本项目是围绕导游在带团工作中经常会遇到的突发安全问题，开展应急救护服务。

学习目标

1. 熟练掌握预防和应急处理常见突发安全问题的措施。
2. 基本掌握应急救护服务技能。
3. 能够将理论与实践有机结合，更好地理解和巩固所学内容。

知识导入

1. 中暑

中暑是在高温环境下或受到烈日暴晒引起体温调节功能紊乱、汗腺功能衰竭和水、电解质过度丧失所致的疾病。根据病情严重程度，中暑分为 3 种类型：先兆中暑、轻症中暑和重症中暑（又可分为热痉挛、热衰竭和热射病）。轻症中暑可出现头昏、胸闷、心悸、面色潮红、皮肤灼热、体温升高等症状。一旦发展为重症中暑，则会出现大量出汗、血压下降、晕厥、肌肉痉挛等症状，甚至发生意识障碍、嗜睡、昏迷、痉挛或皮肤干热，体温超过 40℃。

2. 晕动症

晕动症是由多种因素导致人体对运动状态错误感知而产生的一系列生理反应（包括晕车、晕船、晕机）和由于各种原因引起的摇摆、颠簸、旋转、加速运动等所致疾病的统称。本病常在乘车、航海、飞行和其他运动运行数分钟至数小时后发生。

3. 高热

正常人体体温为 36~37.4℃。各种疾病或其他原因会使人体体温升高，当人体体温高达 39~41℃ 时，称为高热。高热在临床上属于危重症范畴，是人体对疾病的强烈反应。其症状是面色潮红、皮肤烫手、呼吸及脉搏增快。

4. 高原反应

高原反应是人到达一定海拔高度后，身体为适应因海拔高度而造成的气压差、含氧量少、空气干燥等变化，而产生的自然生理反应。海拔3000米以上，就会发生高原反应。高原反应包括急性高原反应和慢性高原反应。由平原进入高原或由高原进入更高海拔地区后，机体在短时期(一般在6~24小时)内发生的一系列缺氧表现称为急性高原反应。慢性高原反应为通过长期不断的调节过程仍不能适应，以致形成高原机能失调的现象，呈现一系列临床症状。

5. 骨折

骨折是指骨的连续性和(或)完整性的中断，主要由外伤引起，少数因为骨质的严重病变而继发骨折。症状为骨折部有局限性疼痛和压痛，局部肿胀和出现瘀斑，肢体功能部分或完全丧失。完全性骨折还会出现肢体畸形及异常活动。

6. 溺水

溺水是指大量水被吸入肺内，引起人体缺氧窒息的危急病症。多发生在夏季的游泳场所、海边、江河、湖泊、池塘等处。症状为面色青紫肿胀，眼球结膜充血，口鼻内充满泡沫、泥沙等杂物。部分溺水者会因大量喝水入胃出现上腹部膨胀。多数溺水者四肢发凉，意识丧失，严重者心跳和呼吸停止。

任务10.1　中暑和高热预防及处理

任务描述

中暑和高热是旅游过程中常见的突发急症，体温增高是两者共性的表征之一。中暑发生在烈日下或高温环境里(通常发生在夏季高温同时伴有高湿的天气)，中暑时人体内的热量不能及时散发，引起机体体温调节发生障碍。高热则可能由多种原因引起。本任务主要是分组实施以下内容：熟悉中暑和高热两种急症的预防和应急处理措施，以便在旅途中当游客出现状况时，能准确地判断和有效地处理。

任务目标

1. 能够在旅游行程中预防游客发生中暑和高热等突发状况。
2. 一旦游客发生中暑和高热，能够正确地做出判断，准确地提供相应的应急救护服务。
3. 牢固树立预防为主的意识，保证旅游活动的顺利开展。

任务详解

1. 中暑预防和处理

(1) 游客中暑预防

①提醒游客做好防护工作　如提醒游客打遮阳伞、戴遮阳帽、戴太阳镜、抹防晒霜；

建议游客外出时的衣着尽量选用白色或素色的棉、麻、丝类织物。

②避免烈日下活动 带团时要注意劳逸结合，尽量避免游客长时间在骄阳下活动，特别是在正午阳光最强烈的时候活动。另外，在气温高且无风的地方也不能逗留过久。

③提醒游客多喝淡盐水 夏季旅游出汗多，体内盐分减少，应提醒游客多喝些淡盐水，可以补充因出汗而流失的盐分。

④准备防暑用品 在夏季出游前准备好预防和治疗中暑的药品，如十滴水、仁丹、藿香正气水、清凉油、风油精等。

(2) 游客中暑处理

①轻症患者 经下述处理，待体温降到38℃，体征平稳后可送其回酒店休息。

- 帮助散热。遇到高温天气，一旦出现大汗淋漓、神志恍惚时，要注意降温。迅速将中暑者抬到通风、阴凉、干爽的地方，使其仰卧并解开衣扣，松开或脱去衣服。同时可用扇子轻扇，帮助散热。
- 促进血液循环。对于面部发红的中暑者，可将头部稍垫高；对于面部发白的中暑者，可将其头部略放低，使其周身血液流通。最好在中暑者头部捂上一块冷毛巾，可用50%的乙醇、冰水或冷水进行全身擦浴，使末梢血管扩张，促进血液循环，然后用扇子或电扇吹，促进散热。
- 失去知觉的急救。若中暑者已失去知觉，可让其嗅一些有刺激气味的东西或掐其人中，使其苏醒，然后喂一些清凉饮料或淡盐水。

②重症患者 如果高温下发生游客昏迷的现象，要持续监测体温变化，持续高烧40℃左右的，要马上送至医院进行液体复苏治疗，千万不能以为只是普通中暑而轻视，耽误治疗时间。

2. 高热预防和处理

发热是机体的一种防御反应。发热可使吞噬细胞活性增强，抗体生成增多，白细胞内酶的活性及肝的解毒功能增强，有助于抵御疾病的侵袭，促进机体恢复。因此，如果体温不是太高，不应盲目或急于降温治疗。但是，高热在临床上属于危重症范畴，发热时间过久或高热持续不退，对机体有一定危害性。如果出现一系列严重症状，病情加重，影响机体恢复，应尽快查明原因。

(1) 游客高热预防

①衣着凉爽 提醒游客衣着要凉爽，切忌采用捂被子发汗的办法。

②空气流通 旅游地的空气要流通，必要时用电扇吹风，千万不可关窗闭户不见风。

③注意饮食 鼓励游客多饮水，保持口舌滋润、小便通畅。提醒游客注意营养，不要随意忌口，无明显咳嗽的可多吃水果，尤其是西瓜，既能补充水分、糖分和维生素，又有清热的功效。此外，还应注意保持大便通畅。

④加强锻炼 提醒游客平日要加强锻炼，增强肌体免疫力。

(2) 游客高热处理

①物理降温 用冰袋或冰块外包毛巾敷于头部，以保护脑细胞；用乙醇加冷水擦拭颈

部、腋下、腹股沟等处；喝冰水或冰冻饮料等；针刺十指尖放血也可泻热降温。应注意的是，不能使体温下降太快，以免虚脱。

②补充水分和电解质　高热时水分丢失增多，食欲减退，应及时补充水分和电解质。

③送医院就医　严重时应立即送至医院诊治。

任务小结

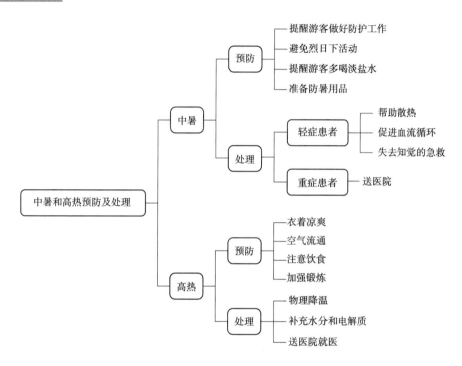

相关链接

户外急救包的必备物品

出游要随身备些常用的急救药品和物品，特别是本身患有疾病的人出游，更要注意急救药品和物品的准备。

装有急救药品和物品的急救包要做好防水处理，可选择轻量且实用的密封袋或拉链袋。无论是个人还是团体的急救包，都应该放在容易拿取的地方，最好是每名游客都知道的地方。户外急救包中应准备好以下物品：

（1）外伤用品

①乳胶手套3双　保护双手不受感染。

②10CC针筒1个　清洗伤口，尤其是不容易清洗的伤口。

③镊子1个　清除伤口异物。

④各种尺寸纱布3包　包扎伤口。

⑤碘伏1瓶　消毒伤口。

⑥宽版透气胶带2卷　包扎伤口、处理水泡。

(2) 药剂

①非类固醇类消炎止痛药12颗　消炎止痛。

②止泻剂6颗　停止腹泻。

(3) 个人处方药品

游客如果患有气喘、糖尿病、心脏病或其他疾病，应先询问医生，评估是否适合参加计划的行程。如果有需要，医生会开具个人处方药品。游客若有上述情况，应主动告知导游，且应该让导游知道存放药品的位置，以及使用的方法与剂量。

(4) 其他品项

①轻便雨衣1件　失温处置。

②大塑胶袋1个　失温处置。

③合适尺寸的扁带1条　搬运伤患。

任务评价

根据任务完成情况，各小组相互进行考核评价(表10-1-1)。

表10-1-1　评价表

任务内容	完成情况			
	好	较好	一般	差
告知游客预防中暑的方法				
游客中暑处理				
告知游客预防高热的方法				
游客高热处理				

案例分析

高温天气出游，游客出现不适

烈日下，导游小张带领游客在户外进行旅游活动。游客小方身体较胖，没戴帽子，走了一段时间后，他感到头痛、头晕，不一会儿开始出虚汗、心慌、面色发黄。小张发现后，立刻与其他游客一起把小方搀扶到旁边的树荫下休息。小张一边让小方躺下，一边给他喝矿泉水，还用矿泉水把毛巾弄湿，敷在他的额头上帮助散热。

问题：小张的做法对吗？

任务 10.2　动物咬伤预防及处理

任务描述

在旅游行程中，可能会遇到游客被毒蜘蛛、毒蛇、狗等动物咬伤的情况。本任务主要是分组实施以下内容：在旅游行程中做好预防，一旦游客被动物咬伤，做出正确的判断，准确地提供相应的应急救护服务。

任务目标

1. 熟悉毒蜘蛛、毒蛇、狗咬伤的预防措施。
2. 能够掌握毒蜘蛛、毒蛇、狗咬伤的应急处理措施。
3. 牢固树立"预防为主，科学救治"的意识，及时发现、尽早控制伤情。

任务详解

在旅游过程中，可能会出现游客被毒蜘蛛、毒蛇、狗咬伤等突发状况，严重时会危及游客生命。导游要高度重视，根据具体情况采用相应的应急处理措施。

1. 毒蛇咬伤预防及处理

无毒蛇头部呈椭圆形，色彩不明显，咬伤处牙痕小且呈锯齿状。许多毒蛇的头部形状独特，呈三角形或其他形状，色彩斑纹明显。毒蛇咬人时，咬伤处有一对大而深的牙痕，毒液经毒牙注入人体组织，引起局部和全身中毒症状。毒蛇咬伤的中毒症状分为神经毒、血液毒、混合毒3类。

神经毒：伤口局部麻木，知觉丧失，或仅有轻微痒感。伤口红肿不明显，出血不多，伤后不久头昏、嗜睡、声嘶、失语、吞咽困难，严重者呼吸困难、全身瘫痪。

血液毒：伤口局部迅速肿胀，并不断向近侧发展。伤口剧痛，流血不止。出现发热、心悸、烦躁不安、谵妄、心律失常、休克等。

混合毒：兼有神经毒及血液毒的症状。从局部伤口看，类似血液毒，如局部红肿、瘀斑、血泡、组织坏死等。从全身来看，又类似神经毒。此类伤员死亡的原因以神经毒为主，如呼吸麻痹。

(1) 预防措施

①避开危险地段　进行户外旅游时，应尽可能避开树木茂密的地段。

②注意衣着　提醒游客尽量穿高帮鞋及戴手套，同时将裤口、袖口扎紧。

③排除隐患　在旅游过程中要随时观察周围情况，及时排除隐患。如休息时选择空旷、干燥的地面。又如在野外进入草丛前，提醒游客先用棍棒驱赶毒蛇。

④遇到蛇不慌乱　提醒游客遇到毒蛇时不要惊慌失措，应采用"之"字形的路线躲避追

赶的毒蛇，或是站在原处，面向毒蛇，注意来势向左、右避开，并寻找机会拾起树枝自卫。

(2) 应急处理

①保持镇静　被毒蛇咬伤后，要保持镇定，避免慌张。使受伤的肢体下垂，立即取坐位或卧位，切勿惊慌奔跑，以免加快血液循环，加速蛇毒的吸收和扩散。尽量保持全身的制动，尤其是受伤肢体要完全制动（可用树枝或者夹板固定受伤的肢体）。

②包扎　立即在伤口近心端5～10cm处用止血带或布带等环形缚扎，每30分钟松解1次，每次1～2分钟。需注意的是，错误的包扎可能会加重损伤。如不可以用力地包扎，以防引起肢体坏死。如果手指被咬伤，应包扎指根，大腿被咬伤则绑扎大腿根部，以能阻断静脉血和淋巴回流为度。

③排毒　用大量清水、肥皂水冲洗伤口。从近心端反复推挤，挤出毒液，清除残留的毒牙和污物，伤口较深者可用尖刀在伤口周围多处切开、深达皮下，促进毒液排出，但若伤口流血不止则忌切开。

④送医院诊治　拨打急救电话120，尽快到医院进行处理。

2. 毒蜘蛛咬伤预防及处理

许多蜘蛛具有毒性。被毒蜘蛛咬伤后，毒汁进入人体，常在数分钟内引起局部疼痛，可伴恶寒、呕吐、腹痛等全身症状，可见瘀斑、红斑、丘疹、肿胀甚至水疱等皮损，也可见局部坏死。在我国，会引起中等到重度反应的毒蜘蛛有蜘蛛目球腹蛛科的致命红斑蛛（又名黑寡妇蛛）和棕色毒蛛，均喜栖于山野岩隙、树枝、墙角暗处。如果被这些毒蜘蛛咬伤，可能会引起全身中毒症状，若抢救不及时，可导致死亡。

(1) 预防措施

①着装防范　在有毒蜘蛛分布的地域行走，提醒游客穿高帮鞋、长袜、长裤，裤脚要扎牢，戴防护手套。

②避开可疑毒蜘蛛　学会识别旅游地可能出现的毒蜘蛛，提醒游客尽量避开可疑的毒蜘蛛。

③必要时随身携带急救药品。

(2) 应急处理

①止血　被毒蜘蛛咬伤后，尽快在伤口的近心端缚扎，防止毒液扩散。每15～20分钟放松约1分钟，缚扎总时间不得超过2小时。

②排毒　吸出毒汁，或由专业人员扩创排毒。

③火烧　蜘蛛毒的主要成分是一些蛋白质和多肽酶。蛋白质和多肽酶遇到酸、碱、电解质和高温均可变性。其变性后，毒性消失。因此，紧急情况下，由专业人员用火烧伤口，是最简易和有效的急救方法。火烧不必把伤口烧焦，只需要烧到伤口皮肤起水疱就可以了。

④送医院诊治　尽快送到附近医院治疗。

3. 狗咬伤预防及处理

旅游途中，如果因为意外被狗咬伤，主要症状是咬伤部位出现严重程度不一的伤口、流血、红肿疼痛等。若早期诊断治疗及时，一般预后良好。

（1）预防措施

①保持距离　提醒游客与狗保持距离，防止其伤人。

②不逗狗玩　提醒游客不要逗狗玩，树立安全意识。

③注射预防　注射狂犬病疫苗和破伤风抗毒素。

（2）应急处理

①冲洗　被咬伤后立即用清水或肥皂水连续冲洗伤口，至少冲洗15分钟。

②消毒　用碘酒或75%乙醇消毒伤口，但不要包扎伤口。

③送医院　及时到医院处理伤口。

④注射破伤风抗毒素　遵医嘱注射破伤风抗毒素，预防破伤风。

⑤注射狂犬病疫苗　及时到附近防疫站注射狂犬病疫苗。

任务小结

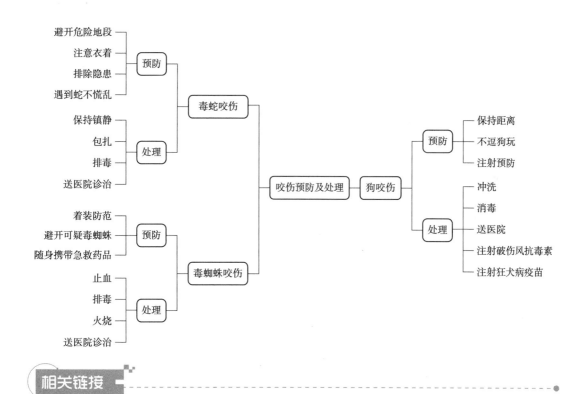

相关链接

被蜈蚣咬伤的处理

（1）被蜈蚣咬伤具体症状

被蜈蚣咬伤时，它的毒腺会分泌出毒液，顺着它的腭牙注入人体的皮下，人体一般会在局部出现红肿和疼痛。

中小型蜈蚣咬伤，出现局部疼痛，被咬伤处有白色圆形隆起，而后潮红，可伴有水肿，表皮坏死，出现淋巴结炎，一般1~3周内好转、消失。也有部分患者未经有效治疗，伤后1个月仍有局部肿胀、瘙痒等。

大型蜈蚣咬伤，局部灼热肿胀，剧痛、灼痛难忍。重者可出现局部水泡或坏死，有明显淋巴管和淋巴结炎。有一些毒性比较大的蜈蚣，还会导致人出现淋巴管炎，甚至会引起局部组织坏死。毒素进入人体后，可出现全身中毒症状，如头晕、恶心、呕吐、发热等，甚至出现谵妄、抽搐、昏迷。

部分患者有类似蜂毒过敏反应，出现过敏症状，甚至出现过敏性休克及致死病例。

（2）被蜈蚣咬应急处理

被蜈蚣咬之后，可用碱性肥皂水或小苏打水冲洗伤口，酌情用拔火罐的方法或者用吸奶器吸出伤口处的毒液。

适当冰敷伤口周围，可减少毒液扩散和吸收。

不建议强行挤压伤口，因为这样可致伤口处毛细血管破裂，反而使毒液容易被吸收。

不建议缚扎肢体近心端，因为若处理不当，反而易致肢体坏死。

若出现红肿、疼痛、灼热等症状，及时去医院就诊。

任务评价

根据任务完成情况，各小组相互进行考核评价（表10-2-1）。

表10-2-1 评价表

任务内容	完成情况			
	好	较好	一般	差
告知游客预防动物咬伤的方法				
游客被动物咬伤应急处理				

案例分析

游客被狗咬伤

导游小陈带团在户外旅游。游客小方看到一只流浪狗躺在地上，觉得流浪狗很可爱，便去逗玩，不料右手食指被流浪狗咬破了一个小口。小方随手用餐巾纸擦拭了一下，觉得不疼，没什么大碍，不需要做什么处理。小陈坚持让小方尽快前往医院注射狂犬病疫苗。

问题：小陈的做法是否正确？为什么？

任务 10.3　晕动症和高原反应预防及处理

任务描述

晕动症和高原反应是旅游途中常出现的应急状况。如果没有有效处理，严重时会有生命危险。本任务主要是分组实施以下内容：在旅游行程中预防游客发生晕动症和高原反应等突发状况；一旦游客发生晕动症或高原反应，正确地做出判断，准确地提供相应的应急救护服务。

任务目标

1. 掌握晕动症和高原反应的应急处理措施。
2. 熟悉晕动症和高原反应的预防措施。
3. 牢固树立预防为主的意识，科学应对晕动症和高原反应等游客突发状况，保证旅游活动的顺利开展。

任务详解

1. 晕动症预防和处理

晕动症的症状为头晕、恶心、呕吐、上腹部不适、面色苍白、出冷汗等。初时感觉上腹部不适，继而恶心，面色苍白，出冷汗，旋即眩晕，精神抑郁，唾液分泌增多和呕吐。有时还会出现血压下降，呼吸深而慢，眼球震颤。严重呕吐时引起失水和电解质紊乱。症状一般在停止运行或减速后数十分钟至数小时内消失或减轻，也有的持续数天后才逐渐恢复，并伴有精神萎靡、四肢无力，重复运行或加速运动后，症状再度出现，但经多次发病，症状反而减轻，甚至不再发病。虽然晕动症无法根治，但是可以做好预防和处理工作。

（1）晕动症预防

①避免疲劳　疲劳是引起晕动症的原因之一，应避免在旅途中过度疲劳。

②注意饮食　提醒易患晕动症的游客在乘车之前不喝酒、不饱食，尤其不能吃高蛋白质和高脂食品，可吃些清淡的食物。

③前排就座　将易患晕动症的游客安排在前排较平稳的位置就座，座位方向应与行驶方向一致。

④闭目养神　建议易患晕动症的游客不要在乘车时使用手机，也不要看窗外快速移动的景物，最好闭目养神。

⑤药物预防　建议易患晕动症游客在乘车（机、船）前30分钟服用抗晕药物或使用晕车贴。

（2）晕动症处理

①调整位置　游客患晕动症时，导游应立即将其调整到合适的位置，环境要安静且通

风良好。患病游客应闭目仰卧，头部支靠在固定靠背或物体上。

②涂抹风油精　将风油精涂抹于游客的太阳穴或风池穴上。

③束紧腰带　提醒游客将腰带束紧，以减少腹腔内脏的震荡，缓解不适。

④呕吐处理　及时为游客准备好食品袋和纸巾，尽快清除呕吐物。

⑤严重者送往医院救治　如果症状严重，及时联系司机或乘务人员采取措施，送往医院救治。

2. 高原反应预防和处理

高原反应的常见症状：头部剧烈疼痛、心慌、气短、胸闷、食欲不振、恶心、呕吐、口唇和指甲发绀；意识恍惚，认知能力骤降（主要表现为计算困难，在进入高原之前做一道简单的加法题，记录所用时间，在进入高原之后重复做同样的计算题，如果所用时间比原先延长，说明已经发生高原反应）；出现幻觉，感到温暖，常常无目标地跟在他人后面行走。

急性高原反应在进入海拔3千米以上时，前1~2天症状最明显，后逐渐减轻，大多6~7天基本消失，少数可持续存在。主要表现为头痛、记忆力与思维能力减退、失眠、多梦、呼吸深、呼吸频率增加、心动过速等，部分患者还会出现嘴唇发紫、血压升高等症状。

（1）高原反应预防

①提高身体素质　出团前，提醒游客做好锻炼，提高身体对缺氧的耐受能力，使机体在进入高原时能够对缺氧环境有某种程度的生理适应。

②注意饮食　进入高原后，提醒游客多吃高碳水食物，以及蔬菜和水果等富含维生素的食物，避免吸烟、饮酒。提醒游客不暴饮暴食，以免加重消化器官的负担。

③注意生活细节　初到高原，提醒游客要慢慢走路，不要跑，不要跳，以免增加身体的负担。不要频繁洗澡，避免感冒。注意保暖。

④多饮水　提醒游客要不断少量喝水（一般每天需补充4升水），以预防血栓。高原地区湿度较低，嘴唇容易干裂，除了喝水，还可以用润唇膏改善症状。

⑤药物预防　提前服用抗高原反应药物进行预防。

⑥禁忌人群不进入高原地区　提醒相关病患游客，如有器质性疾病、严重神经衰弱或呼吸道感染患者，不宜进入高原地区。

（2）高原反应处理

①做好防晒　尽量避免将皮肤裸露在外，可以戴上防紫外线的遮阳镜和撑遮阳伞，涂上防晒霜。

②保证睡眠　高原反应会导致失眠，如果失眠很严重，可以在专科医生指导下适当使用改善睡眠的药物。症状改善前，应卧床休息和补充水分。

③吸氧疗法　有条件的应及时采用吸氧疗法，这是缓解症状的最快方式。

④服用药物　一旦出现症状，如果采用吸氧疗法无法改善，就需要针对出现的症状服用药物。

⑤送到低海拔地区　如果游客经过休息、吸氧、服用药物，高原反应的症状没有得到缓解，甚至有加重的情况，则必须尽快将其转送到海拔较低的地区。

⑥送往医院救治　如果病情严重，要及时送游客去医院进行救治。

任务小结

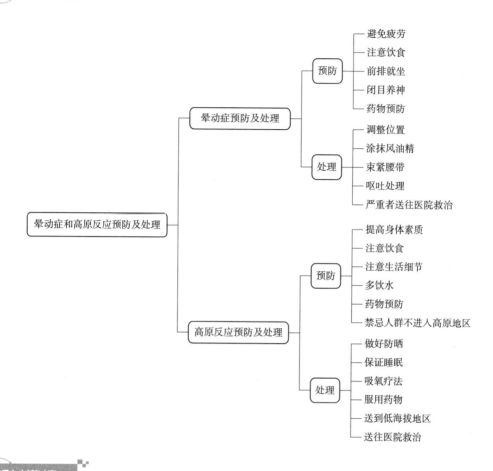

相关链接

常用的晕车药

（1）苯巴比妥东莨菪碱片

服用时间：乘车前 20 分钟服用。

用法及用量：参考说明书。

用药禁忌：青光眼、前列腺肥大、严重心脏病、器质性幽门狭窄、麻痹性肠梗阻以及肝硬化患者禁用；孕妇及哺乳期妇女禁用；老人、儿童慎用。

（2）甲氧氯普胺片

服用时间：乘车前 15~30 分钟或餐前 30 分钟吞服。

用法及用量：参考说明书。

注意事项：行程 4 小时以上无症状者，可再服 1 片，服后减少头部运动，保持情绪愉快、稳定。一天不可服用超过 10 片。

用药禁忌：本品可减弱西咪替丁的作用，增加对乙酰氨基酚、氨苄西林等的吸收，与乙醇合用可加强镇静作用，嗜铬细胞瘤、癫痫、乳腺癌、机械肠梗阻和胃肠出血患者等禁用；肝肾功能不全者慎用；孕妇不宜服用。

(3) 吗丁啉片

服用时间：乘车前1小时或餐前30分钟服用。

用法及用量：参考说明书。

注意事项：与抗胆碱药合用可减弱本品的作用。本品可增加对乙酰氨基酚、氨苄西林的吸收，减少地高辛等的吸收。

用药禁忌：孕妇、1岁以下婴儿慎用。

(4) 地芬尼多片

服用时间：上车前半小时服用。

用法及用量：参考说明书。

注意事项：服药后可能会出现口干、胃部不适、头痛、头晕、耳鸣、皮疹、视力模糊等不良反应，偶见嗜睡、心悸等，停药可消失。

用药禁忌：青光眼患者、6月以下婴儿及过敏者禁用；严重肾功能障碍、胃溃疡、心动过缓患者及孕妇慎用。

(5) 东莨菪碱贴片

服用时间：建议出发前一晚贴在耳后皮肤上，也可在出发前5~6小时贴，乘车(机、船)后取下药片。

用法用量：参考说明书。

注意事项：少数人有口渴、瞳孔散大、视力模糊、嗜睡、心悸、面部潮红、定向障碍、头痛、尿潴留、便秘等不良反应。

用药禁忌：对本品过敏者及青光眼、前列腺肥大、严重心脏病、器质性幽门狭窄或麻痹性肠梗阻患者和哺乳期妇女禁用。老年人、儿童、孕妇慎用。

任务评价

根据任务完成情况，各小组相互进行考核评价(表10-3-1)。

表10-3-1 评价表

任务内容	完成情况			
	好	较好	一般	差
告知游客预防晕动症的方法				
游客晕动症处理				
告知游客预防高原反应的方法				
游客高原反应处理				

案例分析

我不会有高原反应

5个年轻人报名参加了一家旅行社组织的旅游团到稻城亚丁旅游。在进入稻城亚丁景区前,导游一再强调高原反应是十分危险的,每年都有游客因此而丧命,请大家一定根据自身情况谨慎决定是否前往。几位年轻人开始聊起来:

"我是男士,女士是不是更容易有高原反应?"

"我上个月刚做了体检,身体非常健康,而且我带了红景天,已经提前喝了,应该没问题!"

"我提前半年开始锻炼身体,每天坚持跑步,肯定不会有高原反应!"

"我们是年轻人,年长的是不是更容易有高原反应?"

"导游说得太吓人了,高原反应不是每个人都有的。"

问题:这些年轻人关于高原反应的说法是否正确?为什么?

任务 10.4 游客骨折预防及处理

任务描述

游客骨折是旅游过程中常见的应急状况之一。本任务主要是分组实施以下内容:在旅游行程中预防游客发生骨折;一旦游客发生骨折,正确地做出判断,准确地提供相应的应急救护服务。

任务目标

1. 掌握骨折的应急处理措施。
2. 熟悉骨折的预防措施。
3. 牢固树立预防为主的意识,科学应对游客骨折等突发状况,保证旅游活动的顺利开展。

任务详解

旅游活动过程中,游客特别是儿童和老年人可能会不慎滑倒、摔跤,严重的可能会骨折。导游要做好安全提醒,提前加强防范。一旦游客发生骨折,导游要根据具体情况采用相应的应急处理措施。

1. 骨折预防

(1)强身健体

鼓励游客积极、长期地坚持锻炼,增加在户外的活动时间,多呼吸新鲜空气,促进全身血液循环和新陈代谢。多活动能使血液中的钙质更多地在骨骼内存留,从而提高骨的硬度,有效地减少骨折的发生。

(2) 多晒太阳

钙的代谢依赖于维生素 D 的作用,阳光中的紫外线可以促进人体内维生素 D 的合成,进而促进人体内钙的形成和吸收,维持正常的钙磷代谢,使骨骼中的钙质增加从而提高骨的硬度。

(3) 加强防范

提醒游客不到人多和车多的地方活动,下雨、下雪或地上积水、结冰时尽量不要外出,以免跌倒。不要攀登梯子或爬高,不在陡坡上行走。夜间起床上厕所之前,应先在床沿坐上片刻,使腿部肌肉处于兴奋状态,并防止体位改变时发生一过性低血压。

(4) 注意饮食

提醒游客多吃富含蛋白质和维生素的食物,可防止骨质疏松的发生和发展。

2. 骨折处理

(1) 优先止血

若为开放性骨折,往往伴有大出血,应先止血,并用干净布片或纱布覆盖伤口。切勿将外露的断骨推回伤口内。若在包扎伤口时外露的断骨已自行滑回伤口内,则到医院后,须向医生说明,提请注意。

(2) 简单固定

游客肢体骨折时,可用夹板或木棍、竹竿等将骨折处上、下方两个关节固定。若无固定物,则将受伤的上肢绑在胸部,将受伤的下肢同健肢一并绑起来,避免骨折部位移动,以减少疼痛,防止伤势恶化。

(3) 平稳搬运

游客发生腰椎骨折时,应使伤员平卧在硬木板(或门板)上,并将腰椎躯干及两个下肢一同进行固定。搬动时应数人合作,保持平稳。平地搬运时伤员头部在后,上楼、下楼、下坡时头部在上。搬运过程中应严密观察伤员,防止伤情突变。

(4) 严重者送医院

离医院较近的,可直接送医院或叫救护车;离医院比较远的,必须进行简单的处理,以防在送往医院途中加重病情,甚至造成不可逆的后果。转运途中要注意动作轻稳,防止震动,以减少伤员的疼痛和避免碰坏伤肢;注意保暖和制动。

任务小结

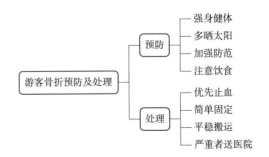

相关链接

户外外伤急救常识

（1）外伤类型

外伤指人体受到外力作用而发生的组织撕裂或损害。根据有无伤口，可分为闭合性外伤和开放性外伤两大类。

①闭合性外伤　由钝力造成，无皮肤、体表黏膜破裂，常见的有挫伤和扭伤。

挫伤　由钝力打击所致的皮肤和皮下软组织损伤，皮肤无裂口，伤部青紫，皮下瘀血、肿胀、压痛。轻者可用伤湿止痛膏外贴受伤区。对于胸腹部挫伤及头部挫伤，应考虑有无深部血肿或内脏损伤出血，宜到医院观察诊断。

扭伤　常发生在踝部、腰部、颈部及手腕等处，常伴有关节脱位或骨折。扭伤的一般处理原则是让患者安定情绪，固定好受伤部位并用冷湿布敷盖。手足扭伤者可抬高患部。颈部、腰部扭伤者在搬运时不可移动患部。扭伤后无论轻重，不可立即洗澡、胡乱按摩，须送医院治疗。扭伤常用的治疗方法有局部封闭、药物外敷、药物内服、理疗等。

②开放性外伤　多数由锐器和火器所造成，少数可由钝力造成，常有皮肤、体表黏膜破裂。

割伤　对浅的伤口，用温开水或生理盐水冲洗拭干后，以碘酊或75%乙醇消毒、止血，然后包扎或外用创可贴，一般能较快痊愈。对较深的伤口，应立即压迫止血，速到医院行清创术，视伤情进行缝合修补等。刀伤伤口不可涂抹软膏之类的药物，否则伤口难愈合。

刺伤　宜先将伤口消毒干净，再用经过灭菌的针及镊子将异物取出，消毒后包扎伤口。若异物留在体内不易处理，可到医院就医。如被针、金属片等刺伤而留于体内，应到医院在X光下取出。较深的伤口可能有深部重要组织损伤，常导致并发感染，可服用抗炎药物治疗。被不洁物刺伤后要预防破伤风，宜到医院肌肉注射破伤风抗毒素。

（2）外伤处理原则

对于大量出血的患者，应首先进行止血；对于切割伤、刺伤等小伤口，挤出少量血液，能排出细菌和尘垢；伤口宜用清洁的水洗净，对于无法彻底清洁的伤口，须用清洁的布覆盖其表面，不可直接用棉花、卫生纸覆盖。

任务评价

根据任务完成情况，各小组相互进行考核评价（表10-4-1）。

表10-4-1　评价表

任务内容	完成情况			
	好	较好	一般	差
告知游客预防骨折的方法				
游客骨折应急处理				

案例分析

游客崴脚,导游如何处理?

高新小学在暑假期间组织学生开展为期一周的研学旅行活动。第三天下午,二年级的小马与同学玩耍奔跑时跌倒,左脚严重受伤。事故发生后的第一时间,导游小王没有意识到小马的左脚伤情严重,只是给小马的左脚做简单按摩和冰敷处理,直到小马左脚肿胀伴有体温升高,小王才通知小马家长,让小马家长赶紧接小马去医院治疗。经医院确诊,小马为左胫骨远端骨折,需进行手术复原。

问题:小王的处理是否妥当?正确的做法应该是怎样的?

任务10.5 游客溺水预防及处理

任务描述

游客溺水是旅游过程中常见的应急状况之一。本任务主要是分组实施以下内容:在旅游行程中预防游客发生溺水等意外;一旦游客发生溺水,正确地做出判断,准确地提供相应的应急救护服务。

任务目标

1. 熟悉溺水的预防措施。
2. 掌握溺水的应急处理措施。
3. 牢固树立预防为主的意识,科学应对游客溺水等突发状况,保证旅游活动的顺利开展。

任务详解

到水资源丰富的地区旅游,存在游客溺水的可能性,尤其孩子是溺水事故高发群体,导游一定要做好安全提醒,加强防范。一旦发生游客溺水事故,要根据具体情况采用相应的应急处理措施。

1. 溺水预防

(1)加强防范

导游要提醒游客不要独自游泳,关注游客在水中的状态,不让游客离开自己的视线。

(2)选择专业场馆

旅游过程中如涉及游泳,要选择有专业救护人员的正规游泳场(馆),并提醒游客遵守游泳场(馆)内相关规定。提醒游客不要到情况不明的野生水域游泳。

(3)注意游泳禁忌

提醒游客做好下水前的准备,如先活动一下身体。游泳时切勿太饿或太饱。饭后1小时后才能下水,以免抽筋。

(4)做好自救教育

提前告知游客在游泳过程中遇到腿抽筋、呛咳时如何自救。提醒游客在游泳过程中如果突然觉得身体不舒服,如眩晕、恶心、心慌、气短等,要立即上岸休息或呼救。

2. 溺水处理

(1)引导游客水中自救

①保持镇静,节省体力。只要不胡乱挣扎,不将手臂上举乱扑动,人体在水中就不会失去平衡,身体就不会下沉得很快。

②屏住呼吸,放松肢体,去除身上重物,睁开眼睛,观察周围情况。呼吸时尽量用嘴吸气,用鼻呼气,以防呛水。呼气要浅,吸气要深。千万不要试图将整个头部伸出水面。

③当救助者出现时,不可惊慌失措地抓抱救助者的手、腿、腰等部位,要听从救助者的指挥。

④如果发生小腿抽筋,要采取仰泳位,用手将抽筋的腿的脚趾向背侧弯曲,可使痉挛松解。

(2)溺水者水中救援

①立刻拨打消防救援电话119,联系当地救援人员协助救援。未受过专业救人训练或未领救生证的人,不要轻易下水救人。

②不要徒手下水救人,可就地取材,利用绑上绳索的救生圈或长竿类的东西如树干、树藤、枝干、木块、矿泉水瓶等来救人。

③救援者入水前须脱衣解裤,以免被溺水者缠住而无法脱身。然后游到溺水者面前3~5米,吸一大口气,再潜入水底从溺水者背后施救。

(3)组织岸上救援

①清除溺水者口、鼻里的泥沙、杂草等堵塞物。将溺水者头部转向侧面,以便让水从其口、鼻中流出,保持上呼吸道的通畅。

②救援者一条腿伸出,半屈,把溺水者的腹部放在救援者的大腿上,使溺水者头朝下,用力拍打其背部,促使吸入肺里的水排出。

③如果溺水者心跳和呼吸停止,现场有经过训练、可以做心肺复苏术的人员时,应立即实施心肺复苏。

④及时拨打急救电话120,注意用衣服、大衣等为溺水者保暖。

任务小结

```
                        ┌─ 加强防范
                ┌─ 预防 ─┼─ 选择专业场馆
                │        ├─ 注意游泳禁忌
                │        └─ 做好自救教育
游客溺水预防及处理 ─┤
                │        ┌─ 引导游客水中自救
                └─ 处理 ─┼─ 溺水者水中救援
                         └─ 组织岸上救援
```

相关链接

外出涉水游玩安全指南

外出旅游,风光虽好,却也潜伏着危险,需要时刻提高警惕,保护好自己的人身安全。在开展涉水活动时,需特别当心以下风险:

(1) 游泳风险

建议选择在对公众开放且有救生员进行安全保护的海滩游泳,留意并遵从安全提示;结伴出行,相互关照;穿戴必要的救生保护设备,量力而行,切勿自负冒险。需注意的是,溺亡事件也可能发生在游泳池。

(2) 水上娱乐风险

快艇、游艇、水上摩托、滑翔伞等水上娱乐活动均有一定的安全风险。在开展水上娱乐活动前,应了解海洋及气象条件;选择有资质的公司组织的活动;接受必要的安全技能培训,穿戴救生衣等保护设备,并严格遵守安全要求。

(3) 狂风巨浪

瞬时大风、巨浪、潮汐极易对在海中或在岸边活动的人员构成安全威胁,应随时关注当地气象和海洋情况预报;切勿在悬崖边或海边礁石上停留、拍照;当心打滑,或被瞬时大风、巨浪掀翻。

(4) 海洋生物攻击

不少海洋生物在受到刺激或被不当处置时具有危险性,如某些水母的触须可释放致命毒素,部分鲨鱼可能攻击人类。

任务评价

根据任务完成情况,各小组相互进行考核评价(表 10-5-1)。

表 10-5-1 评价表

任务内容	完成情况			
	好	较好	一般	差
告知游客预防溺水的方法				
游客溺水应急处理				

案例分析

同伴落水,如何伸手施救?

4 名游客在千岛湖镇阳光水岸附近水域岸边游玩,其中一名游客不慎滑落水中,其余 3 名游客在伸手施救时先后落入水中。其中一名伸手施救导致落水的游客自行爬上岸边,无生命危险；一名伸手施救导致落水的游客被附近垂钓的群众救起后送往医院，在重症监护室救治；还有一名伸手施救导致落水的游客和最初落水的游客经海事部门等相关救援力量搜救上岸后送往医院，两人经抢救无效死亡。

问题：上述悲剧中，一名游客落水后，其余3名游客施救的方法是否正确？应该怎么做？

_____

_____

_____

课后习题

一、判断题

1. 正常人体体温为36~37.4℃，各种疾病或其他原因会使体温升高，当人体体温高达40~41℃时，称为高热。（   ）
2. 游客在旅途中出现晕车症状时，导游可将自备的晕车药赠予游客服用。（   ）
3. 多晒太阳可以预防骨折。（   ）
4. 如果被毒蜘蛛咬伤，一般情况风险不大，不会引起全身症状，经过及时医治，很快会恢复正常。（   ）
5. 会游泳的游客，不会出现溺水，可以放心大胆地在海边游玩。（   ）

二、单项选择题

1. 导游应该如何预防游客晕车？（   ）
   A. 提醒游客空腹乘车　　　　　　B. 提醒游客不要系紧裤腰带
   C. 提醒游客不宜过度疲劳　　　　D. 提醒游客坐在旅游车的后部
2. 有晕动症的乘客在搭乘交通工具之前应该（   ）。
   A. 适量喝酒　　　　　　　　　　B. 吃高蛋白食品
   C. 吃高脂食品　　　　　　　　　D. 吃简单清淡食物
3. （   ）既是旅游高峰，也是溺水事故的危险期、易发期、高发期。
   A. 春季　　　　B. 夏季　　　　C. 秋季　　　　D. 冬季
4. 开放性骨折往往伴有大出血，应该（   ），并用干净布片或纱布覆盖伤口，然后迅速送往医院救治。
   A. 先止血，再固定　　　　　　　B. 先固定，再止血
   C. 尽快止血，不能固定　　　　　D. 包扎好
5. 在有毒蜘蛛分布的地域行走时，（   ）不是必备装扮。
   A. 穿高帮鞋　　B. 穿长袜、长裤　　C. 戴防护手套　　D. 戴口罩

三、多项选择题

1. 带队人员应该如何预防游客发生高原反应？（   ）
   A. 提醒游客不要跑步或奔跑　　　B. 提醒游客不要饮酒和吸烟
   C. 提醒游客适量饮水，注意保暖　D. 提醒游客多洗澡以避免受凉感冒和耗费体力
   E. 及时送游客前去医院救治

2. 当游客中暑时，导游应(　　)。

　A. 将游客转移到阴凉、通风处　　　B. 给游客喝凉开水、淡茶水或矿泉水

　C. 给游客用凉毛巾敷头部、面部　　D. 拨打120，尽快送医院治疗

　E. 将面部发红的游客头部稍垫高

3. 带队人员应该如何预防游客溺水？(　　)

　A. 提醒游客不要独自游泳

　B. 提醒游客不要到情况不明的野生水域游泳

　C. 提醒游客做好下水前的准备，如先活动一下身体

　D. 提醒游客游泳时切勿太饿或太饱

　E. 提醒游客饭后2小时才能下水，以免抽筋

4. 当游客骨折时，带队人员应(　　)。

　A. 妥善固定　　　B. 优先止血　　　C. 平稳搬运　　　D. 做好防晒

　E. 尽快送医院诊治

5. 当游客被蛇咬伤时，导游应(　　)。

　A. 使游客镇静　　　　　　　　　　B. 将游客伤肢放低

　C. 将游客的伤口冲洗排毒　　　　　D. 拨打110，寻求帮助

　E. 拨打120，尽快到医院进行处理

6. 当游客被狗咬伤时，导游应(　　)。

　A. 将游客的伤口用清水或肥皂水连续冲洗，至少冲洗15分钟

　B. 将游客的伤口用碘酒或75%乙醇消毒

　C. 提醒游客遵医嘱注射破伤风抗毒素

　D. 带游客及时到医院处理伤口

　E. 及时带游客到附近防疫站注射狂犬病疫苗

7. 导游引导游客水中自救，(　　)。

　A. 要保持镇静，节省体力

　B. 要屏住呼吸，放松肢体，去除身上重物，睁开眼睛，观察周围情况

　C. 千万不要试图将整个头部伸出水面

　D. 当救助者出现时，不可惊慌失措去抓抱救助者的手、腿、腰等部位

　E. 如果发生小腿抽筋，要采取仰泳位

数字资源

参考文献

车秀英，2019. 导游服务实务[M]. 3版. 大连：东北财经大学出版社.
陈唐敏，田明，2013. 景区导游实务[M]. 北京：旅游教育出版社.
李勇，俞宝明，2014. 外科护理[M]. 北京：人民卫生出版社.
陆霞，郭海胜，2011. 景区导游[M]. 北京：北京大学出版社.
全国导游资格考试统编教材专家编写组，2023. 导游业务[M]. 北京：中国旅游出版社.
上海市旅游局导游人员考评委员会，2013. 导游服务规范与技能[M]. 上海：中国出版集团东方出版中心.
孙斐，葛益娟，2021. 导游实务[M]. 2版. 大连：东北财经大学出版社.
王跃庆，2009. 生活急救一点通[M]. 北京：科学出版社.
王泽生，2021. 一分钟急症自救手册[M]. 太原：山西科学技术出版社.
殷开明，2018. 导游实务[M]. 镇江：江苏大学出版社.
翟丽，丁佳胤，2018. 出境领队实务[M]. 武汉：华中科技大学出版社.
曾招喜，全国花，2019. 出境旅游领队实务[M]. 北京：中国人民大学出版社.
张凌云，1992. 散客旅游市场的几个问题[J]. 旅游学刊(6)：21-23.
中国红十字会总会，2009. 现场初级救护手册[M]. 北京：社会科学文献出版社.

附 录

附录1 航空、铁路、水路客运常识

1. 航空客运知识

(1) 飞行形式

民航的运输飞行主要有3种形式：班期飞行、加班飞行和包机飞行。

①班期飞行　是指按照班期时刻表和规定的航线，定机型、定日期、定时刻的飞行。

②加班飞行　是指根据临时需要在班期飞行以外增加的飞行。

③包机飞行　是指按照包机单位的要求，在现有航线上(或以外)进行的专用飞行。

(2) 航班号

每个航班均有编号，这个编号就是航班号。

我国国内航班号是由航空公司代码(2个字母)加4位数字组成。其中，航空公司代码由中国民用航空局规定并公布。后面4位数字的第一位代表航空公司的基地所在地区，第二位代表航班基地外终点所在地(数字1代表华北，2代表西北，3代表华南，4代表西南，5代表华东，6代表东北，8代表厦门，9代表新疆)，第三、第四位表示航班序号(单数表示由基地出发向外飞的航班，双数表示飞回基地的回程航班)。

国际航班号是由航空公司代码加3位数字组成。第一位数字表示航空公司，后两位为航班序号，同样单数为去程，双数为回程。

(3) 乘机流程(附表1-1)

附表1-1 乘机流程

流程	地点	要点
办理登机手续	值机柜台	人工值机：换取登机牌和托运行李，支付逾重行李费用，不要替别人托运、携带行李，贵重物品不要托运。值机柜台停止办理乘机手续的时间，国内航班为航班离站前30分钟，国际航班为航班离站前40分钟。 自主值机：无托运行李的游客，只需要到自主值机柜台，通过读取证件信息领取登机牌，然后前往安检通道即可

(续)

流程	地点	要点
边防检查	边防柜台	出示护照、登机牌
安全检查	安检通道	保证随身携带的用品不违规,积极配合检查,确认登机牌上已加盖安检章
等待登机	候机室	前往登机牌上所示的登机口,注意登机时间和起飞时间,注意候机位置是否发生变更

(4) 机票

我国从2018年6月1日起停止发售纸质机票,开始实行电子机票。电子机票也称电子客票,是纸质机票的电子形式,票面信息存储在订座系统中,可以像纸质机票一样执行出票、作废、退票、换开、改签等操作。正常票价的客票有效期是1年,特价机票的有效期以承运单位的规定为准。

①机票等级和分类

A. 普通机票、特殊机票

普通机票 普通机票一般分为经济舱、公务舱和头等舱3种等级。经济舱等级最低,座位拥挤,价格便宜;公务舱比较高级,有专用候机区域,座椅舒适;头等舱等级最高,空间宽敞,座椅舒适,食物多样,服务更周到。

每种等级的机票按照正常票价和多种不同特殊优惠票价,对应不同的舱位代号。头等舱代号一般为F,其票价是普通舱的1.5倍。公务舱代号一般为C,其票价是普通仓的1.3倍。头等舱和公务舱的票价都不打折。经济舱代号是Y,另划分有T、K、H、M、G、S、L、Q、E等舱位级别,对应着不同的票价,分别拥有不同的座位数量(各航空公司一般均自行定义使用哪些字母作为舱位代号,在舱位代号上无统一的规定)。

特殊机票 包括团体机票、旅游机票和包机机票,此处重点介绍团体机票。团体机票是指10人以上预订的机票,一般需要提前申请,各航空公司根据当时航班的机票销售情况以及团队人数安排折扣舱位和确认票价。一般是提前7~10天申请,也有申请下个月某时段折扣的。离起飞时间越接近,申请到团队折扣票价的可能性越小。从航空公司处得到批准的折扣票价后,认可这个折扣并确认出票时,需要团队的最终名单(此名单将无法再做更改),以便向航空公司提交出票申请。一般团体机票不能退票,也不能改签。

B. 成人票、儿童票和婴儿票

成人票 年龄满12周岁,购买全票。

儿童票 年龄满2周岁、未满12周岁的儿童,购买儿童票。国内航班儿童票票价通常为成人全价机票的50%,国际航班儿童票票价通常为成人适用票价的75%。

婴儿票 未满2周岁的婴儿,购买婴儿票。婴儿票无座,国内航班婴儿票票价通常为成人全价机票的10%,国际航班婴儿票票价通常为成人适用票价的10%(部分航空公司有特别规定的除外)。

C. OK 票、OPEN 票(扫二维码)　国际航班的机票按状态的不同可分为 OK 票和 OPEN 票两种。

OK 票(定期票)　是指机票航班、座位等级、乘机日期和起飞时间均订妥的机票。

OPEN 票(不定期票)　适用于往返程,去程订妥,回程航班、乘机日期和起飞时间都没有确定的机票,回程机票上标记有"OPEN"字样。

一般往返程间隔时间最长是一年(OPEN 票居多),乘客确定回程日期后,需尽早联系航空公司预订机位。

②退、改、签

退：退票。全价机票可以无条件退票,特价、打折机票要看具体的条件。

改：更改时间。全价机票可以更改,特价、打折机票要看具体条件。

签：变更为别的航空公司的机票,如中国国际航空公司的机票签为东方航空公司的机票等。

旅客购买机票后,若需要改变航班、日期、舱位等级,应在原指定航班规定离站时间前 48 小时以上提出,票款多退少补。客票只能变更一次,若再次变更,须按退票有关规定办理退票后,重新购票。如果机票的左上角有"不得签转"的字样,则不能改签。过了有效期的机票,不可以退票。

特价、打折机票,在退、改、签的政策上会有较多限制。如果是航空公司的原因导致需要退、改、签,则一般没有限制。航班取消、提前、延误、航程改变或不能提供原订座位时,航空公司应尽可能优先安排旅客乘坐后续航班。

退票要收取退票费。一般是起飞前 24 小时以上收 5%的退票费,起飞前 24 小时以内、2 小时以上收 10%的退票费,起飞前 2 小时以内收 20%的退票费。不同的航空公司有具体的退票明细表。

(5)行李

①随身携带的行李

乘坐国内航班　旅客的手提行李总重量不要超过 5 千克,每件行李体积不超过 20 厘米×40 厘米×55 厘米(不同航空公司要求可能有所不同)。安检现场有供旅客测试手提行李大小的行李筐,如果旅客的行李可以放入行李筐,则可以随身携带,否则需要托运。

乘坐国际航班　通常情况下,手提行李总重量不要超过 7 千克(部分航空公司有特殊的重量限制规定,应留意机票上的提示,或向航空公司咨询),每件行李体积不超过 20 厘米×40 厘米×55 厘米(三边之和不超过 115 厘米)。乘坐美加航线的旅客只能随身携带一件手提行李。

②托运的行李　每件重量不能超过 50 千克,体积不能超过 40 厘米×60 厘米×100 厘米。超过上述规定的行李,须事先征得承运单位的同意才能托运。自理行李的重量不能超过 10 千克,每件体积不超过 20 厘米×40 厘米×55 厘米。

购买成人票或儿童票的旅客,每人免费托运行李的限额为：头等舱 40 千克,公务舱 30 千克,经济舱 20 千克。婴儿票无免费行李额。搭乘同一航班前往同一目的地的两名及以上同行旅客,如果在同一时间、同一地点办理行李托运手续,其免费行李额可以按照各自的客票价等级标准合并计算。构成国际运输的国内航段,每名旅客的免费行李额按适用的国际航线免费行李额计算。

每千克行李价值超过50元时，可办理行李的声明价值。承运单位应按旅客声明的价值中超过"每千克行李价值50元"这一限额部分的价值的5%收取声明价值附加费。托运行李的声明价值不能超过行李本身的实际价值。每名旅客的行李声明价值最高限额为8000元。当承运单位对声明价值有异议而旅客又拒绝接受检查时，承运单位有权拒绝收运。

在所乘飞机载量允许的情况下，旅客的逾重行李应与旅客同机运送。旅客应对逾重行李付逾重行李费，每千克按经济舱票价的1.5%计算，以元为单位。

③不能运输的行李和物品　未经安全检查的行李和物品，承运单位不得运输。国家规定的禁运物品、限制运输物品、危险物品，以及具有异味或容易污损飞机的其他物品，不能作为行李或夹入行李内托运。承运单位在收运行李前或在运输过程中，发现行李中装有不得作为行李或夹入行李内运输的任何物品，可以拒绝收运或随时终止运输。旅客携带的管制刀具以外的利器或钝器，应随托运行李托运，不能随身携带。

2. 铁路客运知识

列车的车次可为分为以下几类：G(高速动车)、C(城际动车)、D(普通动车)、Z(直达特快列车)、T(特快列车)、K(快速列车)、普通旅客快车(普快列车)、L(临客列车)、Y(旅游列车)等。

(1) 车票

车票是旅客运输合同的凭证，可以采用纸质形式或者电子数据形式，一般应当载明发站、到站、车次、车厢号、席别、席位号、票价、开车时间等主要信息。

①儿童乘车　除需要乘坐火车通勤上学的学生和铁路运输企业同意在旅途中监护的儿童外，实行车票实名制情况下未满14周岁或者未实行车票实名制情况下身高不足1.5米的儿童，应当随同成年旅客旅行。

实行车票实名制的，年满6周岁且未满14周岁的儿童应当购买儿童优惠票；年满14周岁的儿童，应当购买全价票。每一名持票成年旅客可以免费携带一名未满6周岁且不单独占用席位的儿童乘车；超过一名时，超过人数应当购买儿童优惠票。未实行车票实名制的，身高1.2米且不足1.5米的儿童应当购买儿童优惠票；身高达到1.5米的儿童，应当购买全价票。每一名持票成年旅客可以免费携带一名身高未达到1.2米且不单独占用席位的儿童乘车；超过一名时，超过人数应当购买儿童优惠票。

儿童优惠票的车次、席别应当与同行成年旅客所持车票相同，到站不得远于成年旅客车票的到站。按上面规定享受免费乘车的儿童单独占用席位时，应当购买儿童优惠票。

②购票方式　目前，全国所有旅客乘车实行实名制，旅客需要凭本人有效身份证件购买车票。常用的购票方式有互联网购票、自动售票机购票、售票窗口购票、电话购票。

购票网站提供列车时刻表、余票、票价、正晚点、规章制度等客运信息查询，可办理购票、改签、候补购票、变更到站、退票等业务。

在自动售票机购票，需使用居民身份证或港澳居民居住证、台湾居民居住证、外国人永久居留身份证。购票后，注意及时取回证件。

在铁路售票窗口，可以使用下列有效身份证件购票：居民身份证或港澳居民居住证、台湾居民居住证、外国人永久居留身份证、临时身份证、户口簿、旅行证、军人保障卡、军官证、武警警官证、士兵证、军队学员证、军队文职干部证、军队离退休干部证、按规定可使用的有效护照、港澳居民来往内地通行证、往来港澳通行证、台湾居民来往大陆通行证、大陆居民往来台湾通行证、外国人居留证、外国人出入境证、外交官证、领事馆证、海员证、外交部开具的外国人身份证明、地方公安机关出入境管理部门开具的护照报失证明、铁路公安部门开具的乘坐列车临时身份证明等,1.5米以上、16岁以下未成年人有效身份证件还包括学生证。

全国铁路电话订票号码为区号+95105105。电话购票可使用的有效身份证件包括:居民身份证、港澳居民居住证、台湾居民居住证、外国人永久居留身份证、港澳居民来往内地通行证、台湾居民来往大陆通行证和按规定可使用的有效护照。

③改签 是指变更乘车日期、车次、席(铺)位时需办理的签证手续。改签以铁路有运输能力(即可售车票)为前提,只变更乘车日期、车次、席(铺)位,不变更发站和到站(同城车站除外)。

一张车票可以办理一次改签。车票改签后,旅客取消旅行的,可以按规定退票,但开车后改签的车票不能退票。对于已改签车票,暂不提供变更到站服务。

铁路电子客票,均可通过购票网站或车站指定窗口办理改签手续。已打印报销凭证的铁路电子客票,应到车站指定窗口办理改签手续,并须交回报销凭证。已取得纸质车票的,也应到车站指定售票窗口办理改签手续。

在有运输能力的前提下,开车前48小时(不含)以上,可改签预售期内的其他列车;开车前48小时以内,可改签开车前的其他列车,也可改签开车后至票面日期当日24:00之间的其他列车,不办理票面日期次日及以后的改签;开车之后,旅客仍可改签当日其他列车。已经办理变更到站的车票,不再办理改签。

④退票 在购票网站购买且未检票使用的车票,均可在开车前通过网站或车站指定窗口办理退票手续。

使用现金方式购买或已打印报销凭证的铁路电子客票,应到车站指定窗口办理退票手续,或通过网站进行人脸核验后办理退票,自网上办理退票成功之日起180天(含当日)内,凭乘车人身份证原件到车站指定窗口办理退款手续。已打印报销凭证的铁路电子客票办理退票手续时,须交回报销凭证。

开车前8天(含)以上退票的,不收取退票费;开车前48小时以上、不足8天的,退票费按票价5%计;24小时以上、不足48小时的,退票费按票价10%计;不足24小时的,退票费按票价20%计。开车前48小时至8天期间内,改签或变更到站至距开车8天以上的其他列车,又在距开车8天前退票的,仍核收5%的退票费。办理车票改签或变更到站时,新车票票价低于原车票的,退还差额,对差额部分核收退票费并执行现行退票费标准。

⑤团体票服务 20人以上乘车日期、车次、到站、座别相同的旅客可作为团体旅客。按团体旅客购买的车票,改签、退票时,应不晚于开车前48小时。对团体票暂不提供变更到站服务。

(2)行李
①免费携带物品的重量和体积 每名旅客免费携带物品的重量和体积:儿童(含免费

儿童)10千克,外交人员35千克,其他旅客20千克。每件物品外部尺寸长、宽、高之和不超过160厘米,杆状物品长度不超过200厘米(乘坐动车组列车长度不超过130厘米)。残疾人代步所用的折叠式轮椅不计入上述范围。

②禁止托运和随身携带的物品　根据《铁路旅客禁止、限制携带和托运物品目录》,禁止托运和随身携带的物品,包括:枪支、子弹类(含主要零部件)、爆炸物品类、管制器具、易燃易爆物品、毒害品、腐蚀性物品、放射性物品、感染性物质、其他危害列车运行安全的物品,以及法律、行政法规、规章规定的其他禁止携带、运输的物品。

③禁止随身携带但可以托运的物品　包括:一些锐器、钝器、工具农具和其他反曲弓、复合弓等非机械弓箭类器材,消防灭火枪,飞镖,弹弓,不超过50毫升的防身喷剂等;持有检疫证明、装于专门容器内的小型活动物(铁路运输单位应当向旅客说明运输过程中的通风、温度条件)。持工作证明的导盲犬和作为食品且经封闭箱体包装的鱼、虾、蟹、贝、软体类水产动物可以随身携带。

④限制随身携带的物品　包装密封完好、标志清晰且酒精体积百分含量大于或等于24%且小于或等于70%的酒类饮品,累计不超过3000毫升;香水、花露水、喷雾、凝胶等含易燃成分的非自喷压力容器日用品,单体容器容积不超过100毫升,每种限带1件;指甲油、去光剂,累计不超过50毫升;冷烫精、染发剂、摩丝、发胶、杀虫剂、空气清新剂等自喷压力容器用品,单体容器容积不超过150毫升,每种限带1件,累计不超过600毫升;安全火柴不超过2小盒,普通打火机不超过2个;标志清晰的充电宝、锂电池,单个额定能量不超过100瓦·时(含有锂电池的电动轮椅除外);法律、行政法规、规章规定的其他限制携带、运输的物品。

3. 水路客运知识

(1)船票

船票是旅客乘船的凭证。船票分半价票和全价票。儿童身高超过1.2米但不超过1.5米者,应购买半价票,超过1.5米者,应购买全价票。革命伤残军人凭中华人民共和国民政部制发的革命伤残军人证,应给予优待购买半价票。船票在承运单位或其代理人所设的售票处发售,在未设站的停靠点,由客船直接发售。乘船人凭介绍信,可以一次购买或预订同一船名、航次、起讫港的团体票(团体票应在10张以上)。售票处发售团体票时,应在船票上加盖团体票戳记。

(2)乘船

旅客应按所持船票指定的船名、船次、日期和席位乘船。

每名成年旅客可免费携带身高不超过1.2米的儿童一名(超过一名时,应按超过的人数购买半价票)。

旅客误船时,如果能赶到另一中途港乘上原船,且原船同等级席位未售出,可乘坐原等级席位,否则,逐级降等乘坐,票价差额款不退。

每名旅客可免费携带总重量20千克(免费儿童减半)、总体积0.3立方米的行李。

每件自带行李,重量不得超过20千克,体积不得超过0.2立方米,长度不得超过1.5米(杆形物品长度不得超过2米)。

附录2　出入境证件常识

1. 护照

护照是一个国家的公民出入本国国境和到国外旅行或居留时，由本国颁发的一种证明该公民国籍和身份的合法证件，是通过各国国际口岸的一种通行证明。

中国护照分为普通护照、外交护照和公务护照等。

（1）普通护照

普通护照由公安部出入境管理机构或者公安部委托的县级以上地方人民政府公安机关出入境管理机构以及驻外使馆、领馆和外交部委托的其他驻外机构签发。

公民因前往外国定居、探亲、学习、就业、旅行、从事商务活动等非公务原因出国的，由本人向户籍所在地的县级以上地方人民政府公安机关出入境管理机构申请普通护照。

普通护照的登记项目包括：护照持有人的姓名、性别、出生日期、出生地，护照的签发日期、有效期、签发地点和签发机关。

普通护照的有效期：未满16周岁人员的普通护照有效期为5年，16周岁以上人员的普通护照有效期为10年。

（2）外交护照

外交护照是一国政府依法颁发给国家元首、政府首脑及高级官员、外交代表、领事官员等人从事外交活动使用的护照。护照封面颜色多种多样，但一般都印有"外交护照"字样的明显标识。外交护照由外交部签发。

（3）公务护照

公务护照主要颁发给各级政府部门县（处）级以上官员、中国驻外国的外交代表机关、领事机关和驻联合国组织系统及其专门机构的工作人员及其随行配偶、未成年子女等。

公务护照由外交部、驻外使馆、领馆或者外交部委托的其他驻外机构以及外交部委托的省（自治区、直辖市）和设区的市人民政府外事部门签发。

2. 签证

签证是一国政府授权机关依照本国法律法规，为申请入、出或过境本国的外国人颁发的一种许可证明。

中华人民共和国签证是中华人民共和国政府授权机关依照本国法律法规，为申请入、出境或过境本国的外国人颁发的一种许可证明。根据中国与有关国家签署或达成的双边协议，部分国家符合特定条件者赴华，可免办签证。

依据《中华人民共和国外国人入境出境管理条例》，外国人赴华，除按有关协议、规定免办签证等情况外，需申请并办妥中国签证。赴华前，应检查签证是否有效。如果签证过期或入境次数不足，应重新申请签证。

根据外国人来中国的身份和所持护照的种类，签证分为外交签证、礼遇签证、公务签证和普通签证。其中，普通签证又分为以下 16 种（附表 2-1）。

附表 2-1 普通签证种类

签证种类	申请人范围
C	执行乘务、航空、航运任务的国际列车乘务员、国际航空器机组人员、国际航行船舶船员及船员随行家属和从事国际道路运输的汽车驾驶员
D	入境永久居留的人员
F	入境从事交流、访问、考察等活动的人员
G	经中国过境的人员
J1	常驻（居留超过 180 天）中国新闻机构的外国常驻记者
J2	入境进行短期（停留不超过 180 天）采访报道的外国记者
L	入境旅游人员
M	入境进行商业贸易活动的人员
Q1	因家庭团聚申请赴中国居留的中国公民的家庭成员（配偶、父母、子女、子女的配偶、兄弟姐妹、祖父母、外祖父母、孙子女、外孙子女以及配偶的父母）和具有中国永久居留资格的外国人的家庭成员（配偶、父母、子女、子女的配偶、兄弟姐妹、祖父母、外祖父母、孙子女、外孙子女以及配偶的父母），以及因寄养等原因申请入境居留的人员
Q2	入境短期（不超过 180 天）探亲的居住在中国境内的中国公民的亲属和具有中国永久居留资格的外国人的亲属
R	国家需要的外国高层次人才和急需紧缺专门人才
S1	入境长期（超过 180 天）探亲的因工作、学习等事由在中国境内居留的外国人的配偶、父母、未满 18 周岁的子女、配偶的父母，以及因其他私人事务需要在中国境内居留的人员
S2	入境短期（不超过 180 天）探亲的因工作、学习等事由在中国境内居留的外国人的家庭成员（配偶、父母、子女、子女的配偶、兄弟姐妹、祖父母、外祖父母、孙子女、外孙子女以及配偶的父母），以及因其他私人事务需要在中国境内停留的人员
X1	在中国境内长期（超过 180 天）学习的人员
X2	在中国境内短期（不超过 180 天）学习的人员
Z	在中国境内工作的人员

免办中国签证的情形：签订互免签证协议，过境，持中国公安机关颁发的有效外国人居留许可者，持有效中华人民共和国外国人永久居留证者，持有效 APEC 商务旅行卡者，前往我国珠三角地区，前往我国海南岛，以及新加坡、文莱、日本公民。具体规定如下。

①签订互免签证协议　截至 2024 年 3 月 1 日，中国与下列国家（地区）缔结互免签证协定，中国公民持所适用的护照前往附表 2-2 所列国家（地区）短期旅行通常无须事先申请签证。

附表2-2 中外互免签证协定

序号	协议国	互免签证的证件类别	生效日期	备注
1	阿尔巴尼亚	外交、公务护照	1956.8.25	
		公务普通护照、普通护照	2023.3.18	
2	阿尔及利亚	外交、公务护照	2019.3.13	
3	阿富汗	外交护照	2015.7.16	
4	阿根廷	中方外交、公务护照； 阿方外交、官员护照	1993.8.14	
5	阿联酋	外交护照	2012.3.21	
		公务、公务普通护照	2016.1.11	
		普通护照	2018.1.16	
6	阿曼	中方外交、公务护照； 阿方外交、公务和特别护照	2010.4.16	
7	阿塞拜疆	外交、公务、公务普通护照	1994.2.10	
		团体旅游	1994.5.1	
8	爱尔兰	中方外交、公务和公务普通护照(公务和公务普通护照限于随部长级及以上代表团出访者)； 爱方外交、官员护照(官员护照限于随部长级及以上代表团出访者)	2015.9.23	
		欧盟通行证	2017.1.1	③
9	埃及	中方外交、公务护照； 埃方外交、特别护照	2007.1.27	
10	埃塞俄比亚	外交、公务、公务普通护照	2015.12.7	
11	爱沙尼亚	外交护照、欧盟通行证	2017.1.1	③
12	安哥拉	外交、公务护照	2015.4.11	
13	奥地利	外交护照、欧盟通行证	2017.1.1	③
14	巴巴多斯	中方外交、公务、公务普通护照； 巴方外交、官员护照	2014.8.2	
		普通护照	2017.6.1	
15	巴布亚新几内亚	中方外交、公务、公务普通护照； 巴方外交、公务护照	2019.5.2	
16	巴哈马	中方外交、公务、公务普通、普通护照； 巴方外交、官员、普通护照	2014.2.12	
17	巴基斯坦	中方外交、公务护照； 巴方外交、官员护照	1987.8.16	
		公务普通护照	1988.4.30	

（续）

序号	协议国	互免签证的证件类别	生效日期	备注
18	巴勒斯坦	中方外交护照； 巴方外交护照	2024.1.21	
19	巴林	中方外交、公务、公务普通护照； 巴方外交、特别护照	2018.10.25	
20	巴拿马	中方外交、公务、公务普通护照； 巴方外交、公务、领事护照	2017.10.28	
21	巴西	中方外交、公务护照； 巴方外交、官员护照	2004.8.10	
22	白俄罗斯	外交、公务护照；团体旅游	1993.3.1	
		普通护照	2018.8.10	
23	保加利亚	外交、公务护照	2012.4.4	
		欧盟通行证	2017.1.1	③
24	北马其顿	中方外交、公务、公务普通护照； 北马方外交、公务、标有"公务"字样的普通护照	1994.7.19	
25	贝宁	中方外交、公务、公务普通护照； 贝方外交、公务、附有"公务证明"的普通护照	1993.11.6	
26	比利时	外交护照、欧盟通行证	2017.1.1	③
27	秘鲁	中方外交、公务护照； 秘方外交、特别护照	2004.5.12	
28	冰岛	外交护照	2017.6.1	
29	博茨瓦纳	中方外交、公务、公务普通护照； 博方外交、公务、官员护照	2018.12.22	
30	波黑	中方外交、公务、公务普通护照； 波方外交、公务护照	1980.1.9	①
			2017.10.4	
		普通护照	2018.5.29	
31	波兰	外交、公务护照，海员证，机组人员证件	1992.7.27	
		欧盟通行证	2017.1.1	③
32	玻利维亚	中方外交、公务护照； 玻方外交、官员护照	1987.11.15	
		公务普通护照	2008.1.18	
33	布基纳法索	中方外交、公务、公务普通护照； 布方外交、公务护照	2018.11.18	
34	布隆迪	外交、公务、公务普通护照	2014.11.25	

(续)

序号	协议国	互免签证的证件类别	生效日期	备注
35	朝鲜	外交、公务护照	1956.10.1	
		中方公务普通护照； 朝方公务团体护照	1965.1.1	
36	赤道几内亚	中方外交、公务护照； 赤方外交、官员护照	2006.1.1	
		中方公务普通护照； 赤方特别公务护照	2017.8.6	
37	丹麦	外交护照、欧盟通行证	2017.1.1	③
38	德国	外交护照、欧盟通行证	2017.1.1	③
39	东帝汶	外交、公务、公务普通护照	2015.6.24	
40	多哥	外交、公务、公务普通护照	2015.5.7	
41	多米尼加	中方外交、公务、公务普通护照； 多方外交、官员护照	2021.1.8	
42	多米尼克	中方外交、公务、公务普通护照； 多方外交、官员护照	2014.3.29	
		普通护照	2022.9.19	
43	厄瓜多尔	中方外交、公务护照； 厄方外交、官员护照	1987.7.11	
		中方公务普通护照； 厄方特别护照	1988.12.25	
		普通护照	2016.8.18	
44	厄立特里亚	外交、公务、公务普通护照	2015.4.15	
45	俄罗斯	团体旅游	2000.12.1	
		外交、公务护照，随车、飞机、船执行公务的国际列车车组人员、机组人员、持海员证船员	2014.4.26	
46	法国	外交护照、欧盟通行证	2017.1.1	③
47	斐济	外交、公务、公务普通、普通护照	2015.3.14	
48	菲律宾	中方外交、公务护照(限临时访问人员)； 菲方外交、官员护照(限临时访问人员)	2005.2.28	
49	芬兰	外交护照、欧盟通行证	2017.1.1	③
50	佛得角	外交、公务护照	2015.7.11	
51	冈比亚	中方外交、公务、公务普通护照； 冈方外交、公务护照	2018.6.10	

(续)

序号	协议国	互免签证的证件类别	生效日期	备注
52	刚果（布）	外交、公务、公务普通护照	2014.8.7	
53	格林纳达	中方外交、公务护照； 格方外交、官员护照	2010.1.17	
		公务普通、普通护照	2015.6.10	
54	哥伦比亚	外交护照	1987.11.14	
		中方公务护照； 哥方官员护照	1991.11.14	
55	哥斯达黎加	外交、公务护照	2008.1.15	
56	格鲁吉亚	外交、公务、公务普通护照； 团体旅游	1994.2.3	
57	古巴	中方外交、公务、公务普通护照； 古方外交、公务、官员护照	2021.7.16	
58	圭亚那	中方外交、公务、公务普通护照； 圭方外交、官员护照	1998.8.19	
59	韩国	外交护照	2013.8.10	
		中方公务护照； 韩方官员护照	2014.12.25	
60	哈萨克斯坦	外交、公务护照	1994.2.1	
		中方公务普通、普通护照，旅行证； 哈方普通护照、回国证明	2023.11.10	
61	荷兰	外交护照、欧盟通行证	2017.1.1	③
62	黑山	外交、公务护照	2013.3.1	
63	洪都拉斯	中方外交、公务、公务普通护照； 洪方外交、官员、公务护照	2023.9.25	
64	加纳	外交、公务护照	2017.3.28	
65	加蓬	外交、公务、公务普通护照	2016.2.5	
66	吉布提	外交、公务、公务普通护照	2014.12.4	
67	吉尔吉斯斯坦	外交、公务护照	2003.6.14	
68	几内亚	外交、公务、公务普通护照	2017.9.16	
69	柬埔寨	外交、公务护照	2006.9.14	
70	捷克	外交护照、欧盟通行证	2017.1.1	③
71	津巴布韦	外交、公务护照	2014.11.12	
72	喀麦隆	外交、公务护照	2017.8.12	

(续)

序号	协议国	互免签证的证件类别	生效日期	备注
73	卡塔尔	中方外交、公务、公务普通、普通护照； 卡方外交、特别、公务、普通护照	2018.12.21	
74	克罗地亚	中方外交、公务护照； 克方外交、官员护照	1995.4.9	
		欧盟通行证	2017.1.1	③
75	科摩罗	外交、公务、公务普通护照	2016.2.26	
76	科特迪瓦	外交、公务、公务普通护照	2015.12.19	
77	科威特	中方外交、公务、公务普通护照； 科方外交、特别护照	2014.10.17	
78	肯尼亚	中方外交、公务护照； 肯方外交、官员护照	2014.8.17	
79	拉脱维亚	外交护照、欧盟通行证	2017.1.1	③
80	莱索托	中方外交、公务护照； 莱方外交、官员护照	2016.8.24	
81	老挝	中方外交、公务、公务普通护照； 老方外交、公务、加注有效公务签证的普通护照	1989.11.6	
82	黎巴嫩	中方外交、公务、公务普通护照； 黎方外交、特别、公务护照	2023.12.24	
83	利比里亚	外交护照	2016.2.10	
84	立陶宛	外交、公务护照，海员证（随船）	1992.9.14	
		欧盟通行证	2017.1.1	③
85	卢森堡	外交护照、欧盟通行证	2017.1.1	③
86	卢旺达	中方外交、公务、公务普通护照； 卢方外交、公务护照	2018.12.23	
87	罗马尼亚	外交、公务护照	1981.9.16	
		欧盟通行证	2017.1.1	③
88	马达加斯加	中方外交、公务、公务普通护照； 马方外交、公务护照	2023.11.4	
89	马尔代夫	外交、公务护照	1984.11.27	
		中方外交、公务、公务普通、普通护照及中华人民共和国旅行证； 马方外交、公务、普通护照及马尔代夫共和国临时旅行证件、紧急旅行证件（身份证明书）	2022.5.20	

(续)

序号	协议国	互免签证的证件类别	生效日期	备注
90	马耳他	外交、公务护照	2008.3.6	
		欧盟通行证	2017.1.1	③
91	马里	外交、公务、公务普通护照	2015.5.9	
92	马来西亚	中方外交、公务护照； 马方外交、官员护照	2011.5.18	
93	毛里求斯	外交、公务、公务普通、普通护照	2013.10.31	
94	毛里塔尼亚	中方外交、公务、公务普通护照； 毛方外交、公务护照	2017.5.15	
95	蒙古	外交、公务、公务普通护照	1989.4.30	
96	孟加拉国	中方外交、公务、公务普通护照； 孟方外交、官员、加注"政府公务"或"免费"字样的普通护照	1989.12.18	
97	缅甸	中方外交、公务护照； 缅方外交、官员护照	1998.3.5	
98	摩尔多瓦	中方外交、公务、公务普通护照； 摩方外交、公务、加注"公务"字样的普通护照； 团体旅游	1993.1.1	
99	摩洛哥	外交、公务护照	2014.3.6	
		中方公务普通护照； 摩方特别护照	2016.6.9	
100	莫桑比克	外交、公务护照	2016.5.14	
101	墨西哥	中方外交、公务护照； 墨方外交、官员护照	1998.1.1	
102	南非	外交护照	2010.11.27	
		公务护照	2016.3.1	
103	南苏丹	中方外交、公务、公务普通护照； 南方外交、特别护照	2019.3.28	
104	尼泊尔	中方外交、公务护照； 尼方外交、官员护照	2006.10.16	
105	尼加拉瓜	中方外交、公务、公务普通； 尼方外交、官员、公务	2022.7.7	
106	尼日尔	中方外交、公务、公务普通护照； 尼方外交、公务护照	2018.12.15	

(续)

序号	协议国	互免签证的证件类别	生效日期	备注
107	尼日利亚	外交、公务、公务普通护照	2014.2.1	
108	挪威	外交护照	2018.6.18	
109	葡萄牙	外交护照、欧盟通行证	2017.1.1	③
110	瑞典	外交护照、欧盟通行证	2017.1.1	③
111	瑞士	外交护照	2016.1.29	
112	萨尔瓦多	外交、公务(官员)、公务普通护照	2022.10.23	
113	萨摩亚	中方外交、公务护照； 萨方外交、官员护照	2011.2.18	
114	塞尔维亚	中方外交、公务、公务普通护照； 塞方外交、公务、加注"公务"字样的普通护照	1980.1.9	①
		普通护照	2017.1.15	
115	塞拉利昂	中方外交、公务、公务普通护照； 塞方外交、公务护照	2018.12.24	
116	塞内加尔	外交、公务、公务普通护照	2014.5.3	
117	塞浦路斯	外交、公务护照	1991.10.2	③
		欧盟通行证	2017.1.1	
118	塞舌尔	外交、公务、公务普通、普通护照	2013.6.26	
119	圣多美和普林西比	中方外交、公务、公务普通护照； 圣普方外交、特别公务护照	2018.2.3	
120	圣马力诺	外交、公务、普通护照	1985.7.22	
121	斯里兰卡	中方外交、公务、公务普通护照； 斯方外交、官员护照	2013.4.18	
122	斯洛伐克	中方外交、公务护照； 斯方外交、公务、特别护照	1956.6.1	②
		欧盟通行证	2017.1.1	③
123	斯洛文尼亚	外交、公务护照	1994.7.1	
		欧盟通行证	2017.1.1	③
124	苏丹	中方外交、公务护照； 苏方外交、特别、官员护照	1995.10.26	
125	苏里南	外交、公务、公务普通、普通护照	2021.5.1	
126	所罗门群岛	外交、公务(官员)、公务普通	2022.11.24	

(续)

序号	协议国	互免签证的证件类别	生效日期	备注
127	塔吉克斯坦	中方外交、公务、公务普通； 塔方外交、公务、加注"公务"字样的普通护照	1993.6.1	
128	泰国	中方外交、公务护照； 泰方外交、官员护照	1997.6.1	
		中方公务普通、普通护照； 泰方普通护照	2024.3.1	
129	坦桑尼亚	外交、公务护照	2005.7.11	
130	汤加	中方外交、公务、公务普通护照； 汤方外交、官员护照	2012.11.10	
		普通护照	2016.8.19	
131	特立尼达和多巴哥	中方外交、公务护照； 特方外交、官员护照	2006.11.23	
132	突尼斯	中方外交、公务护照； 突方外交、特别护照	2006.9.29	
133	土耳其	中方外交、公务、公务普通护照； 土方外交、公务、特别护照	1989.12.24	
134	土库曼斯坦	中方外交、公务、公务普通护照； 土方外交、公务、加注"公务"字样的普通护照； 团体旅游	1993.2.1	
135	瓦努阿图	中方外交、公务护照； 瓦方外交、官员护照	2020.4.19	
136	委内瑞拉	外交、公务护照、公务普通护照	2014.1.8	
137	文莱	中方外交、公务护照； 文方外交、官员护照	2005.6.18	
138	乌克兰	外交、公务护照和海员证	2002.3.31	
139	乌拉圭	中方外交、公务、公务普通护照； 乌方外交、公务护照	2017.1.7	
140	乌兹别克斯坦	外交护照	2010.7.9	
141	西班牙	外交护照、欧盟通行证	2017.1.1	③
142	希腊	外交护照、欧盟通行证	2017.1.1	③
143	新加坡	外交、公务、公务普通护照	2011.4.17	
		普通护照	2024.2.9	

(续)

序号	协议国	互免签证的证件类别	生效日期	备注
144	匈牙利	外交、公务护照	1992.5.28	
		欧盟通行证	2017.1.1	③
145	牙买加	中方外交、公务护照； 牙方外交、官员护照	1995.6.8	
146	亚美尼亚	中方外交、公务、公务普通护照； 亚方外交、公务、公务普通、加注"公务"字样的普通护照	1994.8.3	
		普通护照	2020.1.19	③
147	意大利	外交护照、欧盟通行证	2017.1.1	
148	伊朗	外交、公务护照	1989.7.12	
149	伊拉克	外交、特别、公务、公务普通护照	2023.12.19	
150	以色列	外交、公务护照	2016.1.17	
151	印度尼西亚	外交、公务护照（限临时访问人员）	2005.11.14	
152	英国	中方外交、公务和公务普通护照（公务和公务普通护照限于随部长级及以上代表团出访者）； 英方外交、官员护照（官员护照限于随部长级及以上代表团出访者）	2007.10.25	
		欧盟通行证	2017.1.1	③
153	约旦	中方外交、公务护照； 约方外交、公务、特别护照	1993.3.11	
154	越南	外交、公务、公务普通护照	1992.3.15	
155	乍得	中方外交、公务、公务普通护照； 乍方外交、公务护照	2019.11.18	
156	智利	中方外交、公务护照； 智方外交、官员护照	1986.5.7	

注：①目前适用中国与前南斯拉夫社会主义联邦共和国有关协议。
②目前适用中国与前捷克斯洛伐克共和国有关协议。
③适用《中国与欧盟关于互免持外交护照人员短期停留签证的协定》。

免签入境并不等于可无限期在协定国停留或居住。根据互免签证协定要求，持有关护照免签入境后，一般允许停留不超过30天。持照人如需停留30天以上，应按要求尽快在当地申请办理居留手续。

②过境 为进一步促进经济社会发展和中外人员往来，从2013年开始，陆续实施外国人过境免办签证政策。截至2019年12月，全国共有18个省（自治区、直辖市）23个城

市 30 个口岸对 53 个国家人员实施过境 144 小时或 72 小时免办签证政策。其中，北京、天津、石家庄、秦皇岛、上海、杭州、南京、沈阳、大连、青岛、成都、厦门、昆明、武汉、广州、深圳、揭阳、重庆、西安、宁波 20 个城市 27 个口岸实施外国人过境 144 小时免办签证政策，并在京津冀、长三角等地区实现区域、口岸联动；长沙、桂林、哈尔滨 3 个城市 3 个口岸实施外国人过境 72 小时免办签证政策。

③持中国公安机关颁发的有效外国人居留许可者　赴华学习、任职、就业的外国人和常驻外国记者，入境后必须到公安机关申请办理外国人居留手续。在居留许可有效期内，外国人可在华居留并多次出入境，无须另行办理签证。

④持有效中华人民共和国外国人永久居留证者。

⑤持有效 APEC 商务旅行卡者　APEC 商务旅行卡相当于 3 年多次签证，持卡人可凭该卡及与该卡相一致的有效护照在有效期内多次进入中国境内，每次停留时间不超过 2 个月。

⑥前往我国珠三角地区　持与中国建交国家的普通护照已在中国香港、澳门地区的外国人，经在香港、澳门合法注册的旅行社组团进入广东珠江三角洲地区（指广州、深圳、珠海、佛山、东莞、中山、江门、肇庆、惠州市所辖行政区）旅游，且停留不超过 6 天，可免办签证。

⑦前往我国海南岛　下列国家持普通护照的公民，经在海南注册的国际旅行社组团（5 人及以上）到海南旅行，且停留不超过 15 天，可免办签证：美国、马来西亚、泰国、韩国、菲律宾、印度尼西亚、德国、英国、法国、奥地利、意大利、俄罗斯、瑞士、瑞典、西班牙、荷兰、加拿大、澳大利亚、新西兰、芬兰、丹麦、挪威、乌克兰、哈萨克斯坦、日本、新加坡。其中，韩国、德国、俄罗斯三国团组人数为 2 人及以上，可停留 21 天。

⑧新加坡、文莱、日本公民　新加坡、文莱、日本三国持普通护照的公民，前来中国大陆旅游、经商、探亲访友或过境不超过 15 天者，从中国对外国人开放的口岸入境时，可免办签证。但以下情况须事先办妥签证：持普通护照赴中国大陆旅游、经商、探亲访友预计停留期超过 15 天；持普通护照赴中国大陆学习、工作、定居、官方访问、采访报道。

3. 港澳居民来往内地通行证

简称回乡证，是具中华人民共和国国籍的香港特别行政区及澳门特别行政区居民来往中国内地所用的证件。

2013 年 1 月 2 日起开始接受申请的新版港澳居民来往内地通行证，由公安机关签发给定居在香港特别行政区及澳门特别行政区的中国公民。通行证的有效期分为 5 年和 10 年。申请人未满 18 周岁的，签发 5 年有效通行证；年满 18 周岁的，签发 10 年有效通行证。

4. 台湾居民来往大陆通行证

简称台胞证，是台湾地区居民往来大陆地区所用的证件。

国务院 2015 年 6 月 18 日公布（7 月 1 日起施行）的修改后的《中国公民往来台湾地区管理办法》，规定台胞来往大陆免予签注。

5. 港澳通行证

港澳通行证是由中华人民共和国公安部出入境管理局签发给中国内地居民因私往来香港或澳门地区旅游、探亲、从事商务、培训、就业、留学等非公务活动的旅行证件。

申请人未满 16 周岁的，通行证有效期为 5 年，成年人电子往来港澳通行证有效期延长为 10 年，签注分为探亲签注（T）、商务签注（S）、团队旅游签注（L）、个人旅游签注（G）、其他签注（Q）和逗留签注（D）。其中，个人旅游签注（G）有效期可为 3 个月或 1 年，次数可为 1 次或 2 次，一般每次最长逗留 7 天，但也有逗留时间更长的签证种类。团队旅游签注（L）有效期可为 3 个月 1 次或 2 次、1 年 1 次或 2 次，每次逗留不超过 7 天。持证人须在往来港澳通行证和签注有效期内，按照规定的次数和停留时限往来香港或者澳门。

6. 大陆居民往来台湾通行证

大陆居民往来台湾通行证是中国大陆地区居民往来中国台湾地区所用的证件，一般与入台证一起检查。从 2015 年 7 月 1 日起，大陆居民往来台湾通行证的有效期由原来的 5 年改为 10 年。

2016 年 12 月 20 日，中华人民共和国公安部发布公告，决定启用电子大陆居民往来台湾通行证，福建省公安机关出入境管理部门自 2016 年 12 月 26 日起开始试点受理电子大陆居民往来台湾通行证的申请，同时停止签发现行本式大陆居民往来台湾通行证。2019 年 4 月 1 日起，大陆居民往来台湾通行证实行全国通办。

附录 3　海关规定及注意事项

1. 入出境检查

出入境检查指主权国家的国家机关对出入境游客的证件、行李物品等进行检查的一项制度。主要包括海关检查、卫生检疫、边防检查、动植物检疫和安全检查。

（1）海关检查

海关检查是对出入境的货物、邮递物品、行李物品、货币、金银、证券和运输工具等进行监督检查和征收关税的一项国家行政管理活动，是为了维护国家主权和利益，保护本国经济发展，查禁走私和违章案件，防止沾染病毒、病菌的物品入境而采取的检查措施。

海关检查的方式有以下几种：免查验、口头申报、填写海关申报单、开箱检查。

海关通道分为绿色通道和红色通道。绿色通道也称无申报通道或免验通道，是指旅客携带无须向海关申报的物品或只出示申报单（或有关单证）后即可放行的通道。红色通道也称申报通道，是指须经过海关履行检查和检验手续后，方可放行的通道。选择红色通道的旅客，须向海关出示本人证件和《进出境旅客行李物品申报单》。

旅客进出中国国境，其携带的行李物品应向海关申报。旅客应根据海关现场公告选择相应通道。不明海关规定或不知如何选择通道的旅客，应走申报通道通关。无论选择何种通道，旅客携带的物品均不得拒绝海关检查。持有我国政府外交、礼遇签证的旅客和海关给予免验礼遇的旅客，通关时应主动向海关出示护照和身份证件。

旅客携带行李物品，应以自用合理数量为限。"自用"是指旅客本人自用或馈赠亲友，而非用于出售或出租;"合理数量"指根据旅客旅行目的和居留时间所规定的正常自用数量。

(2)卫生检疫

出入境卫生检疫指出入境检验检疫机构根据《中华人民共和国国境卫生检疫法》及《中华人民共和国国境卫生检疫法实施细则》,通过对出入境的人员、交通工具、运输设备以及可能传播检疫传染病的行李、货物、邮包等物品实施国境卫生检疫,以防止传染病由国外传入或由国内传出,保护人民健康。出入境检疫对象都应当接受检疫,经出入境检验检疫机构许可方准入境或出境。

(3)边防检查

边防检查指对出入国境人员的护照、证件、签证、出入境登记卡、出入境人员携带的行李物品和交通运输工具及其运载的货物等的检查和监护,以及对出入国境上、下交通运输工具的人员的管理和违反规章行为的处理等。

边防检查的内容包括:护照检查、证件检查、签证检查、出入境登记卡检查、行李物品检查、交通运输工具检查等。

因私出国人员到达出境口岸时,要填写出境登记卡并将自己的护照、身份证、签证等一并交给边防检查人员,由边防检查人员进行逐项检查;边防检查人员对持照人的证件进行核查(核查内容包括护照是否真实有效、签证是否真实有效、护照与身份证的内容是否一致等)后在护照上加盖验讫章(该章内容包括出境口岸的名称、编号、"出境边防检查"字样和日期等),并将出境登记卡留存于边防检查站。上述手续办理完毕后,边防检查人员将护照当面交给持照人。

(4)动植物检疫

①检疫审批 凡输入、携带、邮寄动物、动物产品、植物种子、种苗及其他繁殖材料、特定的植物产品,货主、物主或代理人必须事先申请办理检疫审批手续。

②报检 输入、输出应检物,货主或代理人应按要求填写报检单,向口岸出入境检验检疫机构报检。

③检疫 包括现场检疫、实验室检疫、隔离检疫。现场检疫:输入、输出应检物抵达口岸时,检疫人员登机、登轮、登车或到货物停放场所实施检疫。实验室检疫:检疫人员按有关规定或要求对输入、输出的检疫物做动物疫病、植物病虫害的实验室检测。隔离检疫:动物在入境后或出境前,必须在口岸出入境检验检疫机构指定的隔离场做隔离检疫(大、中动物45天,小动物30天);入境植物种子、种苗及其他繁殖材料需做隔离检疫的,应在指定的隔离圃隔离种植,经过至少一个生长周期的隔离检疫。

④检疫结果判定和出证 根据检疫结果,按照我国与有关国家或地区签订的双边检疫议定书或协议中的规定、国家标准,参考有关国际标准出证。

⑤检疫处理 对检疫不合格的检疫物,由口岸出入境检验检疫机构签发《检疫处理通知单》,通知货主或其代理人分别做除害、退回或销毁处理。

签证放行:经检疫合格或经除害处理合格的出入境检疫物,由口岸出入境检验检疫机构签发《检疫放行通知单》、检疫证书或在报关单上加盖印章,准予入境或出境。

（5）安全检查

旅客证件检查：旅客办理完行李托运和登机手续后，将护照、登机牌等交检查人员核验，检查人员在登机牌上加盖安全检查印章。

手提行李物品检查：旅客将随身携带的手提行李物品放在电视监测机的传送带上，由检查人员通过荧光屏检查。如果发现有异物，须配合检查人员开包检查。

旅客身体检查：旅客通过特设的探测门，进行身体检查。如果探测门发出报警声，还需用探测器再查，或重新返回，将可能引发报警声的钥匙、打火机等金属物品掏出来，再次通过探测门，直到通过探测门时不再发出报警声为止。

2. 海关对携带物品的规定

根据《中华人民共和国禁止进出境物品表》和《中华人民共和国限制进出境物品表》，海关对携带物品的规定具体如下。

（1）涉及物品

①禁止进境物品　各种武器、仿真武器、弹药及爆炸物品；伪造的货币及伪造的有价证券；对中国政治、经济、文化、道德有害的印刷品、胶卷、照片、唱片、影片、录音带、录像带、激光视盘、计算机存储介质及其他物品；各种烈性毒药；鸦片、吗啡、海洛因、大麻以及其他能使人成瘾的麻醉品、精神药物；带有危险性病菌、害虫及其他有害生物的动物、植物及其产品；有碍人畜健康的、来自疫区的以及其他能传播疾病的食品、药品或其他物品。

②禁止出境物品　列入禁止进境范围的所有物品；内容涉及国家秘密的手稿、印刷品、胶卷、照片、唱片、影片、录音带、录像带、激光视盘、计算机存储介质及其他物品；珍贵文物及其他禁止出境的文体；濒危的和珍贵的动物、植物(均含标本)及其种子和繁殖材料。

③限制入境物品　无线电收发信机、通信保密机；烟、酒；濒危的和珍贵的动物、植物(均含标本)及其种子和繁殖材料；国家货币；海关限制进境的其他物品。

④限制出境物品　金、银等贵重金属及其制品；国家货币；外币及其有价证券；无线电收发信机、通信保密机；贵重中药材；一般文物；海关限制出境的其他物品。

（2）具体限制规定

①烟、酒　年满16周岁以上旅客携带进境的烟草制品和12°以上酒精饮料的免税限量如下：

来往于港澳地区的旅客(包括港澳旅客和内地前往港澳地区探亲、旅游的旅客)：香烟200支或雪茄50支或烟丝250克免税，12°以上酒精饮料限量1瓶(不超过0.75升)。

当天往返或短期内多次来往于港澳地区的旅客：香烟40支或雪茄5支或烟丝40克；酒不准免税带进。

其他进境旅客：香烟400支或烟丝500克，12°以上酒精饮料限量2瓶(不超过1.5升)。

②金、银及其制品　携带金、银及其制品进境，应以自用数量为限，需向海关申报，由海关登记后予以放行。携带出境时，海关凭本次进境申报单登记的数量、重量查核放行。携带或托运出境在中国境内购买的金、银及其制品(包括镶嵌饰品、器皿等新工艺品)，海关验凭中国人民银行制发的特种发票后放行。

③国家货币　中国公民出入境、外国公民入境，每人每次携带的人民币限额为6000元。

④外汇　携带外汇、人民币外汇票证、旅游支票、信用证进境，数量不受限制，但是必须向海关如实申报。复带出境的，海关凭本次入境时向海关申报登记数额查验放行。携带外汇出境时超过本次入境申报数额的，海关凭国家外汇管理局制发的携带外币出入境许可证查验放行。

⑤文物(含已故现代著名画家的作品)　携带文物出境时，应向海关详细申报。海关凭文化和旅游部指定的文化行政管理部门的鉴定标志及文物外销发票或开具的许可出口证明查验放行。未经签订的文物，不能携带出境。携带文物出境不据实向海关申报的，海关将依法处理。

⑥旅游商品　用携带入境的外汇在境内购买的旅游纪念品、工艺品，除国家规定应申领出口许可证或者征收出口税的商品外，海关凭盖有国家外汇管理局统一制发的外汇购买专用章的发票核查放行。

⑦中药材、中成药　旅客携带中药材、中成药出境前往国外的，总值限人民币300元；前往港澳地区的，总值限人民币1500元。中药材、中成药的价格，均以境内法定商业发票所列价格为准。

入境旅客出境时携带用外汇购买的数量合理的自用中药材、中成药，海关凭盖有国家外汇管理局统一制发的外汇购买专用章的发票放行。超出自用合理数量范围的，不准带出。

麝香以及超出上述规定限值的药品不准携带出境。严禁携带犀牛角和虎骨出入境。

⑧录像带　携带录像带入境的，请向海关申报，并接受审查。海关审查内容后放行。

附录4　离境退税及离岛免税相关常识

1. 离境退税

境外旅客购物离境退税政策，是指境外旅客在离境口岸离境时，对其在退税商店购买的退税物品退还增值税的政策。该政策体现了增值税消费地征税原则，是国际上征收增值税的国家和地区的通行做法。2015年1月16日财政部发布《关于实施境外旅客购物离境退税政策的公告》，标志着中国离境退税政策正式在全国范围内启动。

离境退税政策适用于在中国大陆境内连续居住不超过183天的外国公民和港澳台同胞，可享受退税政策的物品包括服装、鞋帽、化妆品、钟表、首饰、电器、医疗保健及美容器材、厨卫用具、家具、空调、电冰箱、洗衣设备、电视机、摄影(像)设备、计算机、自行车、文具、体育用品等，共21个大类324种。食品、饮料、水果、烟、酒、汽车、摩托车等不能享受退税。其基本流程包括购物申请退税、海关验核确认、代理机构退税和集中退税结算4个环节，境外旅客只涉及前3个环节。

具体的退税条件：在退税定点商店购买退税物品，购物金额达到起退点，并且按规定取得退税申请单等退税凭证；在离境口岸办理离境手续，离境前退税物品尚未启用或消费；离境日距退税物品购买日不超过90天；所购退税物品由境外旅客本人随身携带或托运出境；所购退税物品经海关验核并在退税申请单上签章；在指定的退税代理机构办理退税。

也就是说，在中国，同一名境外旅客同一天在同一退税商店购买的退税物品金额达到500元，且退税物品尚未启用或消费，离境日距退税物品购买日不超过90天，所购退税物品由旅客本人随身携带或随行托运出境，可以按照退税物品销售发票金额的11%，退回增值税金额，退税币种为人民币。由于退税机构收取2%的手续费，因此旅客应得退税金额为退税物品价格的9%。

2. 离岛免税

离岛免税政策是指对乘飞机、火车、轮船离岛（不包括离境）旅客实行限值、限量、限品种免进口税购物，在实施离岛免税政策的免税商店（以下称离岛免税店）内或经批准的网上销售窗口付款，在机场、火车站、港口码头指定区域提货离岛的税收优惠政策。离岛免税政策免税税种为关税、进口环节增值税和消费税。

2011年3月24日，财政部发布《关于开展海南离岛旅客免税购物政策试点的公告》，自4月20日起，海南省试点执行。为贯彻落实《海南自由贸易港建设总体方案》，2020年6月29日，财政部、海关总署、国家税务总局联合发布《关于海南离岛旅客免税购物政策的公告》，进一步放宽了相关政策。

（1）适用对象

年满16周岁，已购买离岛机票、火车票、船票，并持有效身份证件（国内旅客持居民身份证、港澳台旅客持旅行证件、国外旅客持护照），离开海南本岛但不离境的国内外旅客，包括海南省居民。

（2）免税购物额度

离岛旅客每年每人免税购物额度为10万元，不限次数。超出免税限额、限量的部分，照章征收入境物品进口税。旅客购物后乘飞机、火车、轮船离岛记为1次免税购物。

（3）免税购物金额、数量具体规定

离岛旅客（包括岛内居民旅客）每人每次免税购物金额为8000元以内（含8000元）。购买免税商品数量范围具体见附表4-1所列。此外，视力训练仪、助听器、矫形固定器械、家用呼吸支持设备（非生命支持），每人每次限购2件。

附表4-1　离岛免税商品品种及每人每次购买数量范围

商品品种名称	免税购买数量（件）	商品品种名称	免税购买数量（件）
首饰	5	服装服饰	5
工艺品	4	鞋帽	4
手表	4	皮带	4
香水	5	箱包	4
化妆品	8	小皮件	4
笔	5	糖果	8
眼镜（含太阳镜）	4	体育用品	5

(续)

商品品种名称	免税购买数量(件)	商品品种名称	免税购买数量(件)
丝巾	4	美容及保健器材	4
领带	4	餐具及厨房用品	4
毛织品	4	玩具(含童车)	5
棉织品	4		

附录5 货币及度量衡相关常识

1. 外汇

外汇是货币行政当局(中央银行、货币机构、外汇平准基金组织及财政部)以银行存款、财政部库存、长短期政府债券等形式保有的在国际收支逆差时可以使用的债权。

我国对外汇实行国家统一管理、统一经营的方针。在中国境内,未经外汇主管部门批准,禁止外汇流通、使用、质押,禁止私自买卖外汇,禁止以任何形式进行套汇、炒汇、逃汇。

境外旅客入境时携带的外币和票据没有金额限制,数额大时须在入境时据实申报。在中国境内,旅客可持外币到中国银行及其他兑换点兑换成人民币,但要保存好银行出具的外汇兑换证明。离境时,如果人民币没有用完,可以凭借外汇兑换证明和本人护照将其兑换回外币。

在我国,可兑换的外币主要包括:英镑、美元、瑞士法郎、新加坡元、瑞典克朗、丹麦克朗、挪威克朗、日元、加拿大元、澳大利亚元、欧元、菲律宾比索、泰国铢、新西兰元、韩国元等。

2. 信用卡

信用卡是一种非现金交易付款的方式,是简单的信贷服务。信用卡由银行或信用卡公司依照用户的信用度与财力发给持卡人,持卡人持信用卡消费时无须支付现金,待结账日再行还款。

我国目前受理的国际信用卡包括:万事达卡(Master Card)、维萨卡(VISA Card)、运通卡(American Express Card)、JCB卡(JCB Card)、大莱卡(Diners Club Card)等。

国内很多银行相继与VISA(维萨)、Master(万事达)等国际银行卡组织合作,推出了具有人民币和美元结算功能的银行卡,称为双币卡,在国内通过银联可以实现人民币结算,在国外可以在支持维萨卡或者万事达卡的商户消费和银行取款机取现,并且以美元结算。相比万事达卡和维萨卡等国际信用卡在消费时需向发卡行支付1%左右的手续费,双币卡可以省下这一笔不小的费用。此外,由于双币卡支付货币为人民币,所以可直接用人民币还款,给持卡人带来不少便利。

3. 时差和度量衡换算

(1)时差

随地球自转,一天中太阳东升西落,太阳经过某地天空的最高点时为此地的地方时12:00。因此,不同经线上具有不同的地方时。同一时区内所用的同一时间是区时(本区中央经线上的地方时),全世界所用的同一时间是世界时(本初子午线的地方时)。

我国采用的是北京时间。因为北京处于国际时区的东八区,与格林尼治时间(世界时)整整相差8小时(即北京时间=世界时+8小时),故命名为"北京时间"。北京时间并不是北京(东经116.4°)的地方时,而是国际时区东八区的区时(东经120°的地方时),因此北京时间比北京的地方时早约14分30秒。

时差是指两个地区地方时之间的差别。各地的标准时间为格林尼治时间(G.M.T)加上(+)或减去(-)时区中所标的小时和分钟数时差。许多国家还采用夏令时(DST),如美国每年4~9月实行夏令时,时间提前1小时。我国在1986—1992年实行过夏令时。

时差的计算方法:两个时区标准时间相减(即时区数值相减)就是时差,时区数值大的时间早。如中国是东八区(+8),美国东部是西五区(-5),两地的时差是13小时,即北京的时间比纽约的时间要早13小时;如果是在美国实行夏令时的时期,则相差12小时。

(2)度量衡换算

①温度换算　我国习惯用摄氏温度(℃),西方国家多采用华氏温度(℉),1℃ = 33.8℉。

换算公式:

$$℉ = ℃ \times 9/5 + 32$$
$$℃ = 9/5 \times (℉ - 32)$$

②长度换算　世界上的度量衡有公制和英美制,我国用市制,3种度量衡之间的换算比较复杂,具体换算如下(附表5-1、附表5-2)。

附表5-1　长度换算表(1)

公制		中国市制		英美制		
米	厘米	尺	寸	码	英尺	英寸
1	100	3	30	1.0936	3.2808	39.37
0.01	1	0.03	0.003	0.010 94	0.032 81	0.3937
0.333	33.33	1	10	0.3645	1.094	13.123
0.9144	91.44	2.73	27.3	1	3	36
0.3048	39.48	0.9144	91.44	0.3333	1	12
0.024	2.4	0.0762	0.762	0.0278	0.0833	1

附表5-2　长度换算表(2)

公制	中国市制	英美制	英制
公里	里	英里	海里
1	2	0.6214	0.3996
0.5	1	0.3107	0.269 98
1.609 34	3.2187	1	0.8682
1.83	3.706	1.1515	1

③容(体)积换算(附表5-3、附表5-4)

附表5-3　容(体)积换算(1)

公制	中国市制	英制	美制
升	升	(英)加仑	(美)加仑
1	1	0.22	0.264
4.645	4.546	1	1.201
3.785	3.785	0.833	1

附表5-4　容(体)积换算(2)

公制		中国市制	英美制		
立方米	立方厘米	立方尺	立方码	立方英尺	立方英寸
1	1 000 000	27	1.308	35.3147	61 023.7
0.000 001	1	0.000 027	0.000 001 3	0.000 04	0.061 02
0.764 56	764 555	20.643	1	27	466 56
0.028 32	28 317.016	0.764 55	0.037	1	1728
0.000 016	16.3871	0.000 44	0.000 02	0.000 58	1
0.037	37 037	1	0.0484	1.308	2260.137

④重量换算(附表5-5)

附表5-5　重量换算

公制		中国市制	美英制常衡		英美制金衡或药衡	
千克	克	两	磅	盎司	磅	盎司
1	1000	20	2.204 62	35.2736	2.679 227	32.150 72
0.001	1	0.02	0.0022	0.035 274	0.002 679 2	0.032 15
0.453 59	435.592	9.072	1	16	1.215 277 7	14.583 332 4
0.028 35	28.3495	0.567	0.0625	1	0.075 954 86	0.911 458 33
0.373 24	373.2418	7.465	0.822 857 14	13.1657	1	12
0.031 103	31.1035	0.622	0.068 571 43	1.097 142 8	0.083 33	1
0.05	50	1	0.110 23	1.763 68	0.133 96	1.607 52

注：宝石1克拉=0.2克，1金衡盎司=155.5克拉。

⑤面(地)积换算(附表5-6)

附表5-6 面(地)积换算

公制	中国市制	英美制	公制		中国市制	英美制
平方千米(公里)	平方里	平方英里	公顷	公亩	亩	英亩
1	4	0.3661	100	10 000	1500	247.106
0.25	1	0.965	25	2500	375	61.78
2.59	10.36	1	259	25 900	3885	640
0.01	0.04	0.003 861	1	100	15	2.471
0.0001	0.0004	0.000 039	0.01	1	0.15	0.0247
0.000 67	0.002 667	0.000 257	0.0667	6.667	1	0.165
0.004 05	0.016 187	0.001 56	0.4047	40.468	6.07	1

注:1公顷=10 000平方米;1亩≈666.67平方米。

附录6 学生任务分配表

学生任务分配表

任务:			
班级		组号	
组长		指导老师	
组员			
任务准备			
任务分工			